독서
희열

독서 희열

내 삶을 바꾸는
혁신 독서법

이형우 지음

북카라반
CARAVAN

미리 가본 천국

2017년과 2018년, 동명 웹툰을 원작으로 한 영화 〈신과 함께—죄와
벌〉, 〈신과 함께—인과 연〉이 개봉했다. 각각 누적 관객 수 1,400만
과 1,200만 명을 넘는 대흥행을 했다. 감동을 담아 이승과 저승, 전
생과 현생의 관계를 잘 그려낸 이 영화들은 역대 박스오피스 3위와
12위를 차지했다. 그런데 사후 세계는 정말 있을까?

21세기 한국에서의 삶은 마냥 편하지만은 않다. 사회 곳곳에서
크고 작은 아픔과 슬픔이 터져 나온다. 일상은 막막하고 행복은 막
연해 보인다. 삶이 어지럽고 힘이 들 때, 세상을 이해하기 어려울
때 사후 세계에 대한 의문이 생겨난다.

만약 사후 세계가 정말 있다면 백이면 백 사람 모두 지옥이 아닌
천국을 가고 싶어할 것이다. 천당이나 극락이라고도 표현하는 천

상의 세계, 그 어떤 고통과 괴로움도 없는 천국은 여러 종교에서 말하는 이상향이다. 이 세상을 잘 마치고 천국으로 간다면 정말 행운이다. 그런데 아직 다가오지 않은 세상을 기다리며 애태우기 전에, 남은 생애 미리 천국을 찾아보는 건 어떨까? 내가 있는 이곳을 낙원으로 만들어보는 거다. 현생과 내생을 모두 천국에서 보낼 수 있다면 그보다 더 좋을 수는 없지 않은가.

성서 마태오의 복음서(공동번역 개정판) 13장에서는 하늘나라를 보물과 진주, 그물에 비유한다. "하늘나라는 밭에 묻혀 있는 보물에 비길 수 있다. 그 보물을 찾아낸 사람은 그것을 다시 묻어두고 기뻐하며 돌아가서 있는 것을 다 팔아 그 밭을 산다. 또 하늘나라는 어떤 장사꾼이 좋은 진주를 찾아다니는 것에 비길 수 있다. 그는 값진 진주를 하나 발견하면 돌아가서 있는 것을 다 팔아 그것을 산다. 또 하늘나라는 바다에 그물을 쳐서 온갖 것을 끌어올리는 것에 비길 수 있다. 어부들은 그물이 가득 차면 해변에 끌어올려 놓고 앉아서 좋은 것은 추려 그릇에 담고 나쁜 것은 내버린다." 깊은 곳에 숨겨진 보물과도 같은 천국은 과연 무엇일까?

사람마다 다를 수 있지만 진정한 천국, 유토피아란 '정신적인 쾌락을 누리는 문화가 함께하는 삶'이 아닐까 싶다. 보통 쾌락이라고 하면 고대 그리스 에피쿠로스 학파의 쾌락주의, 타락한 생활이라고 여기는 경우가 많다. 하지만 이는 사실이 아니다. 에피쿠로스는 쾌락을 두 종류로 구분했다. 하나는 고통이 있는 역동적 쾌락이다. 다른 하나는 고통이 없는 수동적 쾌락이다. 식욕이나 성욕, 물욕, 명예욕 등은 전자에 속한다. 참다운 우정이나 철학적 대화 등은 후자에 속한다. 역동적 쾌락이라고 해서 반드시 나쁜 건 아니다. 하지만 이 세속적 쾌락은 절제가 필수다. 그렇지 않으면 고통과 악惡을 낳을 수 있기 때문이다.

에피쿠로스는 내세를 믿지 않았기에 현실을 천국처럼 행복한 곳으로 만들고자 했다. 그가 말한 진정한 쾌락은 외부로부터의 괴로움, 마음의 혼란이 없는 즐거움인 '아타락시아ataraxia'다. 영혼의 고요함과 내적인 평화, 이것이 삶의 궁극적 목표였다. 쾌락을 추구하되 쾌락에 빠지지 않는 바람직한 삶을 살기 위해서는 역동적 쾌락보다 수동적 쾌락을 실천해야 한다고 말했다. 에피쿠로스의 쾌락주의는 윤리적 쾌락주의ethical hedonism에 가까우며, 육체적 즐거움을 추구한 키레네 학파의 쾌락주의와 구별된다.

천국은 행복한 곳이다. 복이 가득한 세계다. 복이란 '삶에서 누리는 좋고 만족할 만한 행운 또는 거기서 얻는 행복'이다. 우리 삶에 복을 많이 채우면 천국이 될 수 있다. 이왕이면 하늘나라의 행복을 오랫동안 누리면 좋겠다. 사용한다고 닳아 없어지지 않고 계속 빛날 수 있는 복은 어떤 것이 있을까? 조선의 실학자 다산 정약용은 1799년에 쓴 『다산시문집』 「병조참판 오공대익의 71세 향수를 축하하는 서」에서 이렇게 말했다.

"세상에는 2가지 복福이 있다. 대장군 깃발을 세우고 관인官印을 허리에 두르고 온갖 음악을 즐기며 미녀들을 끼고 논다. 한양에서 근무할 때는 높은 수레 타고, 비단옷 입고, 대궐문을 드나들며 조정에 앉아 사방의 정책을 듣는다. 이를 '열복熱福'이라 한다.

깊은 산중에 살며 삼베옷 입고, 짚신 신고, 맑은 샘물에 발 씻고, 소나무에 기대 시를 읊는다. 소박한 살림이지만 악기와 바둑판을 갖추고 책도 가득하다. 마당에는 백학 한 쌍 노닐고 신기한 꽃과 나무, 장수에 좋은 약초를 심는다. 때로 스님이나 선인仙人과 왕래하며 즐기다 보면 세월이 오감을 모르고, 정치가 어떤지도 모른다. 이를 '청복淸福'이라 한다.

이 2가지 복은 성품에 따라 달리 취할 수 있으나, 하늘이 매우 아끼고 주려고 하지 않는 것은 바로 청복이다. 그래서 열복을 누리는 이는 흔해도 청복을 얻는 이는 얼마 없다. 누군가 '열복과 청복 모두 누릴 것이다'라고 하면 모두 비웃을 것이요, 하늘도 그 오만과 망령됨을 미워하리라."

다산은 이 글에서 선비가 누리는 복을 열복과 청복 2가지로 나눈다. 관직으로 대표되는 세속적 복과 자연으로 대표되는 자족적 복이다. 사람은 이를 선택할 수 있는데 하늘이 내리는 진정한 복은 청복이라고 말한다.

불교에서는 복을 탁복濁福과 청복淸福으로 나눈다. 탁복은 세속의 욕망을 따를 때 생겨난다. 오욕락伍欲樂 즉 식욕, 성욕, 수면욕, 재물욕, 명예욕을 즐기는 것이다. 복을 누리며 정신이 탁해지기 쉽기에 탁복이라고 한다. 탁복은 쓰면 사라진다. 반대로 청복은 마음이 편하고 번뇌가 없는 사람이 누리는 복이다. 한도 없이 무한정 쓸 수 있다.

우리는 어떤 복을 추구하며 살아야 할까? 어떤 복으로 지금의 삶을 행복한 천국으로 만들 수 있을까? 열복이나 탁복보다는 청복으로 삶을 채울 때 현실은 천상의 세계와 가까워질 수 있지 않을까? 물론 기본적인 의식주와 경제생활을 완전히 포기할 수는 없다. 세상을 완전히 떠나서 살 수는 없기 때문이다. 중요한 점은 물질과 정신의 조화, 채움과 비움의 균형이다. 그리고 이 조화와 균형으로 마음이 평안한 삶을 살 때, 그곳이 바로 천국이 될 것이다.

삶 속에서 하늘나라로 가는 길, 그 방법은 독서라고 생각한다. 책 읽기로 복을 짓고 천국을 만들 수 있다고? 독서에 그런 힘이 있음을 나도 예전에는 잘 몰랐다. 그냥 책장을 넘기기 바쁜 날도 많았다. 왜 책을 읽어야 하고 어떻게 하면 책을 더 잘 읽을 수 있을지 모르면서 말이다. 하지만 지금껏 책 읽기 경험이 쌓이며 조금씩 알게 되었다. 이 책에는 위의 질문에 대한 나름의 해답을 담았다.

일본 작가 사사키 아타루佐佐木中는 『잘라라, 기도하는 그 손을』에서 버지니아 울프의 말을 빌려 다음과 같은 글을 남겼다.

"목적 자체인 즐거움이란 건 없는 걸까요? 독서는 그런 것 가운데 하나가 아닐까요? 적어도 나는 때때로 다음과 같은 꿈을 꿉니다. 최후 심판의 날 아침, 위대한 정복자, 법률가, 정치가들이 그들의 보답―보석으로 꾸민 관, 월계관, 불멸의 대리석에 영원히 새겨진 이름 등―을 받으러 왔을 때 신은 우리가 옆구리에 책을 끼고 오시는 것을 보시고 사도 베드로에게 얼굴을 돌리고 선망의 마음을 담아 이렇게 말씀하시겠지요. '자, 이 사람들은 보답이 필요 없어. 그들에게 줄 것은 아무것도 없다. 이 사람들은 책 읽는 걸 좋아하니까.'"

독서의 중요성은 누구나 알지만 모두가 실천하지는 않는다. 분명한 목표와 올바른 방법이 없다면 책의 바다에 빠져 길을 잃고 허우적거릴 가능성이 높다. 자신과 맞지 않은 책장만 넘기다가 독서의 즐거움과 가치를 제대로 알지 못할 수도 있다. 하지만 마음먹고 제대로 읽어나가면 독서는 누구나 쉽게 재미를 붙일 수 있다. 독서만큼 유익하고 즐거운 일도 많지 않다.

독서는 책 읽기다. 책은 문자로 이루어져 있다. 그러므로 독서란 문자를 읽는 작업이다. 하지만 책 읽기는 여기에서 그치지 않는다. 문자에 담긴 사실과 생각, 경험의 구성과 의식의 흐름, 지은이의 의도, 그리고 한 권 책의 기반이 된 수많은 책의 자취를 마주하는 일이다. 여기에 독자의 체험과 감상을 비추어 자신만의 색깔을 드러내는 과정이다. 독서는 프리즘과 같다. 책이라는 햇살을 독서라는 프리즘에 통과시켜 그 속에 담긴 의미를 발견한다. 그리고 자신에게 알맞은 형태로 누리고 활용한다.

드라마 〈도깨비〉에 다음과 같은 대사가 나온다. "신은 그저 질문하는 자일 뿐, 운명은 내가 던지는 질문이다. 답은, 그대들이 찾아라." 독자는 책에 질문을 던진다. '이 책은 무슨 내용을 담고 있으며 어떤 관점, 세계관을 갖고 있는가. 나는 이 책에서 무엇을 배울 수 있고 내 삶에 어떤 변화를 가져올 수 있는가.' 책 역시 독자에게 질문을 던진다. '여기에는 이런 지식이 있고, 이런 사회가 있다. 당신은 이러이러한 점을 알 수 있다. 그대는 어떤 선택을 통해 어떤 삶을 살 것인가.' 책과 끊임없이 대화를 나누며 답을 찾아가는 여정, 이것이 독서의 진정한 의미가 아닐까?

그리스 로마 신화에는 영웅 '이아손'의 이야기가 나온다. 작은아버지에게 빼앗긴 왕권을 되찾기 위해 모험을 떠나는 내용이다. 이아손이 왕위를 돌려받기 위해서는 머나먼 땅으로부터 황금 양털을 가져와야 했다. 그는 헤라클레스를 비롯한 50명의 영웅과 함께 기나긴 여정을 떠난다. 이때 그들이 타고 간 배의 이름이 아르고였기에 그들을 '아르고 원정대' 즉 '아르고나우타이'라고 부른다. 원정대는 갖가지 어려움을 이겨내고 임무를 완수하여 마침내 나라를 되찾는다.

독일 철학자 프리드리히 니체는 "'왜' 살아야 하는지 아는 사람은 그 어떤 상황도 견딜 수 있다"고 말했다. 살아야 하는 이유를 깨닫고 이를 실천하는 삶은 참으로 아름답다. 이제는 우리도 건조한 일상 속에서 삶의 목적의식이라는 '황금 양털'을 찾아 길을 나설 차례다. 인생이라는 기나긴 모험을 함께 할 원정대를 모아야 한다. 책이라는 듬직하고 묵직한 친구들과 함께하는 독자에겐 언제나 신의 가호가 함께할 것이다.

프랑스 철학자 가스통 바슐라르Gaston Bachelard는 이런 말을 남겼다. "저는 아침부터 내 책상 위에 쌓인 책 앞에서 책 읽기의 신에게 '이 독서가로 하여금 책을 탐독하게 해주십사' 하고 기도드립니다. 저 높은 하늘에 있는 천국은 하나의 거대한 도서관이 아니고 무엇이겠습니까?"

하늘나라의 기쁨을 느끼고 싶을 때는 서점과 도서관이라는 빛의 전당으로 향해보자. 책과 함께 그물에 걸리지 않는 바람 같은 삶을 살아보자. 봄바람에 실린 은은한 꽃향기가 옷가지에 자연스레 스미듯 우리의 일상이 책에 익숙해지도록 해보자. 따가운 열복보다 시원한 청복을 누리는 인생, 독서는 지금 이 순간 내가 있는 곳이 바로 천국이 되는 비결이다.

차 례

책을 알다
독서에 대한 다양한 생각

책을 읽다
독서에 빠지는 여러 가지 방법

책을 쓰다
독서를 완성하는 지식인의 기술

책을 넘다
독서가 삶에 주는 것들

책을 알다

제1장

독서에 대한
다양한 생각

책,
누구냐
넌

인간이 자연에서 거저 얻지 않고
스스로의 정신으로 만들어낸 수많은 세계 중
가장 위대한 것은 책의 세계입니다.
★헤르만 헤세

우리는 살면서 '책을 많이 읽어야 한다'는 말을 자주 듣는다. 독서의 중요성은 '아무리 강조해도 지나치지 않는다'고 한다. 그러나 책을 읽는 사람은 점점 줄어드는 것 같다. 지하철에서는 대부분 스마트폰을 본다. 거리에서도 학교에서도 집에서도 그렇다. 왜 그럴까? 책의 가치를 모르는 걸까? 이제 책은 쓸모없어진 걸까?

그렇지는 않을 것이다. 누구나 '독서가 좋다'는 건 안다. 자기계발과 평생교육의 시대는 오히려 더 많은 책을 읽도록 요구한다. 하루에도 수십, 수백 권의 책이 쏟아진다. 그렇다면 이제 질문을 바꿔야 할 시간이다. 어떤 책을 읽어야 할까? 어떻게 하면 '스마트'한 독자가 될 수 있을까? 책을 읽는다는 것, 책을 '잘' 읽는다는 건 뭘까? 이 질문들에 답하려면 먼저 책을 알아야 한다.

표준국어대사전은 책을 '일정한 목적, 내용, 체재에 맞추어 사상, 감정, 지식 따위를 글이나 그림으로 표현하여 적거나 인쇄하여 묶어 놓은 것'이라고 정의해두었다. 책은 정보를 담아 독자에게 전달하는 매개체다. 학창 시절 교과서나 문제집이 대표적인 책의 이미지다. 하지만 그게 다일까? 책이란 그저 시험을 잘 보려고 잠깐 보고 손에서 놓는 일회용품일까?

차이자위안蔡家園의 『독서인간』에 이런 말이 있다. "책은 영혼이 있는 사물이다. 모양이 있고, 색깔이 있고, 냄새가 있고, 체온이 있다. 또 친구가 있고, 애인이 있고, 집이 있고, 여정이 있다. 그리고 사상이 있고, 감정이 있고, 운명이 있고, 꿈이 있다. 책은 시시각각 진정한 애서가와 만나 의기투합할 수 있기를 기대한다."

교과서가 책의 전부는 아니다. 책은 점수를 위한 수단만도 아니다. 세상에는 수많은 책이 있다. 책에는 감동과 지혜가 있고 웃음과 눈물이 있다. 사람이 있고 사랑이 있고 인생이 있다. 책은 단지 물건이 아니다. 세계를 담고 있고 그 자체로 하나의 세계다. 나를 깨우고 환하게 밝혀 줄 드넓은 책의 세계로 함께 떠나보자.

| 알듯 말듯 한 책의 생김새 |

어린이날이 되면 조카들에게 주로 책을 선물했다. 나이에 따라 그림책, 동화책부터 학습만화전집과 저학년용 사전, 인문서를 건넸다. 조카들은 대체로 책을 좋아하여 즐겁게 읽었다. 시간이 나면 함께 읽기도 했다.

하루는 갓 초등학생이 된 조카와 함께 책을 보며 대화하던 중 질문을 받았다. "삼촌, 책의 맨 앞을 표지라고 하잖아요. 안에는 뭐라고 해요?" "안쪽은 속지라고 하지요." "그럼 여기는 뭐라고 해요?" "음, 제목이 있는 곳이니 책 얼굴?" "여기는요?" "어, 책 위쪽인가?"

지금껏 책을 읽으면서도 책 부위에 대해서는 별 관심을 두지 않았다. 그런데 조카의 질문을 받고 내가 책에 대해 잘 알지 못한다는 사실을 느꼈다.

인생은 만남의 연속이다. 하루에도 수많은 사람을 만난다. 계속 봐왔던 사람도 있고 새로 만나는 사람도 있다. 오랜만에 마주하는 사람도 있다. 사람은 내면이 중요하다고 한다. 하지만 첫 만남에서부터 상대방의 모든 걸 알 수는 없다. 제일 먼저 눈에 들어오는 건 외모다. 그리고 차츰 마음을 알아간다. 책을 알기 위해 우선 책의 겉모습부터 살펴보자.

책은 제작 방식에 따라 크게 견장정과 연장정으로 나눈다. 견장정hardcover은 표지가 두꺼운 책이다. 하드백hardback이라고도 한다. 판지나 옷감, 가죽 등으로 표지를 만든다. 두꺼운 백과사전을 떠올리면 된다. 책의 낱장은 실로 묶여있다. 비교적 책을 오랫동안 보관할 수 있다. 다만 연장정보다 제작비가 조금 더 든다.

연장정softcover은 일반 종이를 코팅해서 겉표지로 쓴다. 페이퍼백paperback이라고도 한다. 주변에서 흔히 볼 수 있는 책은 연장정이다. 책장은 실이 아닌 접착제로 붙인다. 견장정보다 내구성은 약해도 값이 더 싸다. 페이퍼백의 한 종류로 문고판mass-market paperback이 있다. 비교적 값싼 종이로 작게(보통 A6판) 만든 대량생산용 책이다.

이번엔 책의 부위별 이름과 특징에 대해 알아보자.

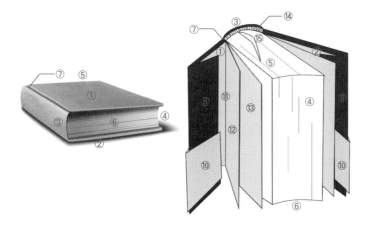

① 앞표지front cover는 책의 맨 겉장이다. 책의 얼굴이다. 책의 제목과 부제목, 저자와 출판사 이름 및 로고 등이 있다. 그림이나 사진을 담기도 한다.

② 뒤표지back cover는 책의 뒷면 겉장이다. 책의 뒤통수다. 책의 핵심 내용이 정리되어 있고, ISBN(국제표준도서번호), 책값이 쓰여 있다.

③ 책등spine, back은 책을 책꽂이에 꽂았을 때 보이는 곳이다. 책의 앞표지와 뒤표지를 잇는다. 각 페이지를 묶어낸 부위의 바깥쪽이다. 제목과 저자, 출판사 이름이 있다. 책등이 둥글면 둥근 등round back, 편평하면 모등square back이다. 책 펼침은 둥근 등이 더 자연스럽다.

④ 책배fore edge는 책등의 반대쪽이다. 책장을 넘길 때 손과 닿는 부분이다. 책의 본문을 담고 있다. 책 본문 사이에 챕터나 파트를 구분하는 페이지인 간지interleaf가 있다.

⑤ 책머리top edge는 각 페이지의 윗부분이다. 이름이나 학번을 쓴다. 서점 도장도 찍는다.

⑥ 책꼬리tail edge는 책머리의 반대쪽이다. 책을 세웠을 때 지면과 닿는 곳, 책 밑면이다.

⑦ 책홈groove은 표지를 잘 여닫을 수 있도록 고랑을 만들어놓은 부분이다.

⑧ 앞날개fore flap는 표지 보호를 위한 덧표지jacket 중 앞표지 쪽으로 접혀 들어간 부분이다. 저자 소개, 약력 및 출간 서적, 연락처 등의 정보를 담고 있다.

⑨ 뒷날개hind flap는 뒤표지 쪽 덧표지의 안쪽 부분이다. 주로 저자나 출판사의 다른 책을 홍보하거나 앞날개의 내용을 이어넣기도 한다. 표지는 표1, 앞날개 부분을 표2, 뒷날개 부분을 표3, 뒤표지를 표4로 부르기도 한다.

⑩ 띠지band는 책 아랫부분의 겉을 감싸는 종이띠다. 독자들의 눈길을 잡는 광고판 역할을 한다. 수상 내역, 언론 보도 내용, 판매 부수, 추천사 등의 정보를 담고 있다.

⑪ 책목book neck은 책을 펼쳤을 때 양쪽 페이지 가운데 접힘선 부분을 가리킨다.

⑫ 면지end-paper는 책 겉부분인 표지와 속부분인 본문을 이어준다. 앞뒤 표지 안쪽에 붙여 표지 이탈이나 본문 손상을 막는다. 앞표지나 뒤표지를 펼치면 보이는 색지 또는 백지인데, 보통 본문보다 튼튼한 재질의 종이를 쓴다.

⑬ 표제지full title page는 책 본문 앞에 넣는 표지다. 면지와 속표지 사이에는 책 제목만 인쇄한 약표제지half-page title가 들어가기도 한다. 또는 인쇄할 때 쪽수를 맞추기 위한 여분의 백지인 헛장fly leaves을 넣기도 한다.

⑭ 머리띠head-band는 책등과 본문 속장 사이에 위아래로 붙인 천이다. 꽃천이라고도 한다. 책을 보호하고 장식하는 역할을 한다.

⑮ 가름끈book-mark은 책장 속에 끼워 둔 얇은 끈이다. 갈피끈이라고도 한다. 책등 부분에서 매듭짓는다. 하드커버에만 있다. 읽던 곳을 표시하는 책갈피 기능을 한다.

책의 겉모습을 둘러보았다. 이제는 본격적으로 책이란 무엇인지 하나씩 살펴보자. 그전에 뇌에 대해 잠시 알아볼 필요가 있다. 독서는 결국 뇌로 하는 활동이기 때문이다.

뇌과학으로
살펴본
독서

독서가 정신에 미치는 효과는
운동이 신체에 미치는 효과와 같습니다.
★리처드 스틸

뇌를 알면 책 읽기가 쉬워진다

뇌의 기본 구조

뇌란 무엇일까? 위키백과를 살펴보자. "뇌는 신경세포가 하나의 큰 덩어리를 이루고 있으면서 동물의 중추 신경계를 관장하는 기관을 말한다." 뇌는 기본적인 생명 활동을 주관하는 곳이다. 신체 움직임과 감각은 물론 생각과 감정의 근원이다. 즉 뇌는 사람이 살수 있는, 사람다울 수 있는 가장 기본적인 전제 조건이다.

성인의 뇌 무게는 약 1.2~1.6킬로그램이다. 체중의 약 2.5퍼센트다. 코끼리(5킬로그램)나 고래(8킬로그램)보다 가볍다. 하지만 체중 대비 뇌의 비율은 1:40으로 앞의 동물들(1:500~1:2,000)보다 훨씬 높다. 인간과 가장 가깝다는 유인원(1:100)보다도 2.5배 이상 높다. 물론 뇌 무게와 지능이 반드시 정비례하지는 않는다. 하지만 인간은 다른 동물보다 신경세포와 연결망의 수가 훨씬 많다. 약 1,000억 개의 신경세포neuron와 약 1,000조 개의 연접synapse이 있다.

뉴런은 1밀리미터도 채 되지 않는 크기에서 수십 센티미터에 이르기까지 길이와 형태가 다양하다. 각 뉴런에는 자극을 받아들이는 수많은 수상돌기가 달려 있다. 자극을 내보내는 축삭돌기는 하나만 있다. 수상돌기와 축삭돌기 끝은 여러 갈래로 갈라져 있다. 신호는 한 뉴런 안에서 수상돌기에서 축삭돌기, 뉴런 사이에서는 축삭돌기에서 수상돌기 쪽으로 흐른다.

신경이 서로 만나는 부위는 시냅스라고 한다. 우리 뇌에는 엄청난 수의 시냅스가 존재한다. 하나의 뉴런에만 보통 수천 개 이상의 시냅스가 있다. 전체적으로는 수십에서 수백조 이상의 시냅스가 신호를 주고받는다. 그래서 인간의 뇌는 소우주에 비유된다. 뇌는 신체 에너지 소비량의 20퍼센트 이상을 쓰고, 혈류량도 분당 750밀

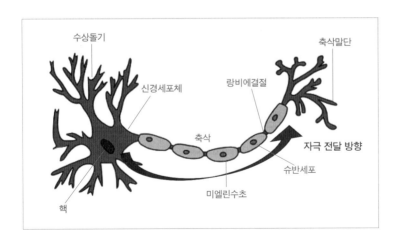

리리터에 달한다. 체내 유전자의 약 80퍼센트는 뇌와 관련이 있다. 이처럼 뇌는 매우 중요한 기관이다.

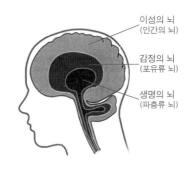

이성의 뇌
(인간의 뇌)

감정의 뇌
(포유류 뇌)

생명의 뇌
(파충류 뇌)

뇌는 기능에 따라 크게 세 부위로 나뉜다. 먼저 생명의 뇌(파충류의 뇌)다. 가장 깊숙한 곳에 있는 뇌간(사이뇌, 중간뇌, 다리뇌, 숨뇌)이 체온조절과 심장박동, 호흡과 혈압 등 생존에 필수적인 활동을 조절한다. 갓난아기는 이 부위만 거의 완성된 상태다. 그 위에는 감정의 뇌(포유류의 뇌)가 있다. 대뇌변연계(해마, 편도체, 시상)에서 감정과 기억, 식욕과 성욕 등의 본능을 다룬다. 대뇌 구피질이라고도 한다. 유년기와 사춘기 때 거의 완성된다. 가장 윗부분인 이성의 뇌(영장류의 뇌)는 대뇌 신피질이다. 논리적, 도덕적 판단, 기억, 학습, 창의력 등을 담당한다. 성인기에 상당 부분 틀을 갖춘다.

여기서 주목할 점은 파충류 뇌가 변해서 포유류 뇌나 영장류 뇌가 된 것이 아니라는 것이다. 파충류 뇌 위를 포유류 뇌가, 포유류 뇌 위를 영장류 뇌가 덮고 있다. 각자 별개의 영역을 갖는다. 단 사람이 이성을 잃으면 영장류의 뇌에서 포유류, 파충류의 뇌로 일시적 기능 퇴행 상태가 된다. 이 3개의 뇌는 어느 정도 협력해서 활동한다. 하지만 기본적으로는 따로 기능한다.

뇌는 평생 변한다

인간의 뇌는 한 상태에 머무르지 않고 항상 변한다. 감각과 경험,

독서에 대한 다양한 생각

학습과 같은 외부 자극에 따라 기존 구조에 새로운 연결을 만든다. 신경조직의 이 신비한 특성은 신경가소성神經可塑性, neuro-plasticity이라고 한다. 뇌세포와 뇌 부위가 유동적으로 바뀌는 현상이다.

기존의 믿음과 달리 신경 회로는 나이와 관계없이 평생에 걸쳐 끊임없이 변한다. 강물의 흐름에 따라 물길이 바뀌고 강 주변 생태계가 변한다. 강물처럼 뇌는 정보에 따라 새롭게 탄생한다. 활동하는 뇌는 뉴런 간 연결이 늘어나고 튼튼해진다. 뇌 회로는 유연하다. 하지만 탄력적이지는 않다. 신경 회로는 한 번 변하면 고무줄처럼 다시 이전 상태로 돌아가지 않는다. 후진 없는 전진이다. 새롭게 물든 나쁜 습관이 기존의 좋은 습관을 대체하기도 한다.

뇌의 핵심적 특성인 가소성은 배움과 발전을 이루는 기반이다. 뇌는 지속적 계발이 가능하다. 보통 나이가 들면 뇌 기능이 떨어진다고 한다. 뇌 역시 노화를 피할 수 없는 신체 기관이기 때문이다. 하지만 이는 관리하기 나름이다. 꾸준한 운동은 나이를 뛰어넘는 건강한 삶을 만들어준다. 뇌도 마찬가지다. 특히 지능은 나이와 반드시 반비례하지 않는다. 지능은 종류가 다양하며 나이에 따라 최상의 능력을 발휘하는 시기가 다르기 때문이다.

미국 보스턴대학교 심리학 조교수인 조슈아 하츠혼Joshua K. Hartshorne은 하버드 의과대학 정신의학 조교수 로라 저민Laura T. Germine과 4만 8,000명의 자료를 분석해 발표한 2015년 논문에서 다음과 같이 결론내렸다. "정보처리 속도는 18~19세에 가장 빠르다. 단기 기억은 25세에 가장 뛰어나고 35세 즈음 감소하기 시작한다. 상대방의 감정을 정확히 인식하는 능력은 40~50세 사이에 가장 뛰어나다. 어휘력은 60세부터 70세 초반에 제일 높다."

지능은 분류 기준에 따라 다양한 영역으로 나뉜다. 유전과 환경을 기준으로 유동성 지능과 결정성 지능으로 구분한다. 유동성 지능流動性知能, fluid intelligence은 유전 요인의 영향을 많이 받는 선천적 지능이다. 10대 후반에 정점을 찍고 나이가 들며 점점 쇠퇴한다. 연역 및 귀납추리, 산술 및 연산 능력 등을 포함한다. 기초과학 분야에 많이 필요한 지능이다. 결정성 지능結晶性知能, crystallized intelligence은 환경 요인의 영향을 크게 받는 후천적 지능이다. 성인기 이후에도 계속 발전하는데 환경의 질에 따라 차이가 있다. 어휘력, 독해력, 의사전달 및 소통능력 등을 포함한다. 인문 및 사회과학 분야에 필수적인 지능이다.

유동성 지능은 젊을수록 뛰어나다. 하지만 결정성 지능은 나이가 들수록 훨씬 뛰어나다. 결정성 지능은 살면서 얻은 기술이나 지식, 경험을 사용하는 능력이기 때문이다. 뉴런의 가소성이란 '새로 고침'의 연속이다. 뇌는 무한한 성장 가능성을 품고 있다. 이를 현실화하는 것은 삶 속에서 '무슨 선택을 하는가'에 달렸다. 변화는 자신으로부터 시작한다. 그럼 어떤 콘텐츠로 변화를 채워갈까?

책은 눈보다 뇌로 읽는다

매리언 울프Maryanne Wolf의 『책 읽는 뇌』에 이런 내용이 있다. "독서는 선천적 능력이 아니다. 인류가 독서를 발명해낸 것은 불과 수천 년 전이다. 인간은 이 발명품을 통해 뇌 조직을 재편성했고 그렇게 재편성된 뇌는 인간의 사고능력을 확대시켰으며 그것이 결국 인지 발달을 바꾸어 놓았다. 독서는 인류 역사상 최고의 발명품이며 역사의 기록은 그 발명의 결과 중 하나라고 할 수 있다."

뇌의 존재 이유는 뭘까? 하나의 뉴런은 다른 뉴런과 연결되어야만 그 기능과 가치가 빛난다. 뇌는 연결성, '네트워킹'이 핵심이다. 서로 이어지지 못한 신경망은 쇠퇴하여 치매나 죽음에 이른다. 독서는 뉴런의 연결을 강화하는 아주 좋은 방법이다. 책이라는 벗을 찾는 일을 멈추지 않는다면 우리 뇌는 활력과 탄력을 잃지 않는다.

전두엽은 뇌의 앞쪽 부위다. 대뇌에서 가장 큰 피질이다. 진화 과정 중 가장 최근에 발달한 곳이다. 추리와 계획, 문제 해결 등을 담당한다. 인류의 언어와 문화, 지성과 문명이 태어난 근원이다. 전두엽 앞쪽인 전전두피질은 특히 인간에게 잘 발달한 곳이다. 독서는 우리 뇌의 이런 최신 기능을 계발할 수 있는 최고의 방법 가운데 하나다. 결정성 지능을 높여주는 좋은 동반자가 된다. 독서는 인간의 정신 활동 중에서도 가장 복잡하고 종합적인 활동이기 때문이다. 독서는 두뇌 계발의 훌륭한 촉매제다.

그리스 신화에는 다양한 인물이 나온다. 그중 펠로폰네소스 반도에 코린토스 시를 건설한 시시포스라는 왕이 있다. 꾀와 욕심이 많은 그는 제우스 신을 화나게 하여 저승에 갔다. 그곳에서는 저승의 신 하데스를 속여 벌을 받는다. 무거운 바위를 산 위로 밀어 올려야 하는 형벌이다. 고생 끝에 바위를 산꼭대기까지 올리면 바위는 저절로 굴러 내려가버린다. 힘들게 애쓴 보람도 없이 다시 처음부터 시작해야 한다. 그는 영원히 벗어날 수 없는 노역에 갇혔다.

독서를 하지 않으면 인류가 지금껏 힘들게 쌓아온 문해력, 사고력이 떨어진다. 시시포스처럼 고생길에 접어든다. 생각하는 힘을 기르는 건 어렵지만 잃는 건 어렵지 않다. 이는 개인 차원에서 뿐만 아니라 사회 전반적으로 보았을 때도 큰 문제가 될 수 있다. 『책 읽는 뇌』를 다시 보자.

"독서가 한 사람 한 사람이 텍스트를 뛰어넘도록 조용히 이끌어 주었고 한 걸음 더 나아가 독서가 개인과 문화의 지적 발달에 박차를 가했다. (중략) 독서를 하기 위해 스스로 재편성하는 방법을 학습한 뇌에는 새로운 사고가 훨씬 쉽게 출현했다."

독서는 인간을 인간답게 만드는 가장 기본적이고 근본적인 활동이다. 글을 몸으로 익혀 내 것으로 만들어 자신을 성장시키는 아주 좋은 방법이다. 사람은 책을 읽지 않고도 살 수는 있다. 하지만 풍요롭게 살아가기 위해 책은 꼭 필요한 소중한 매체다.

앞서 뇌 가소성을 살펴보았다. 뇌는 자극과 생각에 따라 변한다. 성취의 경험을 반복하면 우리 뇌는 '승자의 뇌'가 된다. 책 읽는 경험을 반복하면 우리 뇌는 '독서가의 뇌'가 된다. 뇌의 발달은 독서를 가능하게 했고, 독서는 뇌의 발전을 이끌었다.

그런데 독서 환경이 크게 바뀌고 있다. 유례없는 기술 발전이 이끄는 사회 변화 때문이다. 세상은 참 빨리 변한다. 무선통신은 이미 5G 세계로 들어섰다. 기존의 4G보다 20배 빠른 네트워크다.

가상 현실과 실제 현실은 그 경계가 점점 흐릿해진다. 증강 현실은 그 중간 단계이자 연결점이다. 스크린은 이미 개인의 삶 깊숙이 들어왔다. TV와 영화관 같은 '고전적'인 화면부터 컴퓨터 모니터, 스마트폰과 태블릿 PC 같은 터치스크린까지 다양하다. 스크린과 이미지가 책과 글자를 대체한다. 시각이 언어보다 우위에 있다. 그 격차는 점점 커지고 있다. 우리 뇌는 '읽는 뇌'에서 '보는 뇌'로,

'아날로그 뇌'에서 '디지털 뇌'로 탈바꿈 중이다. 이런 변화는 우리 뇌에 어떤 영향을 미칠까? 이는 독서 활동을 어떻게 바꿀까? 그리고 우리 삶을 어떻게 뒤바꿀까?

스마트의
두
얼굴

독서는 인간을 정신적으로 충실하게,
명상적으로 심오하게 해줄 뿐만 아니라
두뇌를 영리하게 만들어줍니다.
★벤저민 프랭클린

매일 아침 출근하면서 빼놓지 않고 챙기는 물건 중 하나가 스마트폰이다. 실수로 집에 두고 오면 근무 내내 불안하고 불편하다. 스마트폰은 참 유용하다. 현대인의 삶에 필요한 기능들이 가득하다. 언제든지 원하는 내용을 더하고 뺄 수 있다. 지금 다시 피처폰을 쓰라고 하면 과연 예전처럼 살 수 있을까? 그래서인지 많은 사람이 손에서 스마트폰을 놓지 않는다. 스마트폰 의존도와 사용 시간이 점점 늘어나는 추세다.

그런데 문득 그런 생각을 했다. 스마트폰을 지금처럼 삶의 일부로 여기는 생활에 아쉬움은 없을까? 스마트폰만 계속 써도 괜찮을까? 스마트폰 사용에 대한 다양한 의견을 들어보자.

스마트폰으로 대표되는 스마트 기기는 21세기의 상징과도 같다. 다양한 응용 프로그램 즉 애플리케이션을 통해 거의 무한한 기능을 쓸 수 있다. 게임과 SNS가 가장 사랑받는 기능이다.

현대는 연결과 표현, 확장의 시대다. 트위터Twitter와 구글Google, 아이폰iPhone과 페이스북Facebook의 앞글자를 딴 'TGIF'가 세계를 연결한다. 또 유튜브, 인스타그램, 카카오스토리 등 다양한 플랫폼이 전 세계를 거대한 망으로 묶는다. 이 보이지 않는 그물은 점점 더 크고 촘촘하게 인류를 연결하고 있다. 요즘 웬만한 SNS 계정 한두 개 없으면 '원시인' 취급받기 쉽다.

스마트폰은 잘 쓰면 정말 '스마트'한 도구가 된다. 하지만 잘못 쓰면 건강을 해치는 흉기가 될 수도 있다. 레프 톨스토이의 『인생독본』 중 플라톤이 쓴 「소크라테스의 죽음」에 이런 말이 있다. "싸늘함이 심장까지 퍼지면 최후가 되는 것입니다." 독배를 마신 소크라테스를 살피던 형刑 집행자가 그의 죽음이 멀지 않았음을 알리는 말이다.

심장이 싸늘함에도 살아있는 존재, 그건 아마도 영혼 없는 사람 또는 부활한 시체로도 불리는 좀비가 아닐까? 스스로 생각하지 못하고 외부의 감각적인 자극에만 반응하는 '살아있는 송장'이다. 좀비는 현실에도 있다. 바로 '스몸비'다.

스몸비Smombie는 스마트폰Smartphone과 좀비Zombie의 합성어다. 스마트폰에 정신이 팔려 주변을 제대로 인식하지 못하고 걸어 다니는 사람들을 가리키는 말이다. 스마트폰을 보면서 걷다가 여기저기 부딪치거나 넘어져 다치기도 한다. 심한 경우 교통사고를 당해 목숨을 잃기도 한다. 높은 곳에서 발을 헛디뎌 굴러 떨어지기도 한다. 스마트폰을 보면서 산행을 하는 건 소주 한 병을 마신 음주 산행과 같다고 한다. 지나친 스마트폰 사용, 특히 작은 화면으로 게임을 오랫동안 한다면 사용자의 뇌파는 치매 환자의 상태와 비슷하게 측정된다고 한다.

전 세계 IT 리더들은 자신의 아이들이 누구보다 빨리 스마트폰을 능숙하게 사용하도록 가르쳤을까? 전혀 그렇지 않다. 전 세계적으로 '스마트 문명'에 대한 불편한 진실이 목소리를 높이고 있다. 세계적인 IT 거장들의 이야기를 들어보자.

먼저 스티브 잡스다. IT 기업 애플의 전 CEO이자 공동 창업주다. 매킨토시와 아이폰을 세상에 내놓은 혁신의 아이콘이다. 그는 2010년, 아이패드 첫 출시 후 『뉴욕타임스』와 인터뷰를 가졌다. 한 기자가 자녀들의 아이패드 사용에 대해 질문하자 그는 이렇게 말했다. "아이들은 아이패드를 쓰지 않아요. 제가 사용을 제한합니다."

스티브 잡스의 공식 전기를 쓴 월터 아이작슨은 이렇게 말했다. "그는 저녁에 아이들과 식탁에 앉아 책이나 역사 등 여러 화제로 이야기했어요. 아무도 컴퓨터나 아이패드를 언급하지 않았죠. 아이들은 전혀 기기에 중독되지 않은 것 같았어요." 애플 주주들은 회사에 자녀의 아이폰을 통제할 방법을 개발하라고 촉구해왔다. 회사도 이에 동의하며 해당 절차에 착수한다고 발표했다. 애플의 현 CEO인 팀 쿡은 아이들이 SNS 사용을 자제하도록 공개적으로 권하기도 했다.

빌 게이츠는 마이크로소프트 설립자다. 컴퓨터 운영 체제 윈도

우 시리즈를 탄생시켰다. 그는 2017년 한 영국 매체와의 인터뷰에서 이렇게 말했다. "저는 아이들이 열네 살이 될 때까지 스마트폰을 못 쓰게 합니다. 식탁에서도 금지하고 잠들기 전에도 IT 기기를 제한해요."

마크 저커버그는 페이스북 설립자다. 그는 아이들이 '적절한' 나이에 IT 기기를 사용해야 한다고 생각한다. 그는 자신의 딸이 열세 살이 될 때까지 페이스북을 접하지 않도록 할 것이라고 했다. 숀 파커Sean Parker는 페이스북 초대 사장이자 음원 공유 서비스 냅스터의 공동 창업자다. 그는 2017년 한 행사에서 "SNS는 인간 심리의 취약성을 악용하죠. 오직 신만이 SNS가 아이들의 뇌에 어떤 영향을 미치는지 알 것"이라고 밝혔다.

차마스 팔리하피티아Chamath Palihapitiya는 페이스북 전직 부사장이다. 그는 숀 파커의 발언 이틀 뒤 스탠퍼드 경영대학원 강연에서 이런 발표를 했다. "우리는 단기적, 말초적인 피드백 회로를 만들었어요. 사회 작동 방식을 부쉈죠. 사회적 담론과 협력은 없어지고 잘못된 정보와 거짓만 남았습니다." 이어 "우리 삶은 '하트 아이콘'과 '좋아요'로만 평가받아요. 이용자는 자신도 모르는 사이에 프로그램화되며 이는 전 지구적인 문제입니다"라고 했다. 그는 "이 상황에 대한 해결책을 제시할 수는 없어요. 다만 스스로 소셜 미디어를 쓰지 않는 방식으로 대처합니다. 제 자녀의 SNS 이용도 금지했어요"라고 언급했다.

저스틴 로젠스타인Justin Rosenstein은 페이스북의 '좋아요' 버튼을 만든 개발자다. 그는 '좋아요'의 꾐에 대해 '가짜 즐거움의 맑은 종소리bright dings of pseudo-pleasure'라고 비유했다. 그는 페이스북 투자자, 전직 임원, IT 전문가들과 함께 구글의 디자인 윤리학자 트리스 탄 해리스Tristan Harris의 사회 활동에 동참했다. 바로 '인도적 기술 센터CHT, Center for Humane Technology'라는 비영리 기관 설립이다. 여 기는 디지털 기술의 유해성을 알리고 인식을 바꾸기 위한 캠페인 을 진행한다. IT 기업의 부정적 영향력에 법률적 제한을 가하는 의 회 로비 활동도 한다.

크리스 앤더슨Chris Anderson은 세계적 드론 제조회사 3D 로보틱 스의 CEO이자 공동 창업자다. 그는 한 언론 인터뷰에서 스마트 기 술에 중독된 경험을 아이들이 겪지 않기를 바란다고 밝혔다. 그는 집 안의 모든 기기에 시간 제한 및 부모의 기기 조종 권한을 설정해 두었다.

트위터 공동 창업자 에번 윌리엄스Evan Williams는 아이들이 아이 패드보다 책을 보며 성장하기를 바라는 마음에 아내와 함께 집안 에 수백 권의 책을 마련해 진열했다.

독일 철학자 마르틴 하이데거는 급변하는 기술 발전에 대해 이 렇게 말했다. "기술 혁명의 파도는 인간을 꼼짝 못하게 넋을 빼놓 고 눈을 멀게 하고 현혹되게 합니다. 이 계획적인 생각은 어느새 유 일한 사고방식인 양 받아들여지고 실행될 것입니다. 기술의 광란 은 모든 곳에서 견고히 자리 잡을 태세로 위협을 가하고 있지요."

앞서 언급한 인물들은 전 세계 IT 산업의 선구자들이다. 누구보 다 IT의 특성을 잘 알고 있다. 그런 그들이 아무런 이유 없이 위와 같은 선택을 했을 리 만무하다. 또 다른 사례를 살펴보자.

발도르프 학교는 인지학의 창시자 루돌프 슈타이너Rudolf Steiner가 만든 대안학교다. 공장 노동자 자녀들을 위해 1919년 독일 슈투트가르트에 처음 세워졌다. 1994년 유네스코 제44차 세계교육 장관회의 때 21세기 개혁 교육 모델로 선정되었다. 성적과 교과서, 조기교육이 없다. 교사들은 자치행정을 실시한다. 발달 과정에 따른 전인교육을 실시한다. 만 7세까지는 신체 활동, 초등학생 때는 예술교육을 중요시한다. 주입식 교육보다 창의력과 인성, 사회성 교육에 초점을 둔다.

독일에서 시작한 교육 시스템은 유럽을 넘어 전 세계로 퍼졌다. 현재 1,100여 개 이상의 학교와 1,600여 개의 유치원이 운영 중이다. 국내에는 13곳의 발도르프 학교가 있다. 미국에서는 유치원부터 중학교에 이르는 8년제 과정을 졸업하면 정식 고등학교 졸업장을 받는다. 미국 내 졸업생 95퍼센트 이상이 아이비리그와 같은 명문 대학에 진학한다.

실리콘밸리는 세계 IT 산업과 벤처 기술의 대명사와 같은 곳이다. 그런데 이곳에 있는 발도르프 학교 그린우드에서는 학생들의 디지털 기기 사용을 엄격히 제한한다. 졸업할 즈음에야 비로소 디지털 교육을 시작한다. 비로소 이때쯤 기기 사용에 대한 자립적 판단이 가능하다고 보기 때문이다. 디지털 기기에 대한 발도르프 학교의 교육철학은 확실하다. "독서와 운동의 기쁨을 아는 학생만이 컴퓨터나 스마트폰을 써도 중독되지 않습니다."

이곳의 학부모 약 75퍼센트는 애플이나 구글, HP 같은 IT 업계에서 일한다. 타 직업군 부모보다 자녀의 IT 기기 접근에 대한 제한이 더 심하다. 집에서 보모를 고용할 때도 IT 기기 사용 제한 조항을 계약서에 넣는다고 한다. 왜냐하면 그들은 한 가지 사실을 잘 알고 있기 때문이다. 스마트폰으로 대표되는 '스크린 문명'은 스스로 생각하는 뇌를 수동적으로 받아들이는 뇌로 바꾼다. 어린 시절의 디지털 기기 노출이 아이의 정서와 상상력, 창의력 발달에 도움이 되지 않는다는 점을 알기 때문이다.

스마트
기기는
'스마트' 하게

소크라테스와 점심을 함께할 수 있다면
내가 가진 모든 기술을 내놓겠습니다.
★ 스티브 잡스

| 망각의 뇌, 산만한 뇌 |

2013년 육아정책연구소의 조사 결과에 따르면 우리나라의 스마트
폰 최초 이용 시기는 평균 2.27세다. 스마트폰 과다 사용 비율도 성
인은 17.4퍼센트인데 3~9세 유·아동은 19.1퍼센트에 달했다. 스
마트폰을 쓰는 시간이 늘어나며 대인 관계의 어려움이나 대화의
단절 같은 문제가 생겼다. 그래도 괜찮은 걸까? 스마트 기기, 그리
고 인터넷은 뇌에 어떤 영향을 줄까? 먼저 우리 뇌가 기억하는 방
식을 알아보자.

우리 뇌는 두 개의 기억, 단기 기억과 장기 기억을 갖는다. 외부
로부터 들어온 순간적인 인상이나 감각, 아이디어 등은 단기 기억

속에 단지 몇 초 동안만 머문다(감각 기억). 단기 기억에는 작업 기억이라는 부분이 있다. 감각기억으로 들어온 정보 중 주의를 기울인 내용을 장기 기억으로 옮겨주는 역할을 한다. 우리가 평소에 의식하는 내용은 작업 기억이 만든다. 우리가 의식적 또는 무의식적으로 배운 모든 내용은 장기 기억에 저장된다. 그 기간은 며칠이나 몇 년, 또는 평생이다. 장기 기억은 사실과 함께 복잡한 개념이나 스키마 등을 저장한다.

스키마schema란 어떤 일이나 대상에 대한 대략적인 계획, 이론의 윤곽이다. 낱개로 흩어진 정보 조각을 모아 패턴화된 지식을 만드는 곳이다. 스키마는 생각의 깊이와 풍성함을 제공한다. 인간의 지적인 재능과 재치는 대체로 오랫동안 만들어진 스키마를 바탕으로 한다. 깊이 있는 지능은 작업 기억에서 장기 기억으로의 이동, 그리고 이를 개념적인 스키마로 구성하는 능력에 달려 있다.

그런데 작업 기억과 장기 기억은 특성이 서로 다르다. 작업 기억의 저장량은 아주 적다. 그에 비해 장기 기억의 용량은 거의 무한대다. 작업 기억은 컴퓨터의 램과 같고 장기 기억은 데이터 센터로 비유할 수 있다. 작업 기억이 낱장의 포스트잇이라면, 장기 기억은 거대한 서류 저장 창고다. 작업 기억의 대상은 의식 속에서 이루어지지만 장기 기억에 담긴 내용은 주로 의식의 외부에 존재한다.

두 기억의 특징이 워낙 달라서 작업 기억에서 장기 기억으로 이어지는 길에는 종종 병목현상이 생긴다. 큰 수영장을 종이컵으로 채워 넣는다고 생각해보자. 책과 인터넷을 각각 정보라는 물이 나오는 수도관이라고 하자. 책을 읽을 때는 물의 양과 속도를 조절할 수 있다. 여러 개의 관 가운데 하나를 선택할 수 있다. 텍스트와 그

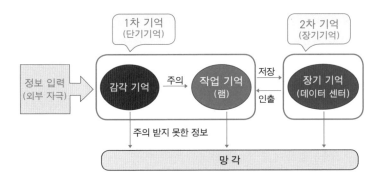

전개 과정에 집중하며 내용을 파악하고 대부분의 정보를 장기 기억으로 전달한다. 빠르지는 않지만 장기 기억에 점진적으로 콘텐츠를 제공한다. 스키마를 이룰 때 꼭 필요한 개념의 틀과 연관성을 만들어간다.

인터넷은 여러 개의 관에서 동시에 물이 콸콸 쏟아지는 형태다. 종이컵으로 여기저기에서 물을 받다 보면 물이 넘치게 마련이다. 원하는 내용과 원하지 않는 내용이 뒤죽박죽 섞인다. 작업에 신경 쓰는 부분은 많은데 정작 장기 기억으로 이어지는 내용은 많지 않다. 힘은 많이 든다. 그러나 노력에 비해 소득이 적다. 인터넷 검색을 통해 자료를 찾다 보면 처음에 알고자 한 내용을 잊는 경우가 종종 있다. 수많은 연결과 현란한 정보 제공 속에서 나만의 리듬을 잃고 화면의 흐름에 휩쓸리기도 한다. 주요 내용과 관련 없는 과제를 해결해야 하고 그에 따라 주의력이 분산되기 때문이다.

'인지부하認知負荷, cognitive load'는 학습이나 문제 해결에 필요한 인지적 요구량을 말한다. 그 양이 처리 한도를 넘어설 때 '인지 과부하認知過負荷, cognitive overload'가 생긴다. 종이컵이 넘치도록 물을 받을 때다. 작업 기억에서 정보를 처리할 수 없으면 이 정보는 해당 뉴런에서 전기 신호로 몇 초만 머무르다 사라진다. 이때는 장기 기억 속의 기존 정보와 상호 연결을 할 수 없다. 새로운 정보를 스키마로 활용할 수도 없다. 효과적인 학습과 기억에 방해를 받는다. 인지 능력은 벽에 부딪히고 이해력은 얕은 수준에만 머무른다.

인지 과부하는 필연적으로 집중력 저하와 기억력 감퇴, 산만함 확대를 불러온다. 주의력 결핍 과잉행동 장애ADHD 같은 증상이 인지 과부하와 관련 있다는 연구 결과도 있다. 인지부하가 한계점에 가까워질수록 정보 선별과 이해 수준이 낮아진다. 외부 정보에 대해 올바른 분별력을 잃는 것이다. 학습 부진의 주요 원인이 될 수 있다. 이처럼 기억과 인지 능력의 특성을 이해하면 스마트 시대의 읽기에 대해 새롭게 생각할 수 있다.

| 　　　　·　　　　종이 읽기와 다른 화면 읽기　　　　　|

우리의 신체적 반응은 책장을 넘길 때와 웹 문서를 볼 때가 다르다. 종이에서 스크린으로 대상이 변하면 단순히 문서를 보는 방식만 바뀌지 않는다. 문서에 집중하고 해석하는 과정도 바뀐다. 화면의 문서를 클릭하고 터치하는 동작과 인쇄된 종이를 넘기고 접는 행동은 텍스트 인식과 활용에 큰 차이가 있다. 종이책 읽기와 스크린 읽기는 어떻게 다를까?

스크린 읽기는 화면에 보이는 글자를 죽 훑으면서 넘어간다. 사용자의 시선은 알파벳 'F' 모양으로 페이지를 내려간다. 글의 첫 몇

줄은 일단 읽는다(F의 맨 위쪽 가로획). 그다음 밑으로 내려가며 나머지 문장은 앞부분만 훑어보는 형태로 읽는다(F의 더 짧은 가로획). 독자는 페이지 왼쪽 끝을 따라 시선을 밑으로 쭉 내린다. 글을 읽을수록 대부분의 글을 제대로 보지 않는다. 그렇게 시선을 움직이다가 텍스트 읽기를 끝낸다. 'F'가 'fast'인 듯 시간에 쫓기면 이런 경향이 더 심해진다.

온라인 독서는 종이책 독서보다 깊이 있는 읽기가 어렵다. 온라인에는 다양한 광고와 링크가 화면을 가득 메운다. 사용자는 수많은 자극을 평가하고 그 가운데 자신에게 필요한 부분을 선택해야 한다. '정보의 취사선택'이라는 의사결정을 끊임없이 내려야 한

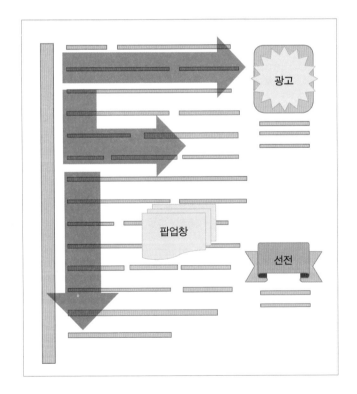

다. 이때 최소 몇 분의 몇 초 동안 읽기 흐름이 멈춘다. 클릭할지 넘어갈지 두뇌 전전두엽 피질이 판단해야 한다. 이 과정이 자주 반복되면서 이해력과 기억력이 책을 읽을 때보다 떨어진다. 웹은 추론과 같은 고차원적 능력에 필요한 정신적 자원을 다른 곳에 소모하도록 만든다. 장기 기억 형성과 스키마 구축을 어렵게 만든다. 작업 기억에 더 많은 하중을 주어 인지 과부하를 만든다.

인터넷의 주요 특성인 하이퍼링크 역시 인지부하를 높인다. 링크된 텍스트에 대한 해석과 연관성 파악은 인지과부하를 유발하고 이해력과 기억력을 떨어트린다. 하이퍼링크로 이어진 하이퍼텍스트는 사용자들에게 혁명적인 영향을 줄 것으로 기대되었다. 하지만 시간이 지나고 그 효과가 생각보다 크지 않은 것으로 드러났다. 오히려 집중을 잘 못하고 산만한 훑어보기와 무성의한 클릭이 늘었다. 인터넷 읽기는 정신적인 멀티태스킹을 요구한다. 이런 과정은 작업 기억의 부담을 키운다. 그리고 관심의 대상을 바꿀 때마다 정보처리의 흐름을 새롭게 만들도록 한다.

웹에서 문서를 검색하고 읽을 때는 큰 숲을 보기 어렵다. 단편적인 가지와 잎이 주로 보인다. 다치바나 다카시의 말을 살펴보자. "인터넷만 이용하게 되면 아무래도 깊이 파고들 수 없어요. 조금 더 심도 깊은 정보를 얻으려면 책이나 기타 다양한 수단을 통해 더욱 깊이 있고 체계적인 정보를 얻어 내는 노력이 반드시 필요합니다." 독서하는 뇌는 신비한 언어의 바다 '해저 2만리'를 신나게 탐험한다. 인터넷을 하는 뇌는 해변에서 찰랑이는 파도에 발을 담근다. 깊이 있는 수중 체험을 하기 어렵다.

사실 화면은 글보다 영상을 전달하는 데 더 적합하다. 기술의 발달로 스마트폰에서도 고화질 영상을 쉽게 접할 수 있다. 이런 환경은 책 읽는 뇌에 어떤 영향을 미칠까? 고해상도의 영상은 상상력을 떨어뜨릴 수 있다. 후지하라 가즈히로藤原和博의 『책을 읽는 사람만이 손에 넣는 것』을 읽어보자.

"해상도가 높은 것을 볼수록 인간의 상상력은 점차 기능이 떨어져요. TV나 스마트폰으로 동영상을 볼 기회가 늘어날수록 그런 경향은 더욱 강해져요. 잇달아 끊임없이 시각에 들어오는 영상을 처리하는 데 급급한 나머지 영상을 보며 상상력을 발휘할 틈이 없습니다."

독서를 통해 독자는 상상력을 키울 수 있다. 행간의 의미를 파악하고 문장의 여백을 그리며 생각하는 힘을 키울 수 있다. 하지만 영상에 젖은 뇌는 이를 기대하기 어렵다.

영화 〈아일랜드〉는 장기 이식을 위해 대규모로 키워지는 복제 인간을 다룬다. 복제된 태아는 인공 자궁 속에서 이상향에 대한 영상에 끊임없이 반복 노출된다. 이미지가 무의식 속에 깊이 박히도록 통제받는다. 그들은 그 기억을 진실로 믿으며 자란다. 비판적인 사고나 반증이란 기대할 수 없다. 그렇게 사육되다가 도구처럼 소모될 뿐이다.

사람들은 운동의 중요성은 잘 아는데 꾸준히 실천하기는 어려워한다. 힘들기 때문이다. 하지만 힘들다고 운동하지 않으면 힘은 약해지고 몸은 잘 다치며 통증이 생긴다. 심혈관 및 뇌혈관 질환이나 당뇨병, 비만 같은 생활습관병에 걸리기 쉬워진다. 영상을 보는 것은 글을 읽는 것보다 편하다. 하지만 글을 읽지 않고 영상만 보면 생각하는 힘이 점점 약해진다. 과도한 영상 시청은 뇌의 기능을 떨어뜨릴 수 있다.

어린이병원에서 일하며 알게 된 진수라는 친구가 있다. 가정과 일에 최선을 다하는 멋진 친구다. 진수는 얼마 전 서울로 이사를 오면서 TV를 없앴다. 처음에는 조금 불편했는데 점차 아이들과 책을 읽고 대화를 나누는 시간이 늘어났다고 했다. 아이들이 먼저 이야기를 꺼내고 주제도 다양해졌다. 책에서 시작한 이야기는 생활 속에 스며들어 새로운 책과의 만남을 이끌었다. 외식하러 갈 때도 이전에는 아이들이 스마트폰을 보여달라고 했지만 지금은 화면에 대한 의존도가 줄어들어 외출할 때 스스로 책이나 장난감을 챙긴다. 부모와 아이가 서로 편하고 만족하는 습관이 자리를 잡은 것이다.

스마트폰은 잘 쓰면 아주 편하고 유용한 기기다. 책 읽기에도 여러모로 도움을 줄 수 있다. 그러나 자칫 잘못하면 시간을 무한정 빨아들이는 블랙홀이 될 수도 있다. 도구가 가진 특성은 이를 사용하는 사람에 따라 약이 되기도 하고 독이 되기도 한다. 해리포터 시리즈에서 사람들의 감정을 앗아가는 디멘터처럼 소중한 삶을 야금야금 가져가버린다. 꼭 필요한 경우가 아니라면 스마트폰 대신 책을 손에 들어보자. 터치 화면의 유혹이 다가올 때는 주문을 외워보자. 책을 마법 지팡이로 삼고 행복한 상상력으로 '익스펙토 패트로눔(수호자를 기다린다)'을 외쳐보자. 삶을 빛으로 채워줄 '책'이라는 패트로누스(수호자)를 소환하자.

스마트폰과
책은
상생할 수 있다

밥은 하루 안 먹어도, 잠은 하루 안 자도 괜찮은데
책은 단 하루라도 안 읽으면 안 됩니다.
★마오쩌둥

미디어의 이해

사람은 도구를 써서 생활을 더 편리하게 만든다. 도구는 단순히 사람의 보조적 역할에만 머무르지 않는다. 사람과 도구는 서로 쌍방향의 긴밀한 관계를 맺는다. "망치를 들면 모든 것이 못으로 보인다"는 말이 있다. 도구는 사람의 행동과 그 의미를 재구성하고 일정한 방향으로 유도하는 힘이 있다.

랠프 월도 에머슨은 이를 "사물들은 안장에 앉아 있어요. 그리고 사람을 타고 갑니다"라고 표현했다. 사람이 말horse인 셈이다. 처음에는 사람이 도구를 만들었으나 그다음에는 도구가 사람을 만든다. 프리드리히 니체는 친구에게 쓴 편지에서 이렇게 말했다. "우리의 글쓰기용 도구는 우리의 사고를 형성하는 데 한몫을 하지."

스마트폰을 쓰다 보면 생각의 흐름이 더 짧아지고 빨라지는 것 같다. 터치하면 바로바로 결과가 나오다 보니 조금만 지체가 생겨도 조급해진다. 손에 없으면 세상과의 연결을 잃은 것 같고 행여나 그 이음매가 떨어질까봐 보조배터리를 챙긴다. 카페에 방문하면 먼저 전원 코드를 꽂을 수 있는 자리부터 찾게 된다. 스마트폰이라는 도구가 일상 깊숙이 들어와 삶을 재구성하고 있다.

도구는 인간의 가능성을 열어주지만 동시에 여러 제약도 가져온다. 캐나다 문화비평가 마셜 매클루언Marshall McLuhan은 『미디어의 이해』에서 이렇게 말했다. "우리의 도구는 이 도구가 그 기능을 증폭시키는 우리 신체의 어떤 부분이라도 결국 마비시키게 된다." 도구에 대한 의존성이 높아질수록 사람은 도구의 형태와 기능에 맞춰 삶을 조정한다.

현대의 각종 문서는 컴퓨터로 만든다. 자판과 화면에 익숙해진 사람들은 손으로 종이에 편지를 쓸 때 종종 어색하게 느낀다. 특히 아이들은 어릴 때부터 컴퓨터에 익숙해 긴 문장을 손으로 써보는 시간을 많이 경험해보지 못했다. 사람들이 손편지의 감성을 그리워하는 이유는 그만큼 수기手記 문화가 사라졌기 때문이다. 속도는 좀 느려도 글쓴이의 마음이 느껴지는 편지는 점점 보기 어렵다.

종이책, 그리고 스마트 기기를 비롯한 전자책은 하나의 도구다. 정보를 전달하는 매체다. 매체가 달라지면 메시지는 물론 수용자의 메시지 인식 방법도 달라진다. 책을 제대로 알기 위해서는 미디어로서의 특징과 영향을 이해해야 한다.

앞서 언급한 매클루언은 "미디어가 메시지다"라고 주장한다. 메시지는 그 자체로 따로 있지 않고 미디어라는 매체, 일종의 필터 속에 존재한다는 뜻이다. 그 어떤 메시지도 미디어를 통과해야만 메시지로서의 자격을 갖추게 된다. 미디어가 메시지 그 자체가 된다.

그는 '지구촌global village'이라는 표현도 만들었다. 다양한 매체로 전 세계에 전달되는 메시지는 같은 사태라도 미디어에 따라 전혀 다른 뜻을 갖는다. 국제적 분쟁지역에 대한 미디어들의 상반된 의견을 보면 쉽게 알 수 있다. 또는 개인들에게 끊임없이 다양한 형태로 특정 메시지를 전달한다.

대표적으로 할리우드 영화에서 빠지지 않고 등장하는 성조기를 들 수 있다. 영웅이 악당을 물리칠 때, 주인공이 갖은 고난과 역경을 이겨내고 새로운 희망을 제시할 때에 어김없이 펄럭이는 성조기가 '줌 아웃'된다.

매클루언은 미디어를 핫 미디어hot media와 쿨 미디어cool media로 구분했다. 그 차이를 살펴보자.

구 분		핫 미디어	쿨 미디어
정보전달량(정보의 정밀성)		많음	적음
수용자의 정보 의존성		높음	낮음
참여요구도(이해의 노력성)		낮음	높음
상대적 특성		개념적, 이성적	직관적, 감성적
예시	시각	사진	만화
	영상	영화	TV
	음성	라디오	전화

정보전달량definition이란 메시지의 정보가 얼마나 분명하고 밀도 있게 전해지는가를 나타내는 개념이다. 사진은 만화보다 더 자세한 정보를 전달한다. 매체의 정보전달량이 클수록 수용자(시청자)는 정보에 의존하는 경향이 높아진다. 수용자는 메시지의 부족한 정밀성을 자신의 노력 즉 참여로 보완하고자 한다. 참여요구도 parricipation란 사람이 감각 기관으로 받아들인 메시지를 해석하고 재구성할 때 필요한 상상력 활용 정도다. 따라서 정보전달량과 참여요구도는 반비례 관계다. 핫 미디어는 비교적 개념적이고 이성적이다.

쿨 미디어는 핫 미디어에 비해 직관적이고 감성적이다. 수용자의 감각 활용을 끌어내는 정도가 더 크다. 물론 이런 분류가 절대적인 것은 아니다. 전통적인 전화기는 통화 기능만 있는 쿨 미디어였다. 지금의 스마트폰은 뜨겁디뜨거운 핫 미디어다.

일반적으로 책은 핫 미디어에 포함된다. 독서할 때 주로 시각에 의존하며 언어 정보의 전달량이 많기 때문이다. 하지만 책은 쿨 미디어의 특성도 갖는다. 그림이나 영상보다 간접적인 '언어'라는 형태로 정보를 전달한다. 책을 읽을 때, 특히 문학의 경우 독자의 상상력을 자극한다. 프란츠 카프카는 『변신』을 출간할 때 벌레의 구체적 그림을 책에 넣지 않도록 출판사에 부탁했다. 독자가 누릴 생각의 여백을 줄이고 싶지 않아서였다. 독서는 의미를 해석하고 재구성하기 위해 독자의 적극적인 참여를 원한다. 책은 두 영역을 넘나들 수 있는 '핫 앤 쿨 미디어'라고 할 수 있다.

독서에 대한 다양한 생각

'카페인 우울증'이라는 말이 있다. 커피 이야기는 아니다. 카카오 스토리, 페이스북, 인스타그램의 앞글자를 따서 만든 말이다. 다른 사람이 올린 글과 사진을 보고 자기와 비교하며 우울증을 호소하는 증상이다. 왜 그럴까?

'카페인'에서는 '나 빼고는 다 잘살고 행복해 보인다'는 감정을 주로 느끼기 때문이다. 남과의 비교는 자존감을 낮추고 자괴감을 불러와 우울증에 걸릴 확률도 높인다. SNS를 하는 시간이 늘면서 만족감은 줄고 부러움이 커진다. 타인과의 소통을 위해 시작한 SNS는 오히려 개인을 소외시킬 우려가 있다.

2017년 TED 강연에 참여한 미국 심리학자 애덤 알터Adam Alter는 이렇게 말했다. "스마트폰을 자주 들여다볼수록 행복감은 감소합니다." 그 이유로 '독서처럼 끝이 있는 취미와 달리 SNS 활동은 끝이 없기 때문'이라고 설명했다. 언제 끝낼지 알 수 없어 계속 빠져들게 되고 비교는 잦아지면서 악순환에 빠진다는 것이다.

물론 모든 SNS 사용자가 이런 상황을 겪는다고 보기는 어렵다. 다양한 정보를 얻고 새로운 삶에 대한 자극을 받을 수도 있다. 실시간으로 안부를 묻고 소식을 전할 수도 있다. 스마트 기기처럼, SNS는 양날의 칼이 될 수 있다. 잘 쓰면 약이 되지만 잘못 쓰면 독이 되기도 한다. 그럼 어떻게 하면 '스마트 유저smart user'가 될 수 있을까? SNS로 인한 심리적 불편에 대해 전문가들은 다음과 같이 4가지 해결책을 제시한다.

1. '끝이 있는' 취미생활 갖기

2. 스마트 기기 사용 조절하기

3. SNS의 특성 잊지 않기

4. 직접 만나 소통하기

먼저 '끝이 있는' 취미생활 갖기다. SNS는 그 특성상 무제한 빠져들 수 있다. 다른 사람으로 향한 관심을 자신에게 돌려보자. 시작과 끝이 분명한 여가, 운동이나 독서가 자신에게 더 건강한 생활습관이 된다.

다음으로 스마트 기기 사용 조절하기다. 평일이나 주말, 일정한 시간은 스마트 기기를 손에서 놓거나 비행기 모드로 바꾸는 것이다. 이를 실천하면 삶의 만족도가 높아진다고 한다. 외부와의 지나친 연결은 자신을 향한 시간을 줄이기 때문이다.

그리고 SNS의 특성을 기억하는 것이다. SNS 게시물은 대부분 사용자의 특별한 순간을 기록한다. 특별한 장소, 특수한 물건, 남다른 만남이나 체험을 남기는 수단으로 많이 쓰기 때문이다. 상대방이 항상 그런 시간을 보내는 건 아니다. 누구나 좋은 것을 널리 알리고자 한다. 한순간의 메시지가 전체 일상은 아님을 잊지 말아야 한다.

마지막으로 직접 만나 소통하기다. 수십, 수백만의 온라인 이웃이 한 사람의 소중한 관계를 대체할 수는 없다. 수천, 수만 개의 '좋아요'가 따뜻한 손길을 대신할 수는 없다. 사람이 사람을 직접 만나 공감하고 소통하면 삶이 달라질 수 있다.

영화 〈레디 플레이어 원〉을 보자. 가상현실에서만 만나던 주인공들이 직접 대면하면서 문제의 실마리를 풀어간다. 영화 〈써로게이트〉에서도 마지막에서는 주인공이 통신기계 속에 갇혀있던 아내를 직접 만난다. 알베르트 아인슈타인의 말을 들어보자. "나는 과학기술이 사람들의 소통을 뛰어넘을 그날이 두려워요. 세상은 바보 세대들로 채워질 테니까요."

SNS나 스마트 기기는 모두 하나의 도구이자 수단, 기술의 일종이다. 항상 이 점을 기억해야 한다. 기술의 올바른 사용 주체가 되려면 그 속성을 알아야 한다. 기술과 결합한 자본은 사람들에게 끊임없이 '필요'를 강요한다. 그것이 본인에게 정말로 필요한 것인지, '만들어진 결핍'을 요구하는 것은 아닌지 잘 살펴야 한다. 그렇지 않으면 중독이 될 수 있다. 수단이 '맹목적 목적'이 되는 순간이다. 눈가면을 한 경주마처럼 주변을 살피지 못하게 된다.

빚은 빚으로 해결할 수 없듯 기술 중독은 기술로 풀어낼 수 없다. 기술 너머의 본질에 집중해야 한다. 그 본질은 자신의 삶에 대한 바른 인식과 성찰에서 비롯한다. 남에게 보이기 위한 생활이 나를 채우는 삶보다 소중할 수는 없다. 스티브 잡스의 말처럼 '다른 사람의 소음이 본인 내면의 목소리를 가리지 않도록' 하자. 그 길에 이르는 가장 빠르고 확실한 길은 바로 독서다.

책,
공부머리를
기른다

어른이 자손과 사회에 줄 수 있는 가장 큰 선물은
아이들에게 책을 읽어주는 겁니다.
★ 칼 세이건

| 사교육을 뛰어넘는 독서의 힘 |

우리 집에서는 '산수학당山水學堂'을 20여 년간 운영하고 있다. 초등
학생부터 재수생까지 다양한 학생들을 가르치고 있다. 그중 주로
고등학생에 초점을 맞추고 있다. 오랜 기간 학생들을 지켜보고 대
학생 시절 직접 학생들을 가르쳐본 경험을 통해 느끼는 점이 있다.

학생들이 내신 점수를 단기간에 어느 정도 올리는 건 어렵지 않
다. 하지만 전교권의 성적을 얻고 이를 유지하기 위해서는 월등한
차이를 만들어내야 한다. 여기에는 여러 가지 요인이 있지만 가장
중요한 점은 '지속적인 집중력'이다. 이를 위해서는 체력과 정신력
이 함께 뒷받침되어야 한다. 체력은 바른 자세로 오랫동안 앉아 있

을 수 있는 힘이다. 정신력은 몰입하여 텍스트를 읽고 풀어내어 자기 것으로 만드는 독해력이다.

이 독해력은 독서라는 토양에서 크는 나무라고 할 수 있다. 땅이 굳건하지 못하면 나무는 작은 바람에도 흔들리고 제대로 자라지 못한다. 아름다운 꽃을 피우고 탐스러운 열매를 맺기는커녕 뿌리째 뽑혀 넘어질 수도 있다. 독해력이 약하면 문제의 요점을 이해하지 못해 아는 답을 찾지 못하는 사태가 벌어지기도 한다.

문화 비평가 마크 바우어라인Mark Bauerlein은 학창 시절 독서 경험과 대학 생활과의 상관성을 밝혔다. 그는 카이저 가족재단의 2005년 조사를 인용했다. 핵심은 8~18세의 아이들이 자유 시간에 얼마나 많은 독서를 하느냐였다. 이것이 이후 대학 진학과 성공적인 대학 생활을 예측할 수 있는 가장 정확한 잣대였다.

수많은 사례에 비추어 볼 때, 평소에 다양한 책을 많이 읽은 학생은 기본 점수대는 물론 인내심과 향상심이 높다. 향상심이란 성장하고자 하는 마음, 더 나은 미래를 만들려는 의지다. 처음 성적은 좀 낮더라도 성장의 폭과 잠재력이 크다. 공부 방법만 알면 스스로 잘 해낸다. 성적은 올라갈수록 이를 유지·발전시켜가기가 더 어려워진다. 이런 학생들은 여기에 필요한 에너지도 비교적 탄탄하다. 자습을 하든 인터넷 강의나 현장 강의를 듣든 공부의 가장 기본적 밑바탕은 바로 독서다.

수년 전 학당을 리모델링할 때 서가書架 공간을 만들어 보유하고 있던 서적 상당량을 기증했다. 책과 함께하는 학창 시절은 외롭거나 두렵지 않다. 힘찬 연어처럼 자신만의 독서력으로 입시의 강물을 거슬러 원하는 목표에 도달할 수 있다.

'타고남'을 뛰어넘는 '만들어감'

공부 능력은 선천적으로 타고나는 걸까, 후천적으로 만드는 걸까? 철학자 장자크 루소는 『에밀』에서 이렇게 말했다. "한 배에서 태어난 강아지들이 같은 장소에서 똑같이 훈련받아도 그 결과는 천지차이죠. 어떤 강아지는 똑똑한데 또 다른 강아지는 멍청해요. 이런 차이가 나는 이유는 타고난 성질이 서로 다르기 때문입니다."

교육학자 요한 하인리히 페스탈로치Johann Heinrich Pestalozzi는 이렇게 말했다. "쌍둥이 망아지 두 마리가 각각 가난한 농부와 똑똑한 이에게 보내져 자랐죠. 가난한 농부가 맡은 망아지는 어릴 적부터 돈벌이에 이용돼 결국은 별다른 특징이 없는 짐 싣는 말이 되었어요. 하지만 영리한 주인에게 보내진 망아지는 다르게 자랐지요. 주인의 애정 어린 보살핌 속에서 이 말은 뛰어난 명마로 탄생했답니다."

저널리스트 맷 리들리Matt Ridley는 『본성과 양육』에서 다음과 같이 말했다. "유전자는 살아 있는 동안 활동하고, 서로를 스위치처럼 켜고 끄며, 환경에 반응해요. 유전자는 자궁 속에서 신체와 뇌의 구조를 지시하지만, 환경과 반응하면서 자신이 만든 것을, 거의 동시에 해체하거나 재구성합니다. 유전자는 행동의 원인이자 결과인 거죠."

누구나 타고나는 성향과 특징이 있다. 선천적 능력을 무시할 수는 없다. 기본적인 유전의 차이, 타고나는 기질과 특성은 다양한 개성의 기초이기 때문이다. 하지만 후천적 환경은 이를 넘어설 기회와 기반을 만들 수 있다. 아이들의 교육 환경이 중요한 이유다. 교육이 모든 것을 해결할 수는 없지만, 많은 것을 바꿀 수 있다. 선천적 강점을 더욱 키우고 부족한 점은 채울 수 있다. 색깔과 향기가 다른 꽃들에게 장미의 색깔과 향기를 강제할 수는 없다. 서로 꽃을 피우는 시기가 다른 식물들에게 봄에만 꽃을 피우라고 강요할 수도 없다. 중요한 점은 다른 이가 아닌, 자신의 특성을 최대한 잘 발현할 수 있는 환경을 만들어주고 응원하는 것이다.

일벌의 수명은 평균 1~6개월이다. 여왕벌은 5년 가까이 산다. 일벌보다 20~60배 이상 오래 살 수 있다. 사람의 수명을 100세로 본다면 최대 6,000년을 살 수 있다는 말이다.

그 비밀은 무엇일까? 사실 일벌이든 여왕벌이든 같은 여왕벌로부터 태어난다. 다시 말하면 일벌도 여왕벌이 될 수 있는 잠재력이 있다는 것이다.

두 벌의 운명을 갈라놓은 원인은 바로 로열젤리다. 로열젤리를 먹은 벌은 여왕벌로 자라고 그렇지 않은 벌은 일벌로 생을 마친다. 비슷한 기본 조건을 갖고 태어났지만 '로열젤리'라는 요인 하나로 벌의 역할과 삶은 완전히 달라진다. 사람에게도 로열젤리처럼 개인의 인생을 완전히 바꿔놓을 수 있는 신비의 영약이 있을까? 아마 독서가 그런 힘을 가진 인간의 로열젤리일 것이다. 독서는 스스로 생각하는 힘을 키워 '내 안에 잠든 거인'을 깨우는 일이다. 책 속에서 새로움을 발견하고 이를 실천하여 내 삶을 바꾸는 일은 독서로 가능하다.

최고의 스승, 책 읽어주는 부모

도자기는 찰흙으로 만든다. 사람을 도자기에 비유하면, 유아기는 아직 불가마에 들어가기 전 찰흙이다. 이 시기에 빚은 모양대로 도자기가 만들어진다. 이때 받은 교육은 평생의 습관과 태도에 큰 영향을 미친다. 다양한 교육 방법 중 가장 쉬우면서도 효과적인 것은 바로 부모의 '책 읽어 주기'다. 책을 통해 아이들은 세상을 배운다. 자기의 생각을 키우고 자신만의 꿈과 미래를 그려간다. 이 시기에는 무엇보다 상상력이 중요하다. TV나 스마트폰처럼 실물을 직접 제시하는 스크린보다 책이 더 효과적이다. 아이에게 상상의 여백을 제공하기 때문이다.

문화인류학자 재러드 다이아몬드Jared Mason Diamond는 『문명의 붕괴』에서 이렇게 말했다. "자식을 위하여 모든 것을 쏟아부으면서도 자식 세대가 앞으로 50년을 살아가야 할 세계를 훼손한다는 것은 비상식적인 행위가 아닐 수 없어요." 현대인이 스크린 문명을 완전히 벗어날 수는 없다. 부모는 자녀의 지혜로운 스마트 기기 활용과 더불어 자발적인 독서 습관을 길러 주어야 한다. 이것이 자녀의 현재와 미래라는 세계를 해치지 않고 상상력을 북돋는 길이다.

아이가 책과 가까워지길 원한다면 부모부터 책을 읽어야 한다. 아이들이 책을 친숙하게 여길 수 있도록 눈길이 가는 곳마다 책이 있으면 더 좋다. 독서 습관이란 어릴 적부터 자연스럽고 확실하게 다져야만 평생 간다. 아이와 부모가 함께 성장해야 한다. 시원한 숲길은 한여름의 땡볕을 피할 수 있는 멋진 피서지다. 나무가 클수록 그늘도 크다. 부모부터 모범을 보이고 자녀와 함께하는 독서 시간을 만들자. 그리고 대화하자.

아이들은 부모와의 '책 읽기' 시간을 통해 가족의 소중함과 따뜻함을 느낄 수 있다. 이는 무엇으로도 대체할 수 없는 평생의 추억이자 자산이다. 러시아 대문호 표도르 도스토옙스키는 이렇게 말했다. "즐거운 추억이 많은 아이는 삶이 끝나는 날까지 안전할 것입니다." 아이는 자기의 삶을 이끌어가야 할 캡틴이다. 부모와의 책 읽는 시간은 아이에게 자신의 삶을 굳건히 지켜낼 수 있는 든든한 방패가 되어줄 것이다. 그럼 어떻게 읽어 주면 좋을까? 조미상의 『인공지능시대 최고의 교육은 독서다』에 나온 자녀 연령별 특성 및 독서 주제를 참고하자.

나이	특성	도서
0~3세	사물인지를 도와주는 단계	사물인지 책, 자연관찰 책
3~7세	감성과 발달을 도와주는 단계	그림동화책
3~6세	물활론적 사고와 상상력이 풍부한 단계	순수창작
5~9세	지적 호기심이 팽창하는 단계	수학동화, 과학동화 등의 지식그림책
6~9세	도덕과 가치관이 형성되는 단계	전래, 명작
7~13세	인생의 롤모델이 필요한 단계	역사, 인물, 고전

짐 트렐리즈Jim Trelease의 『하루 15분 책 읽어주기의 힘』은 부모가 아이에게 책을 읽어주는 방법을 알려준다. 아이의 천재성을 일깨우고 싶은가? 태아 때부터 열네 살까지 하루 15분씩 책 읽기를 이어가면 자녀의 잠재력을 꽃피울 수 있다. 여기에서 부모가 '해야 할 일'과 '주의할 점'을 살펴보자.

▶ 해야 할 일

- 매일 일정한 시간을 정해 책 읽어주기

- 아이와 함께하는 시간에 틈틈이 읽어주기

▶ 주의할 점

- 부모의 기준으로 책을 정하지 않기

- 부모가 좋아하지 않는 내용 읽어주지 않기

- 부모가 책 읽는 분위기를 자연스레 만들기

어린 나이에 새로운 삶을 경험한다는 것은 인생에 대한 지혜와 전망을 미리 얻는 것이다. 어린 시절의 독서는 독자의 가슴 속에 몸소 경험하여 직접 살아 본 듯한 느낌으로 남는다.

소설가 페넬로페 피츠제럴드Penelope Mary Fitzgerald는 이런 말을 했다. "사람은 인생에서 모두에게 인정받았음을 깨닫는 때가 두 번 있죠. 첫 번째는 걸음마를 배운 순간이고 두 번째는 독서를 배운 때입니다." 아이의 공부머리를 기르고 앞으로의 인생을 헤쳐나갈 힘은 독서에 있다. 부모가 아이에게 책을 읽어줄 때 아이의 꿈과 미래가 쑥쑥 자라난다.

독서에 대한 다양한 생각

책에 담긴
즐거움과
아름다움

진정한 책을 만났을 때는 틀림이 없어요.
그것은 사랑에 빠지는 것과도 같지요.
★크리스토퍼 몰리

책이라는 존재의 가벼움

책 읽기를 너무 어렵게 생각할 필요는 없다. 의식적으로 책을 읽으려고 하면 눈과 손에 힘이 들어가서 잘 읽히지 않는다. 재미도 없다. 퇴근길에 시간이 날 때마다 동네 서점을 방문해보자. 작은 책방도 좋고 중고서점도 괜찮다. 찾고 싶은 책이 있을 때 또는 그냥 별생각 없이 휘휘 둘러본다.

둘러보다가 눈길이 가는 책이 있으면 집어 들어 책장을 휙휙 넘겨본다. 그러다 마음에 드는 내용이 있으면 좀더 자세히 읽어본다. 소장해서 여러 번 읽어볼 만한 책은 구매한다. 이제 내 손을 떠나도 좋겠다 싶은 책은 중고서점에 팔기도 한다.

독서는 혼자서도 누릴 수 있는 즐거움이다. 특별한 도구나 설비가 필요하지 않고, 넓은 장소가 필요한 것도 아니다. 마음이 내킬 때 언제 어디서나 즐거움을 누릴 수 있다. 부담스럽지 않게, 가볍게 시작하고 즐길 수 있다. 미셸 몽테뉴는 "가장 싸게 가장 오랫동안 즐거움을 누릴 수 있는 것, 바로 책입니다"라고 했다.

도서관을 활용하면 돈도 들지 않는다. 여름에는 시원하고 겨울에는 따뜻하다. 와이파이도 빵빵하다. 영화관에서 영화를 볼 때는 한번 시작하면 끝까지 자리를 지켜야 한다. 그러나 책은 마음 내키는 대로 읽어도 된다. 읽다가 마음에 들지 않으면 안 읽으면 그만이다. 재미있는 책은 얼마든지 있다.

도쿠토미 로카德富蘆花는 일본 제국주의 시대를 살았던 반전 평화 사상가다. 그는 1911년 「모반론」을 발표하여 일본의 조선 침략을 비판했다. 그는 독서의 가치를 이렇게 말했다. "두뇌의 세탁에 독서보다 좋은 것은 없어요. 건전한 오락 가운데 가장 권장해야 할 것은 자연을 벗하는 것과 독서를 하는 것이라 하겠습니다."

책 읽기에 몰입하면 잡념이 사라진다. 좋은 책을 읽은 뒤에는 머리가 개운하다. 독서는 가성비 최고의 자기계발 수단이자 효용성 높은 여가 수단이다. 조금만 관심을 가지면 자신에게 맞는 책을 발견할 수 있다.

책 종류도 참 다양하다. 필사본만 있던 옛날에 비하면 지금은 그야말로 축복이다. 가벼운 마음으로 책장을 넘겨보자. 즐거운 독서의 시간 속에 흠뻑 빠져보자.

사람과 동물의 가장 큰 차이는 무엇일까? 도구의 사용은 아니다. 언어의 사용도 반만 맞다. 동물들은 도구를 쓸 줄 알고 다양한 비문자非文字 형태로 의사소통을 하기 때문이다. 하지만 동물들은 책을 읽지 않는다. 사람처럼 책이라는 매체에 지식을 담고 시공을 넘어 널리 활용하지 못한다.

제이슨 머코스키Jason Merkoski의 『무엇으로 읽을 것인가』를 보자. "책이 없다면 인간은 값비싼 시계를 차고 브랜드 선글라스를 낀 원숭이보다 나을 게 없을 것입니다. 책, 언어, 이야기가 있기에 인간은 다른 동물들보다 고등한 존재로 격상될 수 있죠. 책은 우리가 도달할 수 없는 지향점을 갈망하게 해요. 책은 우리가 위대함을 향해 걸어갈 수 있도록 방향을 설정해줍니다."

독서는 독자가 나만의 세계, 주관의 늪을 벗어나 현실의 세계를 볼 수 있는 힘을 길러준다. 이른바 관조력이다. 이는 현재를 자세히 들여다보는 현미경이자 더 나은 미래를 바라보는 망원경이 된다. 더 예민하고 풍부한 감수성을 기를 수 있다. 헤르만 헤세는 "독서는 우리 삶을 바꿉니다. 한편으로는 삶이 독서를 변화시키기도 하죠"라고 했다.

신영복 교수의 『강의』에 이런 말이 있다. "'학學'이란 하나의 사물이나 하나의 현상이 맺고 있는 관계성을 깨닫는 것입니다. 자기 경험에 갇혀서 그것이 맺고 있는 관계성을 읽지 못할 때 완고해지는 것입니다." 책을 통해 독자 자신은 물론 독자의 주변을 바라볼 수 있다. 가정과 사회, 국가와 인류 속에서 자신의 위치를 내다볼 수 있다. 그리고 자기의 가치와 역할을 새롭게 인식하고 실천할 수 있는 계기를 만들 수 있다.

코이koi는 관상어로 많이 기르는 잉어다. 이 물고기를 작은 어항 속에 두면 고작 5~8센티미터밖에 자라지 않는다. 어항보다 큰 연못에 풀어주면 15~25센티미터까지 큰다. 코이를 큰 강물에 방류하면 최대 120센티미터 이상 성장한다고 한다. 같은 물고기지만 어항에서 자라면 작은 피라미가 되고 강물에서 자라면 대어가 된다. 사람 또한 코이와 다르지 않다. '코이의 법칙'은 우리가 무엇을 보고, 무엇을 느끼고, 무엇을 하느냐에 따라 우리 가능성의 크기가 달라진다는 사실을 알려준다.

아이작 뉴턴은 이렇게 말했다. "과학의 세계는 바다 같이 넓고, 무궁무진한 보물이 그 속에 있어요. 나는 그 바닷가에서 조개껍질을 줍는 아이와 같아요." 책의 세계는 바다처럼 넓고, 셀 수 없을 만큼 많은 보물이 그 속에 잠들어 있다. 독자는 그 바닷가에서 책갈피 하나를 주운 아이와도 같다. 모두에게 열린 드넓은 책의 바다에서 삶을 풍요롭게 할 지식과 지혜를 마음껏 얻을 수 있다. 성장에 필요한 양식과 양분이 넘쳐난다.

"내가 세계를 알게 된 것은 책에 의해서였죠." 프랑스 철학자 장폴 사르트르의 말이다. 더 큰 세계를 접할수록 더 크게 성장할 수 있다. 성장이란 인식의 확장이다. 『한국의 교양을 읽는다 - 2. 과학

편』에서는 다음과 같이 말한다.

"인간은 하나의 상황을 일회적인 것으로 경험하는 데서 그치지 않는다. 인간은 그 상황을 기억해두고, 과거의 상황에 대한 기억을 바탕으로 새로운 문제적 상황을 해결한다. 성장이란 체험을 통하여 경험을 증가시키는 것이고, 이 축적된 경험을 바탕으로 미지의 세계에 대한 인식의 능력을 확장시키는 것이다."

언제까지 사방이 막힌 현실에서 갑갑한 일상에 만족하며 살 것인가. 독서라는 '믿을 수 있는 영원한 내 편'과 함께 그 벽을 뛰어넘자. 자신의 세상을 키우고 나를 둘러싼 세계를 보듬자. 책은 디딤돌이 되고 날개가 되어줄 것이다.

공감으로 이어지다

"누구든 그 자체로 온전한 섬은 아니다.

모든 인간은 대륙의 한 조각이며, 전부의 일부다.

만일 흙덩이가 바닷물에 씻겨 내려가면

유럽은 그만큼 작아지며,

만일 모래톱이 그리되어도 마찬가지며

만일 그대의 친구들이나 그대의 영토가 그리되어도 마찬가지다.

누구의 죽음이든 그것은 나를 줄어들게 한다.

왜냐하면 내가 인류에 속해 있기 때문이다.

그러니 누구를 위하여 종이 울리는지를 알고자 사람을 보내지 말라!

종은 그대를 위해서 울리는 것이니!"

영국 사제이자 시인인 존 던John Donne의 시 「누구를 위하여 종은 울리나」이다. 어니스트 헤밍웨이를 비롯한 많은 작가에게 영감을 준 시다. 인간은 따로 떨어져 존재하지 않고 보이지 않는 고리로 이어져 있다. 이 작품은 사람과 사람의 연결성을 강조한다.

사람은 마네킹이 아니다. 어떤 틀에 완벽히 맞아떨어지지 않는다. 컴퓨터 프로그래머이자 작가인 재런 래니어Jaron Lanier는 1989년 '가상현실'이라는 용어를 처음 제시했다. 그는 사람이라는 존재는 한 형식에 딱 들어맞는 공식이 아님을 강조한다. 사람은 한마디로 물음표로 가득한 존재다. 해답을 찾고 여백을 채우기 위해서는 질문을 해야 한다. 래니어는 그 해결책으로 언어를 말한다. 언어는 나와 너, 우리를 감싸는 인간 공동체를 향해 나아가는 수단이다. 스스로의 내면으로 나아가는 방법이다. 자신을 이해하는 데 최선의 기회를 제공한다.

로버트 P. 왁슬러Robert P. Waxler는 『위험한 책 읽기』에서는 다음과 같이 말한다. "우리는 언어를 통해 과거에 형태를 부여하고 그것을 우리의 일부로 만들며, 미래의 가능성을 투사하면서 '실제 삶'의 일관성을 창조해내고자 노력해요. (중략) 우리는 언어적 존재이며 언어, 특히 내러티브의 형태를 갖춘 언어는 정체성을 향한 우리의 탐색에서 핵심이라고 할 수 있죠." 분절된 정보의 전자 조각보다 이야기로 둘러싼 지식과 상호 작용하는 것이 더 중요하다. 쉽고도 재미있게 언어의 바다에 뛰어들 수 있는 법은 바로 '책'이다.

유한양행의 창업주이자 독립운동가였던 유일한 박사는 사회공헌에도 헌신적으로 참여했다. 그는 이렇게 말했다. "눈으로 남을 볼 줄 아는 사람은 훌륭한 사람입니다. 그러나 귀로는 남의 이야기를 들을 줄 알고, 머리로는 남의 행복에 대해 생각할 줄 아는 사람은 더욱 훌륭한 사람입니다."

사회가 복잡해질수록 타인에 대한 공감 능력의 중요성은 점점 중요해진다. 공감의 기본은 상대를 알고 상대의 마음을 오롯이 느끼는 것이다. 어느 드라마 대사인 "아프냐, 나도 아프다"처럼 상대의 감정을 내것처럼 인식하는 태도다. 이를 위해서는 다양한 경험을 바탕으로 사람에 대한 이해를 키워야 한다. 나를 내세우기보다 상대를 배려하는 마음이 필요하다. 다양성을 인정하고 사람의 가치를 우선시하는 태도를 길러야 한다.

독서는 공감 능력을 높일 수 있는 좋은 방법이다. 특히 인물 중심의 문학 소설이 효과적이다. 독자는 주인공과 주변 상황, 다양한 유무형의 연결고리를 해석, 판단, 예측한다. 이 과정을 통해 독자는 자연스레 공감 능력을 얻을 수 있다. 독자 자신만의 다양한 재구성과 재해석이 가능하다. 직접적인 인간관계에서 일어날 수 있는 어려움도 피할 수 있다. 그런데 공감과 동정은 같은 걸까? 정확히 어떤 차이가 있을까?

미국 사회학자이자 작가인 제러미 리프킨Jeremy Rifkin은 『공감의 시대』에서 공감의 중요성을 강조한다. 경쟁과 적자생존의 시대를 지나 협력과 평등에 바탕을 둔 공감의 시대가 왔음을 선언한다. 공감은 '남의 감정, 의견, 주장 따위에 대해 자기도 그렇다고 느낌 또는 그렇게 느낀 기분'이다. 공감이라는 뜻의 영어 단어는 'empathy'와 'sympathy'가 있다. 그런데 이 두 용어는 다음과 같은 차이점이 있다.

	공감共感, empathy	동정同情, sympathy
감정 유형	나도 그렇게 느껴요	당신이 어떻게 느끼는지 알아요
판단 유무	없음	있음(많음)
대응 형태	경청한다	요청하지 않은 충고를 한다
관점 차이	상대 입장에서 이해한다	본인 관점에서 이해한다
이해 차이	얼마나 마음이 힘들까요	참 안됐군요
이해 범위	비언어 신호에도 세심하게 반응한다	미묘한 징후는 무시하고 드러나는 의미만 신경 쓴다
감정 표현	자신과 상대의 감정을 함께 인정한다	자신과 상대의 느낌을 억누른다

출처 : 「7 Intricate Differences Between Empathy and Sympathy」, 『Lifehack』

　　독서를 통해 상대방에 대한 동정으로만 그치지 않고 공감으로 나아가자. 더불어 살아가는 사회를 만드는 첫걸음이다. 꾸준한 독서는 공감 능력을 키워줄 것이다. 서로 통하는 사회, 나부터 책과 함께 실천해보자.

책의 영혼이
그린 인생
스케치

나는 해리포터에 나오는 마법을 믿지 않습니다.
하지만 정말 좋은 책을 읽는다면
마법 같은 일을 경험할 수 있을 거라 확신합니다.
★ J. K. 롤링

"사람은 책을 만들고 책은 사람을 만듭니다." 교보생명과 교보문고의 창립자 대산 신용호의 말이다. 사람은 책이라는 사물을 만든다. 이 물건은 인연이 닿는 사람에게 자신을 아낌없이 내어준다. 그 속에 담긴 지식과 정신은 독자에게 전해지고 독자의 생각과 삶을 만든다.

일부 독자는 책을 쓰기도 한다. 책과 사람, 사람과 책의 선순환이자 공진화共進化 과정이다. 앞으로 살아갈 날이 불투명하고 불안할 때 책을 읽어보자. 책이 조언하는 길을 참고하여 자신만의 길을 그려보자. 물론 이것은 기본적인 스케치이기에 구체적인 묘사와 구성, 색채는 독자가 채워야 한다.

살다 보면 비슷한 일상이 반복된다. 어제 한 일을 오늘 이어서 한다. 지난달에 하던 공부를 이번 달에도 계속한다. 작년에 진행한 사업을 올해도 반복한다. 사람과의 만남도 그렇다. 한동안 자주 보던 사람도 일정한 시기를 지나면 소식이 뜸해진다. 반가운 얼굴은 일정한 시간이 흐르면 다시 찾아오기도 한다. 인연이란 일정한 고유 주기를 갖는 것 같다. 삶을 이루는 수많은 다층적 고리를 어떻게 관리하느냐에 행복이 결정된다. 이왕이면 녹슨 철사 고리보다 색색이 보석과 귀금속으로 만든 링이 좋을 것 같다. 도리도리 왕복하는 인생, 무엇으로 수놓을까?

홀로 자전하는 삶

인류는 수많은 생명체와 함께 지구라는 행성에 살고 있다. 지구는 남극과 북극을 잇는 선을 축으로 회전한다. 이를 자전이라고 한다. 그 속도는 적도를 기준으로 약 460m/s, 1,670km/h에 이른다. KTX보다 5배 이상 빠르다. 낮과 밤이 생기는 것은 자전 때문이다. 만약 자전축이 없다면, 지구가 제멋대로 자전한다면 밤낮이 불규칙해질 것이다. 밀물과 썰물도 가능할 수 없고 기상 현상은 들쭉날쭉해 대재앙이 닥칠 것이다. 만약 자전하지 않는다면 에너지 불균형으로 지구는 살기 힘든 곳이 될 것이다.

보이지 않는 지구의 자전축이 지구 생태계에 중요한 역할을 한다. 사람도 자신의 삶에 기준이 될 내면의 자전축이 필요하다. 우리 삶은 '그저 살아지는 것'만은 아니다. 우리는 각자의 인생에 온전한

독서에 대한 다양한 생각

사랑과 책임을 다하는 주인이다. 자극에만 반응하는 수동적 기계가 아니라 생각하고 행동하는 주도적 생명이다. 생각에 중심이 잡혀야 자신의 삶의 주인이 될 수 있다. 그것은 개인적 신념이나 가치관, 좌우명이 될 수도 있다. 또는 소중한 사람과의 약속이기도 하다.

아직 명확한 삶의 중심을 찾지 못했다면 책을 가까이해보자. 책은 복잡한 세상 속에 휩쓸리지 않게 하는 굳건한 중심이다. 세찬 풍파에도 떠밀려가지 않게 나를 단단히 붙잡아주는 닻이다. 책은 우리가 다른 사람의 말과 세상이 정한 틀에 휘둘리지 않게 한다. 우리가 무의식중에 내뱉는 말과 생각들은 정말 스스로 원한 것일까? 책을 읽으면 그 상당수는 외부로부터의 시선에서 비롯되었음을 알게 된다. 내 삶의 가치와 맞지 않고 결이 다른 부분들에 지나치게 신경 쓰는 일을 줄일 수 있다. 그래야만 비로소 내가 해야 하고 또 잘할 수 있는, '피·땀·눈물'을 쏟아야 할 진짜를 제대로 마주할 수 있다.

책과 공전하는 삶

인류의 터전인 지구는 자전뿐 아니라 공전도 한다. 공전은 한 천체가 다른 천체의 둘레를 주기적으로 도는 운동이다. 지구는 태양 주변을 공전하고 있다. 지구의 공전 속도는 약 30km/s, 107,200km/h다. 음속보다 약 90배나 빠르다. 천문학적인 속도다. 계절이 생기는 것은 자전축의 기울기와 공전 때문이다.

지구가 공전하지 않는다면 우리별은 끝없는 우주에서 길 잃은 떠돌이 신세에 불과할 것이다. 지구에서 쓰는 에너지는 모두 태양에서 왔다. 태양이라는 굳건한 중심이 없었다면 지금의 푸르른 지구가 존재할 수 없었을 것이다.

알베르토 망겔Alberto Manguel의 『책 읽는 사람들』을 보자. "우리가 자기발견의 길을 조금이라도 쉽게 걷기 위해서 만들어 낸 모든 도구들 중에서, 책이 가장 유용하고 가장 실질적이며 가장 구체적인 대상일지도 몰라요. 갈피를 잡기 힘든 경험을 언어로 표현함으로써 책은 기본적인 네 방위(유동성과 안정성, 자기반성과 앞을 내다보는 능력)를 구체적으로 보여주는 나침반이 됩니다."

책과 공전하는 삶이란 무엇일까? 책을 삶의 중심에 두고 살아가는 모습을 살펴보자. 독서를 기준점으로 삶을 4가지 영역으로 나눌 수 있다. 그래프의 X축은 경험 주체의 참여 정도, 대상과 맞닿는 정도를 나타낸다. 직접 경험과 간접 경험으로 구분한다. Y축은 경험의 조직화 정도를 나타낸다. 개인 경험과 단체 경험으로 나뉜다. 1사분면은 개인적이고 직접적인 경험이다. 여행과 저술, 명상과 기도 등이다. 2사분면은 개인적, 간접적 경험이다. TV나 신문, 잡지 등의 매체를 의미한다. 3사분면은 단체적, 간접적 경험이다. 양방향으로 반응을 주고받는 SNS가 대표적이다. 4사분면은 단체적, 직접적 경험이다. 가족을 비롯한 다양한 사회 경험이 포함된다.

이 4가지 영역은 별개가 아니다. 지속적 순환을 거듭하며 서로 영향을 미친다. 동시에 여러 영역을 다루기도 한다. 그 중심에 독서가 있으면 삶의 다양한 영역을 균형감 있게 아우를 수 있다. 책은 목회牧會이자 사목司牧이며 법회法會다. 답답한 현실을 이겨내고 진실과 행복을 마주할 수 있도록 독자를 이끄는 구원이다. 책이라는 훌륭한 멘토와 함께 해님처럼 밝은 꿈을 삶의 중심에 놓고 살아보자.

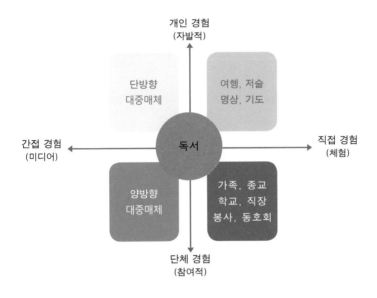

팔자를 고칠 수 있을까

사람은 누구나 자기 삶을 더 멋지고 아름답게 만들려고 한다. 지금보다 더 나은 인생을 바라며 변화를 꿈꾼다. 하지만 변화는 저절로 이루어지지 않는다. 변화의 계기 즉 기회를 잡아야 한다. 그 기회 역시 그냥 주어지지 않는다. 용기 내어 도전할 때 기회가 생긴다. 도전이 기회를 부르고, 이 기회가 변화를 이끌어낸다. 그런데 변화의 출발점인 도전이란 쉽지 않은 일이다. 기존의 틀을 벗어나 새로운 길로 나아가는 첫걸음이기에 두렵고 망설여진다. 변화를 위해서는 준비가 필요하다.

도산 안창호는 이렇게 말했다. "흔히 사람들은 기회를 기다리고 있지만, 기회는 기다리는 사람에게 잡히지 않는 법이죠. 우리는 기회를 기다리는 사람이 되기 전에 기회를 얻을 수 있는 실력을 갖춰야 해요." 실력은 부족함을 채우는 것이다. 잘 모르는 점, 앞으로 겪을 수 있는 부분을 알고 대비하는 것이다. 다양한 실패와 성공 사례를 미리 알면 더 담대하고 원대하게 도전할 수 있다.

중국 남송 유학자 주자는 『주자전서朱子全書』에서 이렇게 말했다. "준비된 사람에게만 기회가 찾아오죠. 욕심을 부려 억지로 하지 않고 실력을 쌓으며 기다리면 뜻을 이룰 수 있는 기회가 먼저 나를 찾습니다."

'수도선부水到船浮'라는 말이 있다. 물이 차오르면 배가 저절로 뜬다는 뜻이다. 책이라는 빗물은 메마른 강을 실력으로 채워 기회라는 배가 떠오르도록 한다. 독자는 그 배를 타고 변화를 향한 항해를 떠난다.

책은 지혜로운 조언자 역할도 톡톡히 해낸다. 인류 역사 속 수많은 인물의 생각과 행동, 원인과 결과, 그리고 그 과정을 자세히 알려준다. 지금 독자가 하는 고민 역시 누군가 이미 겪었던 과정임을 알려준다. 옛사람과 현대인이 이어져 있음을 느끼게 해준다. 선인들의 재치와 슬기를 배워서 활용할 수 있다. 시대를 이끌고 사회를 바꾼 도전의 순간들에서 힘을 얻는다. 동질감 속에서 독특함을 익혀 써먹는다. 이것이 바로 삶을 바꾸는 독서의 힘이다.

『조용헌의 인생독법』에는 운명을 바꾸는 6가지 방법이 나온다. 첫째 적선, 둘째 스승, 셋째 기도와 명상, 넷째 독서, 다섯째 명당, 여섯째 지명이다. 이 중 누구나 쉽게 당장 실천 가능한 것이 독서다.

"운이 안 좋을 때는 독서가 필요합니다. (중략) 옛날 사람들은 '유일독사柔日讀史 강일독경剛日讀經'이라고 했어요. 마음이 편안한

날에는 역사책을 읽고, 마음이 심란할 때는 종교 경전을 읽는다는 말이죠." 책은 누구에게나 열려있다. 그 속에는 기운을 바꾸고 마음을 다잡는 힘이 있다. 이 에너지는 읽는 사람에게만 허락된다. 만물을 골고루 비추는 햇살도 그늘에서는 만날 수 없다. 볕을 쬐려면 양지로 나와야 하듯 책의 힘을 가지려면 책을 읽어야 한다.

우리는 인생을 얼마나 알고 있을까? 또 앞으로 얼마나 알 수 있을까? 어쩌면 인생은 '모름'에서 출발하여 또 다른 '모름'으로 넘어가고 흘러가는 과정일지도 모른다. 인생이란 그 이음과 이음 사이에서만 희미한 흔적을 볼 수 있는 물결 같은 무늬일지도 모른다. 모르는 것이 너무 많기에 삶은 앎을 닮고자 애쓴다. 앎을 향한 끝없는 고민의 여정이 삶으로 새롭게 탄생한다. 삶의 걸음걸이를 느끼는 읽기를 하자. 조금씩 조금씩 삶은 앎으로 다가선다. 삶을 앎으로 채워가는 방법, 독서가 답이다.

진짜 어른으로 성장하는 책 읽기

미치 앨봄Mitch Albom이 쓴 『모리와 함께 한 화요일』의 주인공 모리 슈워츠 교수는 삶이 얼마 남지 않은 순간, 자식들에게 이렇게 말한다. "너희 생활을 멈추지 말아라. 그렇지 않으면 이 병이 나 한 사람뿐만 아니라 우리 세 사람 모두를 집어삼켜버릴 거야."

유가儒家의 시조는 공자다. 공자 사상의 핵심은 '인仁'이다. 인은 '사람에 대한 사랑'이다. '네 이웃을 네 몸과 같이 사랑하라'는 뜻이다. 인의 원리는 '추기급인推己及人' 즉 '나를 미루어 남에게 이른다'이다. '자신이 정말 바라는 것으로 다른 이에게 가닿음'이 인의 핵심이다. 공자는 '인의 근본은 효제'라고 했다. 그런데 공자가 말하는 '효孝'는 부모를 무조건 따르고 맹목적으로 모신다는 뜻이 아니다. 인의 원리에 따르면 자신의 꿈과 비전을 실현하여 이로 말미암아 부모도 드높이는 것이다.

명나라 양명학자 이탁오李卓吾는 『분서焚書』에서 크고 지극한 효, '대효'를 말한다. 부모를 따르고 봉양하는 것은 작은 효, 소효다. 물론 이것도 중요한 덕목이다. 하지만 대효는 자신의 도를 찾는 것이다. 비록 부모가 반대하는 길이라도 자신을 완성하여 세상으로 나아가는 것이다. 예수와 붓다, 무함마드가 가족의 뜻에 마냥 순종하기만 했다면 어땠을까? 진리를 향한 위대한 여정을 시작할 수 있었을까?

물론 대효를 한다고 하여 무조건 부모에게 반항하거나 반기를 들라는 말은 아니다. 부모가 물려준 가능성을 최대한 발휘하는 것이다. 부모가 낳아주고 길러준 세상을 바탕으로 자신만의 세계를 창조하고 널리 확장하는 삶이다. 이것이 바로 자녀가 할 수 있는 진정한 효가 아닐까? 부모의 이름과 소중함을 드높이는 것은 물론 본인 자아실현의 길이기도 하다. 자기의 삶을 찾고 스스로 우뚝 서는 삶이다. 자유 속 자아를 찾아가는 과정이다.

자유는 소극적 자유와 적극적 자유가 있다. 소극적 자유란 외부로부터 제한이나 속박을 받지 않고 마음껏 행동할 수 있는 상태다. 적극적 자유는 자신의 의견을 당당히 표현하고 권리를 자유롭게 행하는 태도다. 이 중 더 크고 가치 있는 자유는 적극적 자유다. 세상과 소통하며 세상을 만들어가는 주체적인 과정이다. 책은 이 과정을 함께하는 든든한 지원군이다.

미국 작가 랠프 월도 에머슨은 이런 말을 했다. "세상은 온통 문이고, 온통 기회이고, 올려주길 기다리는 팽팽한 줄입니다." 책이라는 세상 속에는 수많은 문과 기회가 잠들어 있다. 포근한 봄의 입맞춤이 잠자는 대지의 생명을 깨우듯, 우아한 손길로 책장을 열고 그 속의 변화 가능성을 일깨우자. 그리고 더 나은 삶을 향한 줄을 붙잡자. 이제는 위로 올라갈 일만 남았다.

책을
읽다

제2장

독서에 빠지는
여러 가지 방법

기본 독서법과
7가지
마킹법

남의 책을 많이 읽으세요.
남이 고생해서 얻은 지식을
아주 쉽게 내 것으로 만들 수 있고,
그것으로 자기발전을 이룰 수 있습니다.
★소크라테스

독서법의 종류

본격적으로 책 읽기를 시작해보자. 먼저 보편적인 독서법을 정리해보려고 한다. 드넓은 책의 세계로 떠나기 위해 여행을 함께 할 어벤져스 팀원들을 모아보자.

목적에 따른 독서법

먼저 목적에 따라 독서법을 분류해보자. 왜 책을 읽을까? 사람마다 이유가 다를 것이다. 단순히 심심해서일 수도 있다. 호기심 때문일 수도 있고, 시험을 보기 위해서도 책을 읽는다. 또는 과제 및 연구 주제로 책을 읽기도 한다. 책을 읽는 깊이와 범위를 기준으로 독서의 목적을 4가지로 나눌 수 있다.

먼저 재미 독서다. 책의 내용을 깊게 파고들지 않고 가볍게 읽는 방법이다. 범위도 특정 장르에 한정된다. 독서 후 특별한 추가 활동을 하지 않는다. 기분전환이나 여가 활용 차원에서 '가볍고 좁게' 책을 읽는 방법이다.

다음은 교양 독서다. 가볍게 읽되 다양한 범위의 책을 읽는다. 관심 분야나 전공뿐 아니라 세상에 대한 전반적인 앎을 더하는 읽기다. 독서 후 간단한 서평이나 한 줄 요약 등을 할 수 있다.

재미 독서와 교양 독서는 문학 독서와 비문학 독서를 포함한다. 전자는 경험 공유 및 감성과 상상력 자극, 후자는 지식 전달 및 이성과 사고력을 자극하는 효과가 있다. 문학 독서는 재미와 교양 독서 양쪽에 비슷한 비중을 갖는다. 비문학 독서는 교양 독서에 좀더 비중을 둔다. 교양 독서는 '가볍고 넓게' 읽는다.

학습 독서는 앞의 두 읽기보다 책을 깊이 파고든다. 시험이나 성과라는 확고한 목적이 있다. 보통 특정 분야를 집중적으로 읽는데 연구 독서보다는 범위가 넓은 편이다. 요약 및 오답 노트 작성, 참고자료 정리 등을 함께 한다. 지식을 종합적으로 얻고 편견을 줄이기 위해 '무겁고 넓게' 책을 읽는 방법이다.

연구 독서는 학습 독서의 심화 과정이다. 특정 주제를 정해 그와 관련된 전공 지식을 집중적으로 습득한다. 비판과 탐구를 위해 책의 내용을 철저히 파고든다. 논문이나 보고서 작성을 위한 읽기 방법이다. 연구 독서의 결과물을 접하고 평가, 활용하는 주체가 비교적 명확하다. 문서로 정리한 산출물을 만들기 위해 '무겁고 좁게' 읽는다.

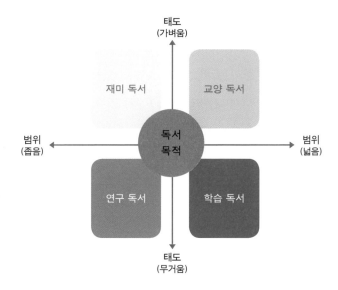

　물론 이 4가지 분류는 절대적 구분은 아니다. 연구 주제라도 가벼운 마음으로 훑어볼 수 있다. 가볍게 읽었던 주제에 흥미가 생겨 깊이 파고들 수도 있다. 이 분류법은 책을 읽는 동기와 결과를 기준으로 한다. 그 기준은 바뀔 수도 있다는 유연함을 갖고 책을 읽자.

방법에 따른 독서법

독서법은 읽는 방법에 따라 7가지로 나눌 수 있다. 독서 속도와 횟수, 범위, 분야 및 분량, 이해도, 발성, 태도다.

　독서 속도에 따라 빨리 읽는 속독速讀과 천천히 읽는 지독遲讀, 만독慢讀으로 나눈다. 속독은 짧은 시간에 많은 글을 읽을 수 있다. 지독과 만독은 글을 곱씹으며 이해도를 높일 수 있다. 독서 횟수에 따라 한 번 읽는 일독一讀과 다시 읽는 재독再讀으로 구분한다. 일독은 가볍게 읽을 때, 재독은 생각하고 새롭게 읽을 때 활용한다.

독서 범위에 따라서는 통독通讀과 완독完讀, 발췌독拔萃讀과 적독摘讀이 있다. 통독과 완독은 처음부터 끝까지 읽는 것이다. 발췌독과 적독은 필요한 부분만 골라 읽기다. 선독選讀이라고도 한다. 독서 분야 및 분량에 따른 읽기에는 다독多讀이 있다. 여러 종류의 책을 많이 읽는 방법이나 자칫 아무 책이나 마구 읽는 남독濫讀, 난독亂讀이 될 수도 있다.

독서 이해도에 따라 색독色讀과 체독體讀으로 분류한다. 색독은 문장 전체의 의미가 아닌 글자가 표현하는 뜻만 이해하는 '표면 읽기'다. 체독은 글자의 표현 너머 속뜻을 헤아리는 '행간 읽기'다. 글의 뜻을 깊이 생각하면서 읽는 정독精讀, 완독玩讀, 숙독熟讀, 강독講讀과 맥락을 같이한다. 정독은 3가지가 있다. 마음을 붙여 읽는 정독情讀, 뜻을 새겨 가며 자세히 읽는 정독精讀, 뜻의 참뜻을 바르게 파악하는 정독正讀이다. 완독은 2가지가 있다. 뜻을 깊이 따져 가며 읽는 완독玩讀, 글을 모두 읽는 완독完讀이다.

발성에 따라서는 음독音讀과 낭독朗讀, 묵독默讀과 목독目讀으로 나눈다. 음독과 낭독은 글을 소리 내어 읽는다. 묵독과 목독은 속으로 글을 읽는다. 태도에 따라서는 수용적 읽기와 비판적 읽기가 있다. 전자는 글의 내용을 그대로 받아들이며 읽는다. 비판적 읽기는 글의 논리성, 타당성, 신뢰성을 평가하면서 읽는다.

독자는 여러 상황에서 목적과 방법에 따른 다양한 독서법을 자유롭게 적용할 수 있다.

지식인의 독서법

목적과 방법에 따른 독서법 외에 지식인들은 어떻게 책을 읽을까?

한국과 일본의 대표적 저술가이자 지식인인 공병호, 다치바나 다카시立花隆 작가의 독서법을 살펴보자.『공병호의 자기경영노트』에서는 독서 8가지 계명을 다음과 같이 정리했다.

1. 세상이 아무리 바뀌어도 지식의 원천은 책이다.
2. '본전' 생각으로부터 자유로워야 한다.
3. 20퍼센트 내외의 핵심은 저자 서문, 목차, 결어(결론) 및 초기의 핵심 장에 숨어 있다.
4. 책을 구입한 즉시, 혹은 24시간 이내에 책의 핵심 부분을 읽는다.
5. 책은 무자비하게 대하라.
6. 중요한 문장이나 내용은 펜으로 마음껏 표기하라.
7. 중요한 내용이 담긴 페이지의 모서리를 다양한 방식으로 접어라.
8. 인상 깊게 읽었던 책은 가까운 곳에 두고 이따금 펴보라.

일본 작가 다치바나 다카시는 14가지 독서법을 제시한다.

1. 책을 사는 데 돈을 아끼지 말라.
2. 같은 주제의 책을 여러 권 찾아 읽어라.
3. 책 선택에 대한 실패를 두려워하지 말라.
4. 자신의 수준에 맞지 않는 책은 무리해서 읽지 말라.
5. 읽다가 그만둔 책이라도 일단 끝까지 넘겨보라.
6. 속독법을 몸에 익혀라.
7. 책을 읽는 도중에 메모하지 말라.
8. 남의 의견이나 가이드북에 현혹되지 말라.

독서에 빠지는 여러 가지 방법

9. 주석을 빠뜨리지 말고 읽어라.

10. 책을 읽을 때는 끊임없이 의심하라.

11. 새로운 정보는 꼼꼼히 체크하라.

12. 의문이 생기면 원본 자료로 확인하라.

13. 난해한 번역서는 오역을 의심하라.

14. 대학에서 얻은 지식은 대단한 것이 아니다.

두 방법은 비슷한 점도 있고 다른 부분도 있다. 독서법에 절대적인 기준은 없다. 사람마다 생각이 다르기 때문이다. 여러 가지 방법을 바탕으로 목적에 맞는 독서법을 선택해서 적용하면 된다.

책은 그저 눈으로만 읽을 수 있다. 책에 아무런 표시를 하지 않고 '깨끗하게' 보는 것이다. 그런데 몇 가지 방법을 활용하면 핵심 내용을 더 쉽고 효과적으로 파악할 수 있다. 더 오래 기억할 수 있고 시간을 아낄 수 있다. 저자의 의도를 더 확실하게 이해하고 독자의 가능성을 더 활짝 피울 수 있다.

기억과 활용을 돕는 7가지 마킹법

책은 그저 눈으로만 읽을 수 있다. 책에 아무런 표시를 하지 않고 '깨끗하게' 보는 것이다. 그런데 몇 가지 방법을 활용하면 핵심 내용을 더 쉽고 효과적으로 파악할 수 있다. 더 오래 기억할 수 있고 시간을 아낄 수 있다. 저자의 의도를 더 확실하게 이해하고 독자의 가능성을 더 활짝 피울 수 있다.

책에 표시하는 방법은 총 7가지다. 책에 줄 긋기, 메모하기, 색깔 펜 쓰기, 포스트잇 붙이기, 인덱스 탭 붙이기, 모퉁이 접기, 책갈피 및 간지 끼우기다. 하나씩 알아보자.

먼저 줄 긋기다. 줄은 밑줄과 이음줄, 도형이 있다. 밑줄은 강조점에 표시한다. 주요 개념이나 핵심 문장에 사용한다.

밑줄은 단선, 복선, 물결선이 있다. 단선은 소문단의 주제, 복선은 글 전체의 주제에 긋는다. 물결선은 논리의 흐름이 바뀌는 곳, 저자의 생각과 다른 곳에 표시한다. 단선이나 복선을 그을 때 자를 이용하면 좋다. 얇은 플라스틱 자로 책장의 곡선을 따라 곧은 선을 그릴 수 있다. 단권화 작업에 유용하다. 자를 두고 줄을 따라 글씨를 쓰면 문장에 간결함을 더할 수 있다.

이음줄은 문단과 문단 너머 문장이나 단어를 이을 때 쓴다. 또는 책 여백에 글을 쓰고 해당 개념과 이을 때도 쓴다. 도형은 주로 개념이나 접속사에 쓴다. 소문단의 주요 개념에는 동그라미를 그린다. 글 전체의 핵심은 네모로 표시한다. 역접(하지만, 그러나 등)이나 '왜냐하면'에는 세모를 그려 돋보이게 만든다. 이 뒤에는 글쓴이가 하고픈 말(결론)이 종종 담긴다.

책의 여백에는 메모를 한다. 아이디어는 때와 장소를 가리지 않는다. 영감이 떠올랐을 때는 잘 영접해야 한다. 대수롭지 않게 여기면 발길을 뚝 끊기도 한다. 좋은 책은 사서 읽자. 책에 밑줄도 치고 글도 남기는 게 좋다. 그래야 독자만의 맞춤형 책이 된다. 페이지의 위아래 및 옆부분, 면지나 속표지에 쓸 수 있다. 메모에 대한 자신만의 기준을 정하면 좋다. 예를 들어 위쪽 여백에는 문단 내용을 요약한다. 옆쪽 여백에는 책을 토대로 떠오른 감성적 문장이나 아이

독서에 빠지는 여러 가지 방법

디어를 쓴다. 아래쪽 여백에는 관련 글귀나 표현을 적어둔다. 중요 부분은 괄호로 묶는다.

색깔 펜은 4색 펜을 쓴다. 파란색, 빨간색, 초록색, 검은색이 있다. 파란 펜은 도형과 메모에 쓴다. 특히 개념 정리와 아이디어 기록에 쓰면 좋다. 세로토닌 효과로 마음도 차분해진다. 책의 검은색 글자와 대비되어 눈에도 편안하게 잘 띈다. 빨간 펜은 핵심 개념이나 문장에 쓴다. 자기 생각과 다른 곳, 중요 부분을 괄호로 묶을 때, 밑줄을 칠 때도 사용한다. 독자의 생각과 같은 곳에도 표시한다.

초록색은 감성적인 아이디어에 적용한다. 새싹이 돋아나듯 참신한 생각이 솟아난다. 다른 곳에 따로 모아둘 문장을 쓸 때도 활용한다. 검은색은 줄 긋기와 메모 할 때 쓴다. 일반적인 사항을 정리할 때, 간지에 내용을 쓸 때도 사용한다. 책을 읽을 때는 손에 4색 펜을 쥐고 읽는 습관을 들이자.

포스트잇은 메모와 책갈피로 쓴다. 책을 도서관에서 빌리면 책에 메모나 표시를 할 수 없다. 이때는 포스트잇을 활용하면 된다. 책의 속표지나 면지 부분에 미리 여유분을 붙여둔다. 아이디어가 떠오를 때마다 글을 써서 해당 부위에 붙여둔다. 여백이 부족할 때 추가 공간을 제공하기도 한다. 포스트잇을 따로 모아 글을 쓸 때 참고자료로 활용하면 편리하다. 나중에 책을 다시 읽을 때 살펴볼 부분에 끼울 책갈피로도 쓸 수 있다.

인덱스 탭 붙이기는 중요 부분을 표시할 때 유용하다. 주제나 소재별로 다른 색깔을 쓴다. 색깔 펜과 활용법을 연동하면 더 효과적이다. 핵심 부분은 빨간색, 주요 설명과 아이디어는 파란색, 감성적인 메모는 초록색, 기타 참고사항은 노란색 등으로 구분할 수 있다.

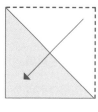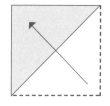

위쪽 접기   아래쪽 접기   두 번 접기

인덱스 탭은 색깔 부분이 책장 바깥으로 나오도록 붙인다. 빨간색
과 파란색은 책머리 쪽, 초록색을 비롯한 여러 색은 책배 쪽에 붙이
면 편하다. 끝에 키워드를 적어두면 알아보기가 한결 쉽다.

　모퉁이 접기는 재독을 할 때 필요한 부분을 빠르게 보기 위한 표
시로 활용한다. '귀접기dog-ear'라고도 한다. 독자의 생각이나 아이
디어를 메모한 페이지는 위쪽, 주요 사례나 인용문, 기타 참고사항
이 있는 곳은 아래쪽 귀를 접는다. 페이지 양쪽에 다시 볼 부분이
있다면 귀를 두 번 접어서 표시한다. 포스트잇이나 인덱스 탭이 없
을 때 효과적으로 활용할 수 있다.

　책갈피는 다시 읽을 부분에 끼우는 표시다. 도서관이나 서점에
서 얻을 수도 있고 직접 만들어도 된다. 예쁜 책갈피를 사거나 선물
받을 수도 있다. 중고서점에서 책을 사고 받은 영수증은 잘 접어서
책 뒷면에 꽂아둔다. 아쉬운 대로 책갈피로 쓸 수 있다. 좋은 문구
가 담긴 책갈피는 마음을 달래주는 작은 쉼터가 된다. 누군가로부
터 받은 책갈피는 책을 읽으며 책장에 꽂아둘 때마다 상대방을 떠
올리게 한다.

　메모 공간을 추가로 확보하려고 할 때는 간지를 만들어 끼운다.

단권화 작업에 매우 유용하다. 책 페이지보다 조금 작은 종이의 한쪽 세로 선에 딱풀을 바른다. 필요한 곳에 끼워서 책을 덮고 꾹꾹 눌러서 말리면 하나의 페이지가 된다. 책 내용을 요약·정리하거나 포스트잇을 모아서 붙여둔다. 아이디어가 많이 떠오를 때 마음껏 메모할 수 있다.

독자는 시험관이다. 저자는 '책'이라는 답안지를 제출했다. 책에 표시할 때는 채점하는 마음을 내보자. 오디션 프로그램의 심사위원이 수많은 지원자 중 보석 같은 인물을 고를 때처럼 책 속의 수많은 글 가운데 마음에 드는 단어나 문장을 선발한다. 경험이 쌓이면 텍스트 속의 주제와 소재, 그리고 논리적 연결성을 쉽게 파악하는 힘이 생긴다. 여기에는 정답이나 탈락자가 없다. 표시를 너무 의식하거나 어려워하지 말자. 편하게 하면 된다. 앞의 7가지 방법은 텍스트를 읽으며 생각하고 정리하는 독서 과정의 중요한 수단이다. 독자의 충실한 동반자다.

이제는 '적자' 생존 시대다. 글을 적는 사람이 앞서나갈 수 있다. 메모를 습관화하자. 나는 산책이나 샤워할 때, 청소할 때 아이디어가 잘 떠오르는 것 같다. 버스나 기차, 비행기를 타고 이동할 때도 그렇다. 지금 이 글도 카자흐스탄으로 의료봉사를 떠나는 비행기 안에서 쓰고 있다. 창가를 스치는 바람 소리는 산뜻한 백색 소음이 되어 집중력을 더 높여주는 것 같다.

습관 탓인지는 모르겠지만 펜을 잡고 책을 읽으면 집중이 더 잘된다. 찾고자 하는 정보도 더 잘 보인다. 펜은 마치 자석처럼 내게 필요한 부분들을 콕콕 집어주는 것 같다. 책을 읽을 때도 언제 어디서나 기록할 수 있도록 펜을 잡자. 이왕이면 4색 펜이 좋다. 여기에 포스트잇, 인덱스 탭까지 있다면 참 든든하다. 책 속에서 길을 잃을 염려가 없다. 만나야 할 문장을 놓칠 걱정도 없다. 낯설지만 환하고 걷기 편한 어느 여행지의 밤길을 소중한 사람과 산책하는 듯하다. 뛰어난 조력자들과 함께 책의 둘레길을 마음껏, 여유롭게 거닐어 보자.

독
서
에

빠
지
는

여
러

가
지

방
법

'5W2H'와
독서
습관

생활 속에 책이 없다는 것은 햇빛이 없는 것과 같으며,
지혜 속에 책이 없다는 것은 새에 날개가 없는 것과 같습니다.
책은 인류의 영양제입니다.
★윌리엄 셰익스피어

| 5W1H + 1H |

우리는 살면서 다양한 상황을 겪는다. 집이나 학교, 직장이나 각종
사회생활 속에서 마주하는 여러 가지 일들을 직면하고 해결해야
한다. 입장을 바로 세우고 현실을 제대로 파악하려고 할 때 육하원
칙을 많이 활용한다. 직장에서 사업계획서나 결과보고서를 쓸 때
도 주로 쓰는 방법이다. 문제를 간결하게 정리하고 해결책을 명확
하게 제시할 수 있다. 육하원칙Why, When, Who, What, Where, How은 핵
심으로 향하는 질문이다. 상황을 체계적으로 정리하여 내용 이해
를 쉽게 만들어준다. '5W2H'는 여기에 독서량 즉 얼마나 읽을 것
인가How much를 추가한 독서법이다.

조지프 러디어드 키플링은 『정글북』을 쓴 영국 소설가다. 1907년에 영어권 작가로는 최초로 노벨 문학상을 받았다. 그는 『코끼리 아이』라는 동화책에서 육하원칙을 말했다. "나는 6명의 정직한 조력자가 있습니다. 그들의 이름은 무엇, 어디, 언제, 그리고 어떻게, 왜, 누구입니다. 나는 그들을 육지와 바다로 보내고 나는 그들을 동쪽과 서쪽에 보내지요. 그들이 나를 위한 일을 마친 후에 나는 그들에게 휴식을 줍니다."

이 7개의 훌륭한 도구를 활용한 본격적인 읽기에 앞서 독서 습관에 대해 짚고 넘어갈 필요가 있다.

책 읽기 전 습관부터 챙기자

습관이라는 짧지만 긴 여운

독서는 쉽지 않다. 습관이 들지 않았다면 더 그렇다. 습관을 잘 들이면 독서도 어렵지 않다. 조선 실학자 홍대용의 말을 들어보자. "처음 독서를 할 때 누구나 힘들죠. 이 괴로움을 겪지 않고 편안함만 찾는다면 재주와 능력을 계발하지 못해요. 마음을 단단히 하고 인내하면 열흘 안에 반드시 좋은 소식이 있지요. 이렇게 하면 힘들고 어려운 점은 점차 사라지고 드넓은 독서 세계에서 즐거움을 느낄 수 있답니다."

비행기는 이륙할 때 연료 대부분을 소모한다. 활주로를 떠나 일정 고도에 이를 때까지 전체 연료의 약 80퍼센트를 사용한다. 그 이후에는 기류 덕분에 연료를 많이 쓰지 않는다. 인공위성도 로켓

이 특정 궤도에 도달할 때까지 연료를 제일 많이 쓰고, 일단 궤도권에 들어가면 특별한 추진력이 필요 없다.

독서도 습관을 잘 들이면 꾸준히 지속할 수 있다. 새해 계획에 독서는 빠지지 않는 항목이다. 하지만 작심삼일에 그치는 경우가 많다. 어떻게 하면 책 읽는 습관을 지속할 수 있을까?

습관도 생명처럼 자라는 습성이 있다. 반복이라는 양식을 먹고 큰다. 복리처럼 작용한다. 처음에는 사소해 보여도 어느덧 배로 늘어난다. 작은 차이가 쌓여 삶에서 차지하는 비중이 커진다. 변화를 만들려면 멈추지 말아야 한다. 작은 변화가 쌓여 큰 차이를 내기 때문이다.

김용섭의 『실력보다 안목이다』에서는 사소함의 힘을 강조한다. "1에 1퍼센트를 더하면 1.01이고 1퍼센트를 빼면 0.99입니다. 1.01을 365 제곱하면 37.8, 0.99를 365 제곱하면 0.026이 돼요. 0.02라는 미미한 차이가 37.8(1,453배)의 차이를 만들어냅니다." 사소함이 쌓여서 탁월함이 탄생한다.

아리스토텔레스는 탁월함을 이렇게 표현했다. "탁월함은 훈련과 습관으로 얻을 수 있어요. 인간은 탁월하기에 올바로 행동하는 것이 아닙니다. 오히려 인간은 올바르게 행동하기에 탁월함을 얻은 것이죠. 인간은 반복적으로 행동하는 존재 그대로예요. 탁월함은 행동이 아니라 습관입니다." 습관이 곧 탁월함으로 이어진다.

습관을 들이려면 조금씩 자연스레 변화를 주자. 책 볼 시간이 없으면 책을 그냥 만져보자. 시간 날 때마다 책장을 쓰다듬고 책을 꺼내 페이지를 넘겨보자. 마음에 드는 그림이나 문구가 있으면 잠시 눈길을 주고 가볍게 음미해보자. 손에 책을 쥐기가 익숙해지면 한

쪽씩 읽어보자. 부담스러워하지 말고 편하게 읽어나가자. 첫 소개팅 자리처럼 긴장하고 책을 읽으면 독서를 꾸준히 이어가기 어렵다. 오래 만나온 친구처럼 격의 없이 책을 마주하자. 책과는 담을 쌓아온 관성을 차츰 깨뜨리고 독서를 습관화하자.

작심삼일도 열 번이면 한 달이다. 100번 거듭하면 300일, 열 달이다. 새로운 생명이 세상의 빛을 볼 수 있는 시간이다. 어쨌든 계속한다는 점이 중요하다. 손에서 책을 놓지 않고 책과 함께하자. 책도 사람처럼 자주 봐야 친해진다. 자꾸 읽고 만져야 익숙해진다.

조선 성리학자 율곡 이이는 『격몽요결擊蒙要訣』, 「오래된 습관을 고쳐라革舊習」에서 '독서를 가로막는 8가지 나쁜 습관'을 제시했다.

독서에 빠지는 여러 가지 방법

1. 마음가짐을 게을리하고 몸가짐을 함부로 하면서 한가롭고 편안한 것만 생각하고, 절제하는 생활을 몹시 싫어하는 습관

2. 항상 돌아다닐 일에만 골몰해 조용하게 안정을 찾지 못하고, 분주히 드나들면서 이야기로 헛되이 세월을 보내는 습관

3. 자신과 같은 부류의 사람들을 좋아하고 다른 부류의 사람들을 미워하며, 세상의 유행과 풍속에 빠져 있으면서 간혹 자신을 고쳐볼까 결심했다가도 무리에게 따돌림을 당할까 두려워 이내 포기하는 습관

4. 문장이나 보기 좋게 꾸며서 세상의 명예나 얻으려 하고 옛글을 가져다 화려한 문장이나 꾸미는 습관

5. 글씨와 편지 쓰기에 공을 들이고 음악이나 술 마시는 일을 일삼으며 빈둥빈둥 세월을 보내면서 스스로 그것이 맑은 운치라고 여기는 습관

6. 한가한 사람들을 모아 바둑이나 장기 두는 일을 좋아하고, 종일토록 배불리 먹으면서 논쟁과 내기만 일삼는 습관

7. 재산이 많고 지위가 높은 것을 부러워하고 가난하고 지체가 낮은 것을 싫어하여 좋지 못한 옷과 좋지 못한 음식을 몹시 부끄럽게 여기는 습관

8. 욕심에 절도가 없어 능히 끊어버리거나 절제하지 못하고 돈과 이익, 노래와 색色에 빠져 그 맛을 꿀맛처럼 여기는 습관

컴퓨터는 윈도우나 매킨토시와 같은 운영 체제OS가 필요하다. OS라는 바탕에 다양한 프로그램을 설치하여 활용한다. 우리는 각자 자신의 '인생'이라는 운영 시스템 관리자다. 살면서 필요한 프로그램은 사람마다 다르다. 하지만 누구나 보편적으로 쓸 수 있는 기본 프로그램이 있다. '책 읽기'라는 응용 프로그램은 한번 잘 설치해두면 평생 무료로 쓸 수 있다. 업그레이드도 자동이다. 고장 날 걱정도 없다. 내 삶을 소중하게 가꾸어줄 '리딩 앱'을 일상에 설치해서 마음껏 사용하자.

책 읽는 뇌 장착하기

책 읽기가 익숙하지 않다면 '인지 부조화認知不調和, cognitive dissonance'를 써보자. 인지 부조화란 서로 일치하지 않는 두 상황이 발생할 때 만들어지는 정신적 긴장감이다. 대표적으로 여우와 포도 이야기가 있다. 여우는 나무에 달린 포도를 먹으려 하지만 결국 실패한다. 그러자 포도가 시어서 못 먹는 거라고 자기 합리화를 한다. 포도를 먹으려는 태도와 그에 대한 행동이 일치하지 않아 인지 부조화가 생겼다. 이를 해소하고자 행동 대신 태도를 바꿨다.

뇌는 인지 부조화를 어떻게든 벗어나려고 한다. 심리적 불편함

을 털어내고자 그럴듯한 핑계를 지어내 자신을 설득한다. 뇌는 현실과 상상, 실재와 환상을 명확하게 구분하지 못한다.

책에 익숙해지려면 일단 손에 책을 들어보자. 눈길이 닿는 곳곳에 책을 두어 책과 친숙해지자. 책 읽기는 어렵지 않고 즐겁고 유익한 일이라고 여기게 된다. 그리고 책장을 넘겨보자. 이때 핵심은 '그냥' 읽는 것이다. 가구나 가전기기를 쓰듯 자연스럽게 글을 읽어본다.

『조선 지식인의 독서 노트』에 이런 말이 있다. "귀찮아서 안 하고 하찮아서 안 하고 어려워서 못하고 힘들어서 못하면, 한 일도 없고 할 일도 없는 사람이 됩니다."

처음에는 사람이 습관을 만든다. 하지만 나중에는 습관이 사람을 지배한다. 삶을 아름답게 물들이기 위해서는 좋은 습관이 자리 잡을 시간이 필요하다. 그리고 그런 시간을 만드는 노력이 필요하다. 독서 습관을 마련하기 위한 시간을 조금씩 내보자.

독서에 빠지는 여러 가지 방법

Why,
왜 읽어야
할까

2가지에서 영향을 받지 않는다면
우리 인생은 5년이 지나도 지금과 똑같을 겁니다.
그 2가지란 우리가 만나는 사람과 우리가 읽는 책이죠.
★찰스 존스

우리는 살면서 다양한 생각과 행동을 한다. 아무런 이유 없이 그냥 무언가를 할 때는 없는 것 같다. 어떤 말을 하거나 몸을 움직이거나 누구를 만나거나 또는 단순히 숨을 쉬고 밥을 먹는 것도 잘 들여다보면 나름의 사연이 깃들어있다.

독서도 마찬가지다. 책을 읽다가 문득 그런 생각이 들었다. 책은 왜 읽을까? 책에서 무엇을 바라고 있을까? 무언가 까닭은 있는데 정확히 표현하기가 쉽지 않았다. 이번 기회에 책을 읽는 이유를 정리해보자. 크게 정보와 지식 얻기, 사고력과 감수성 기르기, 삶의 목적 찾기, 리더의 삶 갖추기, 창의력 기르기 등 5가지로 다듬어보았다.

책은 신기한 도구다. 작가의 인생과 철학, 경험, 비결이 한 줄씩 모여 글을 이룬다. 누군가 평생에 걸쳐 얻은 결실을 독자는 단 1~2시간 만에 내 것으로 내려받을 수 있다. 속도 제한도 없다. 작가는 자신의 모든 것을 책이라는 소통 수단으로 아낌없이 나눈다. 책은 그야말로 초고속 단말기다. 5G 통신보다 훨씬 전에 데이터를 빨리 받는 방법이 이미 있었던 셈이다.

많은 사람이 스마트 기기를 쓰지만 종이책은 여전히 보편적인 정보 전달 매체다. 책은 전기도 필요 없고 다운될 일도 없다. 호환의 문제도 없다. 마음만 먹으면 언제 어디서나 '데이터 무제한'으로 즐길 수 있다. 빌 게이츠의 말을 들어보자. "오늘날의 저를 만든 것은 동네 공립 도서관이었어요. 훌륭한 독서가가 되지 않고는 참다운 지식을 갖출 수 없죠. 살면서 영상과 음향을 많이 쓰지만 매일 밤 1시간, 주말에는 3~4시간의 독서 시간을 가지려고 합니다. 일주일에 한 권 이상의 책을 읽어요. 이런 독서가 나의 안목을 넓혀준답니다."

책은 인류가 지금껏 지식을 쌓아왔고 지금도 계속 만들어가는 지성의 보고다. 독서는 그 보물을 캐는 탐험이다. 길을 떠나는 사람만 보물을 얻을 수 있다. 독서는 또한 인생 예습이자 복습이며 시험이다. 성적 걱정할 필요는 없다. 인생을 미리 살고, 다시 살고, 확인하게끔 한다. 독자의 삶을 알차게 다져준다. 책은 한 권이 하나의 생각이자 세계다. 책을 읽어 지식의 세계를 하나씩 맛보고 채워보자. 맛집 탐방을 떠나듯 '맛책' 여행을 떠나보자. 지식과 교양을 쌓아 내면을 풍요롭게 만들어주는 책은 언제나 독자를 반기는 열린 친구다.

책은 생각을 얻고, 생각을 만들고, 생각을 쏟아내는 도구다. 생각의 입력과 처리, 출력 모든 부분을 자극하고 촉진한다. 훈련을 통해 몸을 강하게 하듯 진정한 독서는 반복연습을 통해 생각을 탄탄하게 다져준다. 독서는 '생각 → 행동 → 생각 → 행동'의 선순환 구조를 만들 수 있다. 스스로 판단하고 올바르게 결정하여 삶을 움직이는 힘이 된다.

　책에서 익힌 내용은 다섯 단계를 거쳐 독자에게 자리 잡는다. 생각의 흡수와 혼합, 융합, 응축, 결정이다. 독자는 먼저 책에서 다양한 생각을 받아들인다(흡수). 머릿속에서 자극들이 섞인다(혼합). 여러 가지 다른 생각들이 경험과 감정에 섞인다. 독자는 이 생각들을 차츰 자신만의 것으로 뭉치고(융합) 줄여서(응축) 하나의 결론(결정)을 맺는다. 보석보다 빛나는 결과물들이 삶을 아름답게 꾸민다. 독서는 독자의 생각을 키우고 감성을 채우는 일등공신이다.

자연과 우주 그리고 독서
독서는 생각의 영토를 키운다. 스스로 생각하는 힘으로 토지의 질도 개선할 수 있다. 여러 기후대와 토질을 품은 드넓은 토양에는 갖가지 작물을 심을 수 있다. 이런 다양성은 시장 변동이나 기후 변화에도 유연하게 대처하는 힘이 된다. 생명체는 유성 생식으로 험난한 환경에서도 뿌리내리고 번성해왔다. 환경이 어떤 형태로 변해도 적응할 수 있는 확률을 높여준다.

책을 읽는다는 건 단순히 무언가를 '아는 것'에 그치지 않는다. 다른 '무언가'가 되는 것이다. 작은 점에 불과했던 독자에게 수없이 많은 점이 다가온다. 그 점들이 이어져 선을 그려나간다. 지적인 성장뿐 아니라 관점과 태도의 재창조로 이어진다. 기존의 나와 새로운 내가 만나 더 큰 내가 되는 과정이다. 독서 경험이 쌓일수록 나의 크기는 점점 자란다. 어릴 적 하던 땅따먹기 놀이와 비슷하다, 책이라는 외부로 떠났다가 다시 돌아오는 횟수가 늘어날수록 자신의 독서 영토는 늘어난다.

사람(A)과 사람(B)이 사랑으로 만나 '새로운 사랑'으로서 사람(C)이 탄생한다. C는 A, B와 비슷하지만 같지 않다. 전혀 새로운 특성과 자질을 갖기도 한다. 저자와 독자가 책으로 만나면 '새로운 생각'으로서 지식과 감성이 탄생한다. 보이지 않는, 끊임없는 대화의 결과로 자신만의 시선과 의식이 자란다. 겉보기에는 비슷한 텍스트라도 독자마다 다른 의미와 느낌을 전한다.

'원소'를 생각해보자. 원소는 세상의 모든 물질을 이루는 기본 구성 요소다. 물H_2O은 수소H와 산소O 원소가 만나서 생긴 물질이다. 현재까지 118종이 발견되었다. 그런데 빅뱅을 통해 탄생한 초기 우주에는 지금처럼 다양한 원소가 없었다고 한다. 빅뱅 38만 년 후 양성자와 전자가 만나 가장 가벼운 물질인 수소가 탄생한다.

별은 최초의 원소인 수소를 원료로 빛과 열을 낸다(핵융합). 이 과정에서 헬륨이 생긴다. 별의 질량에 따라 탄소와 산소, 질소 등이 만들어진다. 이런 원소들은 수명을 다한 별이 폭발하면서 우주로 퍼져나간다. 우리 몸도 먼 옛날 어느 거대한 별에서 만들어진 '별에서 온 그대'들로 이루어져 있다. 인간은 이미 우주적 존재다.

탄소는 생명체를 이루는 중요한 원소다. 탄소는 금강석 즉 다이아몬드의 원소이기도 하다. 어렵게 만들어진 탄소가 다시 고온·고압의 환경을 견뎌야만 다이아몬드가 된다. 책을 읽는 과정도 이와 비슷하다. 다양한 정보와 지식이 머릿속에서 충돌하면서 융합한다. 경험이 모이면서 가슴속에서 더 많은 사고의 융합이 발생한다. 시간이 쌓이면서 보석처럼 소중한 자신만의 생각과 느낌이 빛을 낸다.

독서는 정신을 풍요롭게 만드는 소중한 자본, '내 마음의 다이아몬드'를 빛낸다. 독서는 은밀하면서도 위대한 투자다. 지금 당장 눈에 보이지는 않지만 꾸준한 독서는 가슴 속에 보물과도 같은 자본을 담는다. 한 해가 지날 때마다 나무에 나이테가 쌓이듯 새로운 경험과 생각이 더해진다. 자신만의 독특한 '독서 자본'이 탄생한다. 독자는 독서 자본을 삶의 태도 변화, 대중 강연, 저술 등과 같은 '현실 자본'으로 구체화할 수 있다. 독서로 생각과 인생을 바꿔보자.

책을 읽다

목적이 있는 삶

우리는 살면서 목적과 목표를 세우고 이를 실현하기 위해 노력한다. 두 개념은 비슷해 보이지만 차이가 있다. 목적은 '궁극적으로 실현하고자 하는 지점, 방향'이다. 목표는 '목적을 이루기 위한 구체적 과정, 업무'다. '행복'이라는 목적을 위해 '건강, 공부, 자산, 관계' 등의 목표를 세우고 실천하기 위해 노력한다.

학창 시절 공부에 대한 목적이 불분명할 때, 제대 후 학교생활에 대한 목적이 희미해져갈 때, 독서는 분명한 목적을 제시해주었다. 때로 직장생활에 지칠 때도 독서는 힘이 되었다. 그리고 그에 따른 세부적 목표를 정할 때도 도움을 주었다. 독서로 배울 수 있는 목적 지향의 생활 태도를 살펴보자.

책은 삶의 목적을 찾을 때 도움을 준다. 삶의 의미란 무엇일까? 삶을 살아가는 이유, 이루고자 하는 바다. 삶의 목적이다. 이를 이해하고 실천하려면 먼저 자신의 삶을 알아야 한다. 자신의 인생이 어떤지, 무엇을 바꿔야 하는지, 그리고 진정 바라는 건 뭔지 알아야 한다. 법정 스님의 『살아 있는 것은 다 행복하라』에서 「끝없는 탈출」을 보자. "참다운 삶이란 무엇인가. 욕구를 충족시키는 생활이 아니라 의미를 채우는 삶이어야 한다. 의미를 채우지 않으면 삶은 빈껍데기다." 삶이란 홀로, 스스로 알기 어렵다. 하지만 우리에게는 책이라는 믿음직스러운 멘토가 있다.

한 여성이 있다. 그녀는 1954년 미국의 한 흑인 빈민가에서 사생아로 태어났다. 부모의 사랑을 제대로 못 받고 아홉 살 때부터 수년간 친척과 이웃에게 성폭행을 당했다. 열네 살에 미혼모가 되었으나 아이는 2주 만에 세상을 떠났다. 흑인에 대한 차별은 그녀에게 깊은 좌절을 안겨주었다. 열등감과 슬픔에 빠져 마약과 담배에 손을 대고 자살까지 생각했다.

하지만 아버지와 새어머니의 격려에 힘입어 다시 학업을 시작했다. 말하기 대회에서 자신의 능력을 발견하고 19세에는 라디오 프로그램 진행자가 되었다. 1983년에는 시카고에서 인기가 가장 낮은 토크쇼를 한 달 만에 시청률 1위로 만들었다. 제목을 자신의 이름으로 바꿔 미국 전역에 방송을 시작했다. 25년간 5,000회 방송, 3만여 명의 참가자, 전 세계 140개국 방영, 일일 시청자 수 700만 명의 기록을 세웠다. 그녀는 바로 오프라 윈프리다. 가난과 절망을 딛고 흑인 여성이라는 차별을 넘어 인간 승리를 이루었다. 무엇이 그녀의 삶을 이렇게 바꾸어놓았을까?

바로 독서다. 방황하던 시절 다시 만난 아버지는 그녀에게 독서를 권했다. "책을 읽어보겠니? 그러면 네 인생도 완전히 달라질 거야." 아버지는 그녀가 일주일에 반드시 책 한 권을 읽도록 했다. 그녀가 10대에 처음 읽은 책은 마야 안젤루Maya Angelou의 『새장에 갇힌 새가 왜 노래하는지 나는 아네』였다. 흑인과 여성이라는 이중 차별을 이겨내고 당당히 성장하는 모습을 담은 책이다. 오프라 윈프리는 크게 감동했다. 아울러 독서의 가능성과 위대함에도 눈을 떴다.

그녀는 책을 읽고 자기 느낌과 생각을 글로 표현했다. 독해력과 문장력이 자라며 공부에 대한 열정이 피어났다. 세상에 대해 닫혀 있던 마음도 조금씩 열리기 시작했다. 마침내 그녀는 재능을 살려 인생역전 드라마를 만들어냈다. 오프라 윈프리는 독서에 대해 이렇게 말한다.

"나는 책을 통해 인생에는 가능성이 있다는 것과 나처럼 세상에 사는 사람이 또 있다는 걸 알았어요. 독서는 내게 희망을 주었지요. 책은 내게 열린 문과 같습니다."

그녀의 이름을 딴 '오프라히즘Oprahism'이라는 말이 있다. 인생의 성공은 타인이 아닌 자신에게 달렸다는 뜻이다. 네덜란드 철학자 바뤼흐 스피노자는 이렇게 말했다. "모든 인간은 자신의 능력만큼 신을 만납니다." 그녀처럼 삶이 힘들고 어려울 때 손에 책 한 권을 쥐고 독서를 시작해보면 어떨까? 독서는 독자의 능력을 키우고 인생을 바꾼다. 책 읽기로 인생역전을 부르는 '호모 부커스Homo Bookers'로 진화해보자.

리딩으로 리드하는 리더의 삶

독서는 독자reader를 리더leader로 만든다. 사람은 누구나 자신의 주인이다. 자기 시간을 관리하고 삶을 경영하는 CEO다. 운명의 바다를 헤쳐나가는 선장이다. 사람은 주어진 운명을 살지만 운명을 만들 수도 있다. 독자는 세상에 '던져진 존재'이기도 하지만 '자신을 세상으로 던지는 존재'이기도 하기 때문이다. 어떤 삶을 살 것인지는 자신의 선택에 달렸다.

찰스 M. 슐츠Charles M. Schulz의 『스누피와 친구들의 인생 가이드』에는 이런 말이 있다. "인생이라는 책에는 결코 '정답'이 나와 있지 않아요." 그럴지도 모른다. 사람들은 비슷한 듯 다른 생애를, 따로 또 같이 살아간다. 정답은 없지만 그렇다고 아무렇게나 막살아도 될까? 시대를 이끌고 역사를 만든 인물들은 어떤 삶을 살아왔을까? 그 삶에 독서는 어떤 영향을 주었을까?

한글을 창제한 조선의 세종대왕은 어떻게 책을 읽었을까? 세종의 독서법은 3가지로 나눌 수 있다. 백독백습百讀百習, 수불석권手不

釋卷, 경연經筵이다. 백독백습은 책을 백 번 읽고 백 번 쓰기다. 15년 동안 사서삼경을 백 번씩 읽고 썼다. 세종은 성현의 생각을 체화하여 나라를 다스릴 때 적극적으로 실현했다.

수불석권은 손에서 책을 놓지 않는 태도다. 세종은 정말 지독하게 책을 읽었다. 밥을 먹을 때도, 잠깐 쉴 때도, 잠들기 전에도 다양한 책을 읽었다. 세자 시절에는 병이 있을 때도 독서를 멈추지 않자 아버지 태종은 책을 모두 압수했다. 그러나 병풍 사이에 있던 『구소수간歐蘇手簡』은 들키지 않았다. 구양수와 소동파의 편지글을 모은 이 책을 세종은 1,100번 읽었다.

경연은 독서토론회다. 왕이 신하들과 책을 읽고 국정운영을 토론하는 자리다. 체계적으로 열띤 토론을 주고받았다. 세종은 재임 기간 중 1,898번의 경연을 열었다. 월 5~6회 정도다. 어떤 날은 하루에 경연을 3번이나 하기도 했다. 죽어있는 지식이 아니라 백성과 국가에 도움이 되는 실용적 책 읽기를 실천했다.

"내가 궁중에 있으면서 손을 거두고 한가롭게 앉아 있을 때가 있는가? 없지 않은가. 책을 읽는 것이야말로 세상에서 가장 유익한 일이라네." 세종의 애민 정신은 애독하는 삶에서 자라났다. 훈민정음 창제 역시 독서에서 피어난 사랑이 맺은 결실이다. 노비에게 산전 30일, 산후 100일 출산 휴가를, 남편에게는 30일 휴가를 보장했다. 29세에 이런 정책을 편 시대의 성군은 조선의 독서왕 세종대왕이다.

왜적으로부터 조선을 지켜낸 이순신 장군은 어떻게 책을 읽었을까? 1592년 4월 13일 임진왜란이 일어났다. 이순신은 20번의 해전과 3번의 대첩, 23번의 전쟁을 모두 승리로 이끌었다. 생사를 넘나드는 전쟁터에서도 그는 한 가지 원칙을 지켰다. "닭이 울면 반드시 촛불을 켜고 앉아 문서를 보거나 전술을 궁리했다. 늦은 밤이나 새벽에 일어나 앉아 책을 읽었다." 사서삼경을 아침저녁으로 매일 읽었다. 『자치통감강목資治通鑑綱目』, 『송감宋鑑』은 좋은 문장을 베껴 반복해서 읽었다.

도고 헤이하치로東鄉平八郎는 일본 메이지 시대의 해군 대장이었다. 러시아와의 쓰시마 해전에서 이겨 러일전쟁을 승리로 이끌었다. 그는 승전 축사를 듣고 이렇게 말했다. "나를 넬슨에 비하는 것은 가하나 이순신에게 비하는 것은 감당할 수 없습니다." 그는 출정하기 전 승리를 기원하며 이순신에게 제사를 지냈다. "이순신 제독은 나의 스승입니다. 실로 존경하는 인물입니다."

이순신은 나라와 백성을 먼저 생각한 장수였다. 23전 23승이라는 불멸의 역사를 쓴 뛰어난 리더이자 지략가였다. 이는 독서를 바탕으로 꽃피운 능력이다.

전 세계 리더들은 어떨까? 미국 전 대통령 버락 오바마는 이렇게 말했다. "8년의 백악관 생활을 견디게 한 힘은 독서였죠. 아무리 바빠도 매일 1시간씩 책을 읽었어요. 독서는 차분한 통찰의 시간을 주고 타인의 관점에서 바라보고 이해하게끔 도와줍니다. 독서는 나의 일상에서 매우 중요한 부분이랍니다. 퇴임 뒤에도 그동안 읽지 못한 책들을 읽고 싶어요."

페이스북 CEO 마크 저커버그는 어떨까? "저는 위대한 기업을 만든 사람들의 경험담이 담긴 책을 즐겨 봐요. 책은 그 어떤 미디어보다 특정 주제에 관한 깊은 탐구와 몰입을 이끌죠. 내 취미는 2가지예요. 컴퓨터 프로그램 만들기, 원서로 그리스와 라틴 고전 읽기입니다."

세계적 투자자 워런 버핏의 조언도 참고해보자. "저는 매일 책을 읽고 생각하는 시간을 가져요. 충동적 선택을 내리는 실수를 최소화하는 비결입니다. 책과 신문 속에 부富가 있어요." 그는 5가지 독서법을 제시한다. 독서 목적 세우기, 책으로 능력 키우기, 자신의 수준 돌파하기, 끊임없이 노력하기, 최고를 지향하기다.

성공한 사람이 독서를 하는 것이 아니라 독서를 하는 사람이 성공한다고 한다. 성공한 사람은 이미 독서가 습관화되어 있다. 잠자고 밥 먹고 숨 쉬듯 독서가 생활화되어 있다. 물론 책을 읽는다고 모두 성공하는 것은 아니다. 하지만 성공한 사람은 모두 책을 읽었다. 성공은 독서의 충분조건이고 독서는 성공의 필요조건이다.

살다 보면 누구나 삶의 일정한 때에 자신에게 밀려드는 파도를 넘어야 하는 순간이 온다. 이 시기를 지나야 드넓고 고요한 바다를 지나 전설의 보물섬에 이를 수 있다. 그 높이와 폭은 사람마다 다르지만, 파도가 친다는 점은 확실하다. 한눈을 팔거나 미리 준비하지 않으면 사나운 물결에 휩싸여 모든 것을 잃을지도 모른다.

불안한 현실, 불확실한 미래다. 길을 잃기 쉽다. 지금까지 살아온 대로 살려면 그냥 어제처럼 살면 된다. 그러나 더 나은 삶, 더 빛나는 인생, 더 아름다운 날들을 누리려면 책을 읽어야 한다. 우리가 숨을 쉬고 세끼 밥을 먹듯 책을 읽자. 책이라는 등불로 눈을 밝히고 마음을 일깨우자. 독서를 선택한 독자는 이미 성공의 길에 들어선 셈이다. 자신을 믿고 담담히 앞으로 나아가자. 보물섬은 먼 곳에 있지 않다. 책은 독자의 행복한 나날을, 빛나는 꿈을 응원한다.

인류가 21세기에 접어든 지 어느덧 20여 년이 지났다. 21세기는 2000년부터 2099년까지의 100년이다. 21세기라는 젊은 세상은 그 어느 때보다 빠르게 변하는 중이다. 우리가 맞이하는 4차 산업 혁명에는 다양한 기술이 있다. 인공지능과 사물인터넷, 빅데이터와 클라우드 컴퓨팅, 자율주행차, 지능형 로봇, 3D 프린팅을 묶어 핵심 7대 기술이라고 한다. 여기에 블록체인이나 핀테크, 드론, 증강현실과 혼합현실을 포함하는 가상현실 등도 미래의 주요 기술이다. 어제보다 더 많은 변화가 있는 오늘, 그리고 더 많은 변화가 있을 미래가 우리를 기다린다.

독서는 미래사회에 꼭 필요한 창조력과 상상력을 키워준다. 20세기와 21세기는 무엇이 다를까? 두 세기를 구분하는 기준과 특성을 살펴보자.

『책을 읽는 사람만이 손에 넣는 것』은 20세기와 21세기를 다음처럼 구분한다. 20세기는 성장 사회였다. GDP와 경제성장률을 중요하게 여겼다. 조직성을 강조하고 주어진 정보를 잘 처리하는 능력이 대접받았다. 문제에 대한 정답을 잘 찾는 능력이 우선이었다.

그러나 21세기는 성숙 사회다. 기존의 성장 방식은 점차 한계에 부딪혔다. 성장보다 복지와 행복에 더 비중을 둔다. 개별성을 강조하고 정보 가운데 필요한 부분을 편집하는 능력이 중요해졌다. 문제는 주어지지 않고 정보는 아주 많다. 정답을 찾는 것이 아닌 만드는 능력이 훨씬 더 중요해졌다. 21세기는 다양한 답이 가능한 사회다. 정답은 한 가지가 아니다. 어떻게 하면 시대와 상황에 맞는 답

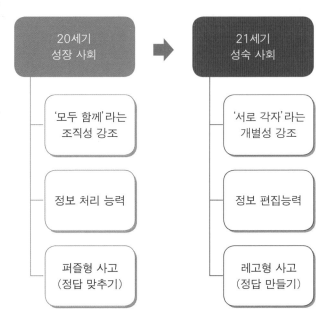

20세기 성장 사회	➡	21세기 성숙 사회
'모두 함께'라는 조직성 강조		'서로 각자'라는 개별성 강조
정보 처리 능력		정보 편집능력
퍼즐형 사고 (정답 맞추기)		레고형 사고 (정답 만들기)

을 제시할 수 있을까?

하나의 '정답'이 아닌 다양한 '해답'은 창조력에서 나온다. 창조력은 새로운 것을 만드는 힘이다. 전에 없던 것, 새로운 성과나 가치를 만드는 능력이다. 창조력은 정보라는 재료를 사고력이라는 도구로 조각을 만드는 일이다. 아무리 좋은 아이디어와 소재가 있어도 알맞은 방법으로 재구성하지 않으면 그 속에 감춰진 명작이 드러나지 못한다.

여기서 '창의'와 '창조'를 구분할 필요가 있다. 창의는 새로운 탐구 활동이다. 창조는 새로운 결과물을 만드는 활동이다. 창의는 과정, 창조는 결과의 의미가 강하다. 창의력은 창조력으로 이어질 수 있다.

새로운 생각과 활동은 새로운 관점에서 출발한다. 새로운 관점이란 무無에서 유有를 만드는 일이 아니다. 기존의 '있음'을 색다른 '있음'으로 새롭게 보는 것이다. 'Old 유有'를 'New 유有'로 'ON'하는 것이다. '있는 것'을 잘 섞고 이어서 새로운 '없던 것'을 발견하는 것이다.

대학을 졸업하고 서울시 어린이병원에서 일할 때였다. 2010년 3월에 서울시 공공자전거 명칭 공모가 열렸다. 공문으로 소식을 접하고 어떤 이름이 좋을까 고민했다. 서울의 상징성과 자전거의 특성을 잘 나타내면 좋을 것 같았다. 서울 안내 책자를 읽고 서울시 홈페이지를 둘러보았다. 당시 서울 브랜드는 '하이 서울Hi Seoul'이었다. 여기에서 실마리를 얻어 '하이'를 가져왔다. 그리고 '자전거를 타고 한강변을 씽씽 달린다'는 생각에서 '씽'을 떠올렸다. 그리고 이 두 단어를 합쳐 '하이씽Hi Ssing'이라는 이름으로 응모를 했다.

원래 있던 말을 잘 섞어 만든 이 명칭은 운 좋게도 우수작으로 선정되었다. 시상품은 문화상품권 30만 원이었다. 독서 습관이 길러준 새로운 생각과 관점 덕분에 조카들에게 선물도 하고 가족과 함께 유용하게 잘 썼다. 비록 최종 명칭에 확정되지는 못했으나(현재 서울 공공자전거는 '따릉이') 공모전 도전은 즐거운 추억으로 남았다.

창의에 바탕을 둔 창조력과 더불어 미래사회의 중요한 능력은 상상력이다. 상상력은 '실제로 경험하지 않은 현상이나 사물을 마음속으로 그려보는 힘'이다. 사람은 신체적, 시간적 제약으로 모든 것을 직접 경험할 수 없다. 특히 변화무쌍한 미래에는 기존에 없던 개념과 현상들까지 생긴다. 상상력은 경험을 뛰어넘는 생각을 불러온다. 지금껏 없었던 새로움을 추구하고 이를 현실화시키는 원동력이다. 하늘을 나는 상상력은 비행기를 만들었고 달로 가는 상상력은 우주선을 만들었다. 상상, 그리고 창의와 창조는 하나로 이어진다.

이런 창의성과 창조력, 상상력은 어떻게 만들까? 답은 독서다. 3가지 요소들의 공통점은 바로 '다름'이다. 기존의 평범함 속에서 다름을 찾아 새롭게 만드는 것이다. 책을 읽으면 작가의 생각과 경험을 마주하게 된다. 동일한 생각으로 똑같은 삶을 사는 사람은 없다. 그 과정에서 나와 남의 차이점을 확인할 수 있다. 그 간격은 창의력과 상상력의 바탕이 된다. 같은 개념이라도 다른 관점으로 바라보는 방법을 배울 수 있다. 다름을 이해하는 새로운 시선으로부터 진정한 발견이 이루어진다.

독서란 작가가 구상한 상상의 세계로 빠져드는 여행이다. 사실을 기반으로 쓴 글도 마찬가지다. 어떤 글이든 작가는 글 속에 자신의 체험과 가치관을 담아 상상의 무대를 펼쳐낸다. 그 위에서 독자는 자기의 감성과 이성을 더해 또 하나의 세상을 만든다. 책은 눈으로 읽는다. 그러나 독서는 시각뿐 아니라 문장의 음성과 장면, 향기, 촉감 같은 오감을 함께 자극한다. 독자는 책에 담긴 이야기뿐만 아니라 이와 연관된 자신의 삶도 함께 상상한다. 책은 문자 기반 매체이기에 모든 것을 전달할 수는 없다. 따라서 문장과 문장을 잇는 행간을 독자는 상상력으로 채운다. 이렇게 책을 통해 작가와 독자가 소통하면서 창의력과 상상력이 자라난다.

책은 정보와 지식, 경험과 생각을 다듬고 이어서 이야기로 풀어낸 대표적인 창작물이다. 꾸준한 독서는 지식을 연결하고 분석하며 핵심을 찾는 능력을 키워준다. 이를 바탕으로 지식을 실현하는 실용성과 창의성도 자연스럽게 길러진다. 책은 창조력의 결과물이다. 독서는 창조력이라는 최고의 운동장에서 누리는 훈련이다. 책이라는 트랙을 한 번도 뛰어보지 못한 사람과 매일 뛰는 사람은 그 능력이 다를 수밖에 없다.

두뇌의 여러 영역 가운데 기억력과 사고력, 창의력을 담당하는 곳은 전두엽이다. 전두엽을 활성화하는 가장 좋은 방법은 독서다. 시각을 담당하는 후두엽과 생각을 담당하는 전두엽이 활발하게 신호를 주고받는다. 뇌의 거의 모든 영역에 자극을 주어 뇌를 활성화한다. 책을 읽는 사람의 뇌를 기능적 자기공명영상MRI으로 촬영해 보았다. 게임을 하거나 음악, 영화를 감상할 때보다 뇌 전체에 혈액이 활발하게 공급되었다. 독서는 뇌에 새로운 시냅스를 만들고 사고 발달에도 큰 도움을 준다.

인공지능이 발달하며 인간의 영역을 차츰 대체하고 있다. 앞으로는 기계가 할 수 없는 '인간지능'이 살아남는 시대가 될 것이다. 인간이 기계의 정보 저장과 검색 능력을 따라갈 수는 없다. 하지만 정보에 의미를 부여하고 지식으로 연결하여 가치를 창출할 수 있는 능력은 사람만이 가능하다. 존재하지 않는 데이터를 만들어 내는 능력이 바로 창의력과 창조력, 상상력이다.

이는 초능력이 아니다. 하늘에서 떨어지는 기적도 아니다. 후천적 노력으로 얻을 수 있다. 다양한 책을 섭렵하고 새롭게 생각하며 연결 짓기를 거듭하는 과정에서 주어지는 선물이다.

『책을 읽는 사람만이 손에 넣는 것』에서는 미래가 독서 습관이 있는 사람과 없는 사람으로 나누어지는 '계층 사회'가 될 것이라고 한다. 또 『리딩으로 리드하라』의 이지성 작가는 이렇게 말했다. "현재를 보려면 리모컨을 찾으면 되고, 미래를 보려면 책을 찾으면 됩니다. 책을 읽는다는 것은 자신과 가족과 자녀들의 미래까지 담보로 한 격렬한 전쟁입니다."

독서는 이제 단순한 심심풀이나 취미가 아니다. 변화가 일상인 미래에 뒤처지거나 흔들리지 않고 살 수 있는 생존비결이다. 창의력과 상상력을 길러야 창조의 시대를 살아갈 힘이 생긴다. 독서라는 '딥 러닝deep learning'으로 미래를 준비하자.

When,
언제 읽어야
할까

5분만 시간을 주십시오.
책을 다 읽지 못했습니다.
★안중근

| 지속 독서와 틈새 독서 |

책은 시간을 정해서, 그리고 시간 날 때마다 읽어야 한다. 독서 시
간을 마련하기 위해서는 '절대적 지속 독서'와 '상대적 틈새 독서'
를 병행하는 게 좋다. 전자는 정해진 시간에, 후자는 틈나는 시간에
책을 읽는 것이다. 하루 중 몇 시부터 몇 시까지 책을 읽으면 지속
독서다. 출퇴근 지하철에서, 점심시간이나 잠들기 전에 책을 보면
틈새 독서다. 독서 시간을 확보하려면 있는 시간을 활용하고 없는
시간을 만들어서 책에 투자해야 한다. 시간은 무한하지 않기 때문
이다.

우리는 매일 8만 6,400원씩 입금되는 통장을 갖고 있다. 한 달

이면 259만 2,000원이고 일 년이면 3,000만 원이 넘는다. 세금도 없다. 다만 이 통장은 적립식 상품이 아니다. 하루가 지나면 잔액 없이 0원으로 초기화된다. 이때 가장 지혜로운 선택은 매일 들어오는 돈을 꼭 필요한 곳에 아낌없이 잘 쓰는 것이다. 이 통장의 이름은 '시간'이다. 누구나 하루에 똑같이 24시간, 1,440분, 8만 6,400초를 쓸 수 있다. 하지만 그 활용 정도는 모두 다르다.

정해진 시간은 정기적금에, 자투리 시간은 자유적금에 비유해보자. 보통 전자의 비중이 크다. 하지만 보너스나 연말정산처럼 후자가 더 클 수도 있다. 절대시간을 많이 확보할 수 있다면 금상첨화지만 여기에는 상당한 강제성과 결단성이 필요하다. 책은 말없이 자리를 지킬 뿐이지만 주변에는 너무나 많은 유혹이 있기 때문이다. 절대시간을 내기 어렵다면 여유시간, 자투리 시간이 있을 때마다 책에 관심을 기울여보자.

자투리 시간을 활용하려면 항상 책을 가지고 다니는 습관이 필요하다. 가방 속에 넣어서 가지고 다니면 좋다. 다만 처음에는 너무 크고 무거운 책보다는 단락이나 꼭지 단위로 가볍게 읽을 수 있는 책을 선택한다. 이동에 방해가 되면 힘들고 싫증 나기 때문이다.

책은 항상 일정한 때에, 일정한 시간만큼, 일정한 양을 읽어야만 하는 것은 아니다. 매일 규칙적인 독서를 할 수 있다면 제일 좋겠지만 바쁘디바쁜 현대인들이 흐름의 끊김이 없는 '통시간'을 내기란 쉽지 않다. 학창 시절처럼 책에 몰입할 기회가 많지 않다. '티끌 모아 태산'이라는 말처럼 우습게 여겼던 조각 시간이 모이면 큰 시간이 된다. '카페라테 효과'처럼 짧은 시간이라도 꾸준히 모으면 제법 큰 기간이 된다.

출퇴근 시간에 책을 읽어보면 그 양이 제법 많다는 사실을 알게 될 것이다. 자칫 그냥 흘려보내기 쉬운 시간이지만 이 시간을 잘 활용하면 독서 습관을 붙이기 좋다.

잠들기 전도 책 읽기에 괜찮은 시간이다. 일과를 끝내고 깊은 휴식에 들기 전에 책을 읽어보자. 책장을 넘기며 하루를 정리할 수 있다. 감정적 소모에 따른 마음의 허기를 채우고 기분을 차분하게 해준다. 감미로운 시집이나 산뜻한 수필이 좋다. 따뜻한 차 한 잔을 곁들이면 더 좋다.

아침에 조금 일찍 일어나서 책을 읽어도 참 좋다. 좋은 글이 담긴 자기계발서나 잠언집으로 하루를 시작하면 어떨까? 종교가 있다면 경전을 읽는 것도 좋다. 새벽이나 이른 아침에는 우뇌 활동이 활발하다. 새로운 아이디어를 얻기 위해 낯선 분야의 책을 읽어보는 것도 괜찮다.

주말은 지속 시간을 내기 좋지만 다른 일정도 많다. 틈새 시간만큼 책 읽기 좋은 시간도 많지 않다. 시간이 있을 때 독서를 해야겠다고 생각하면 그런 날은 영영 오지 않을지도 모른다.

크로노스와 카이로스

고대 그리스에서는 시간을 크로노스Chronos와 카이로스Kairos 2가지로 구분했다. 크로노스는 물리적인 시간 개념으로 달력의 하루, 한 달을 의미한다. '흘러가는' 시간이다. 반면 카이로스는 주관적인 시간 개념으로 우선순위, 특별한 순간이다. 의미를 부여할 수 있는 '결정적' 시간이다. 태아를 품은 엄마의 임신 기간은 크로노스이고, 아이가 세상의 빛을 보는 탄생 순간은 카이로스다. 합격을 위해 열심히 공부하는 시간은 크로노스며, 이 기간을 알차게 보내 자신이 원하는 꿈을 이루는 순간은 카이로스다.

1910년 2월 14일, 안중근 의사는 한민족의 독립과 동양 평화에 기여한 죄로 사형선고를 받았다. 뤼순 감옥에서의 형 집행 전, 간수는 안 의사에게 마지막 소원을 물었다. 그는 책을 읽기 위한 5분의 시간을 달라고 했다. 짧지만 소중한 시간 동안 읽던 책의 마지막 부분을 다 읽고 세상을 떠났다. 그에게 5분이라는 시간은 대체 불가능한 카이로스였을 것이다.

카이로스는 그리스 신화의 터줏대감인 제우스 신의 막내다. 그는 외모가 독특하다. 앞머리는 무성한데 뒤쪽은 대머리다. 등에 날개가 있고 발목에도 작은 날개가 있다. 손에는 저울과 칼을 들고 있다. 카이로스가 앞에서 다가올 땐 누구든지 머리카락을 움켜잡을 수 있다. 대신 머리가 길어서 얼굴을 잘 알아보기 어렵다. 더군다나 그가 지나가 버리면 붙잡을 머리카락도 없다. 네 날개로 휙 날아가 버리면 쫓아갈 수도 없다. 그를 사로잡으려면 저울 같은 판단력과 칼 같은 결단력이 필요하다.

카이로스는 '기회와 행운의 신'이다. 이 신은 앞머리밖에 없기에 좋은 기회와 행운이 오면 바로 포착해야 한다. 카이로스는 시간을 타고 오기에 시간 관리를 제대로 하지 못하면 '닭 쫓던 개'가 되어 버린다. 얼굴도 잘 보이지 않아 기회나 시간을 인식하기 어렵다. 카이로스는 능동적인 시간 선택을 통해서만 행운을 가져다준다. 어떤 시간 속에서 삶을 살 것인지는 지금의 선택과 행동에 달렸다.

세상에는 앞으로 되돌릴 수 없는 3가지가 있다고 한다. 첫째 생명, 둘째 신뢰, 셋째가 시간이다. 이 중 가장 기본 사항은 시간이다. 시간을 낭비하는 것은 생명을 낭비하는 것이고, 삶과 신에 대한 신뢰도 저버리는 것이기 때문이다. 영화 〈빠삐용〉의 원작 소설인 앙리 샤리에르Henri A. Charriere의 『빠삐용』에서 신이 주인공에게 들려주는 죄목은 '인생을 낭비한 죄'였다.

시간을 낭비하지 않으려면 시간 관리를 잘해야 한다. 시간을 잘 관리하려면 시간에 우선순위를 정해 시간을 알맞게 분배해야 한다. 어떻게 하면 시간의 우선순위를 정할 수 있을까? 드와이트 아이젠하워의 시간 관리 매트릭스Urgency-Importance Matrix가 유용한 도구가 될 수 있다. 하나씩 살펴보자.

1사분면은 중요하고 급한 일이다. 마감 시간이 임박한 일이나 응급 상황 관리 등이 있다. 제일 먼저 '즉시 처리do first'해야 하는 일이다. 2사분면은 중요하지 않지만 급한 일이다. 업무 중간에 끼어드는 일 등이 있다. 중요한 일로 오해하기 쉽다. 이런 사항은 '축소 위임delegate'하여 시간을 확보한다. 3사분면은 중요하지도, 급하지도 않은 일이다. 시간을 낭비하는 도피성 소일거리 등이 있다. '감소 제거don't do'해야 한다. 4사분면은 중요하지만 급하지 않은 일이다. 어떤 업무의 준비나 계획, 창의적 활동, 휴식 등이 있다. '계획 실천schedule'해서 시간을 관리한다.

책 읽기 좋은 날

책 읽기 좋은 시간은 언제일까? 사실 그런 순간은 따로 없다. 모든 시간이 독서를 하기 좋은 때다. 흔히 가을을 독서의 계절이라고 한다. 물론 가을과 독서는 잘 어울린다. 하지만 독서에 알맞은 시즌은 따로 있지 않다. 책 읽기에 좋은 계절은 바로 사계절이다.

중국 위나라 동우董遇는 '독서삼여讀書三餘', 책 읽기 좋은 3가지 한가한 때를 말했다. "겨울은 한 해가 남겨둔 여분의 시간이고 밤은 낮이 남겨둔 여분의 시간입니다. 비 오는 날은 맑은 날이 남겨놓은 여분의 시간이죠. 이런 때에는 사람들의 일이 다소 한가로워져서, 마음을 하나로 모아 책을 읽을 수 있답니다."

봄부터 가을, 낮, 그리고 맑은 날은 일하느라 바쁘니 나머지 시간을 잘 활용하라는 뜻이다. 하루 24시간 온종일 책을 읽을 수는 없다. 하지만 책 볼 시간이 없다고 하는 사람은 여가가 생겨도 책을 잘 읽지 않는다. 독서를 위한 시간을 따로 마련하지 않기 때문이다. 사랑에 빠지면 상대방을 우선순위에 두고 많은 관심을 쏟는다. 독서를 할 때는 책을 자기 시간의 앞자리에 두고 마음을 내어주자.

세종대왕은 사가독서賜暇讀書 제도를 만들었다. 신하들에게 휴가를 주어서 책 읽는 시간을 보장했다. 빌 게이츠나 스티브 잡스는 긴 휴가 내내 몰두하여 책을 읽었다. 이처럼 자신만의 사가독서 제도를 운영해보자. 일주일, 한 달, 일 년 가운데 일정 기간 독서에 몰입하는 시간을 만든다. 도서관이나 야외 등에서 각자의 형편에 따라 알맞게 '북캉스'를 시도해보자.

독서 시간은 따로 정할 수도 있지만(절대시간) 다른 시간을 아껴서 만들어야(상대시간) 한다. 바쁜 현대에는 상대시간이 더 필요하다. 짬짬이 여유를 모아 한 줄, 한 장씩 책을 읽을 때 진정한 독서가로 거듭날 수 있다. 우리 조상들은 '일촌광음불가경一寸光陰不可輕'이라는 표현을 썼다. 아무리 짧은 시간이라도 가볍게 여기지 않음을 미덕으로 삼았다. "만일 나에게 남은 시간이 1시간 있다면 이 시간을 가장 유익하게 쓰는 방법은 독서입니다"라고 한 테레사 수녀님의 말을 기억하자.

독서에 빠지는 여러 가지 방법

Who,
누가 읽어야
할까

책이란 가재 껍질과 같은 것입니다.
처음에 그 안에 있던 우리가 발전, 성숙할수록
그 껍질에서 깨어 나오게 됩니다.
★에이브러햄 링컨

| 독서로 만드는 생각의 건물주 |

사람의 정신을 주택에 비유해보자. 조물주 위에 건물주라는 말이 있다. 건물주는 세입자에게 큰 영향을 미친다. 세입자 역시 건물주에게 많은 영향을 준다. 건물주는 집세를 잘 내고 집을 소중하게 쓰는 사람이 오기를 원한다. 친한 벗이 된다면 더 좋을 것이다. 우리는 이미 자신의 영혼이 머무는 위대한 건물주다. 자기의 소중한 집을 과연 누구에게 빌려주어야 할까?

많은 사람에게 감동을 주고 본보기가 되는 성인聖人은 어떨까? 세계를 이끌어가는 리더들도 좋겠다. 또는 닮고 싶은 사람을 내 집으로 모시는 것도 괜찮다. 현실에서는 어려운 일이지만 책을 통해서는 가능하다.

내면의 부동산을 명사名士와 사상가에게 빌려주자. 위대한 인물이 독자의 마음속, 머릿속에 살며 지혜와 통찰이라는 집세를 낸다. 그러면 집주인인 독자 역시 그들처럼 위대해지지 않을까? 독자의 두뇌를 4대 성인(예수, 석가모니, 공자, 소크라테스)에게 대여하자. 독자의 입은 그분들의 말을 할 것이다. 독자의 생각은 그분들의 사상으로 채워질 것이다.

고려 충렬왕 때의 대학자 추적이 지은 『명심보감』「교우편交友篇」에는 다음과 같은 글이 있다. "가어家語에 이르길, '학문을 좋아하는 사람과 동행하면 마치 안개 속을 가는 것과 같아요. 비록 옷은 적시지 않더라도 때때로 윤택함이 있죠. 무식한 사람과 동행하면 마치 뒷간에 앉은 것 같아요. 비록 옷은 더럽히지 않더라도 때때로 그 냄새가 납니다'라고 하였다."

사람은 누구나 지금보다 더 나은 삶, 더 행복한 인생을 꿈꾼다. 이를 위해서는 자신을 더 훌륭하고 탁월한 사람으로 갈고 닦아야 한다. 현재에 안주해서는 앞으로 나아갈 수 없다. 스스로를 탁월하게 만들기 위해서는 탁월한 사람들에게 독자의 집을 빌려주면 된다. 자신을 선각자들의 삶의 터전으로 꾸며보자.

그들은 독자에게 머무는 한 위대한 사상과 지혜라는 임대료를 꼬박꼬박 낸다. 금액을 올리면 그대로 내어준다. 미납이나 사기, 먹튀의 염려도 없고 살면서 골치 아픈 문제를 일으키지도 않는다. 오히려 어려운 일이 생기면 자기 일처럼 집주인을 도와주고 보살펴준다. 보이는 곳에서, 보이지 않는 곳에서 든든한 배경이 된다. 책이라는 확실한 중개사가 소개하는 유명 인사들을 적극적으로 독자의 집에 초대하자. 더 늦기 전에 얼른 '정신적 부동산 사업'에 뛰어들자. 집이 커질수록 수익도 늘어난다. 가장 확실한 투자다. 세금 및 불황 걱정도 없다.

독서는 세상에서 가장 안전한 투자다. 원금 손실이나 파산의 위험이 없다. 경기를 타지 않고 가치 변동의 걱정도 없다. 평생 배당금을 받을 수 있다. 사람에 따라 그 수익률이 아주 높아질 수도 있다. 독서로 마음을 풍성하고 단단하게 만들자.

| 천재를 만드는 책 읽기의 힘 |

독서는 천재를 만들 수 있다. 저능아로 낙인찍힌 삶을 화려하게 부활시킬 수 있다. 선천적인 부족을 채워주고 후천적인 능력을 북돋아준다. 발명왕 토머스 에디슨의 사연을 들어보자. 그는 세계에서 가장 많은 1,093개의 발명을 남겼다. 다양한 업적 중 전기를 대중화하여 도시의 밤을 밝힌 것을 대표적으로 꼽는다.

하지만 그는 학교에 잘 적응하지 못했다. 정규 교육 기간은 3개월밖에 되지 않는다. 그의 어머니는 이 사실을 받아들여 아들을 자퇴시켰다. 어린 에디슨이 상처받지 않도록 학교에서 준 자퇴서를 희망의 편지로 만들었다. 교사 자격증이 있었던 그녀는 집에서 직접 에디슨을 가르쳤다. 집에서 책을 많이 읽도록 하고 도서관에 자주 들러 독서의 즐거움을 알도록 했다. 아들의 끊임없는 질문에도 함께 백과사전을 읽으며 답을 찾았다.

지진아로 따돌림을 당한 아이가 인류에게 꺼지지 않는 빛과 소리를 안겨주었다. 단순한 발명왕에 그치지 않고 오늘날 세계 초일류 기업의 선두를 달리고 있는 제너럴 일렉트릭사의 창업자가 되었다. 그 힘은 어머니의 철저한 독서 지도와 사랑에서 출발했다. 그는 자신의 일기에 이렇게 적었다. "토머스 에디슨은 모자란 저능아였지만 영웅적인 어머니 덕분에 세기의 발명가가 되었다."

영국 총리 윈스턴 처칠은 어떨까? 뛰어난 지도력으로 2차 세계대전에서 영국을 구하고 전쟁의 판도를 바꿨다. 2002년 BBC 국민 설문에서 가장 위대한 영국인 1위에 올랐다.

그러나 그는 어릴 적 허약한 외톨이었다. 초등학생 때부터 고등학생 때까지 꼴찌를 도맡았다. 그의 어머니는 특단의 조치를 취했다. 처칠이 매일 5시간씩 책을 읽도록 했다. 두 권을 읽으면 한 권은 반드시 철학 고전을 읽도록 했다. 낙제생 처칠은 장교와 국회의원, 장관, 대법관을 거쳐 2번이나 총리 임무를 수행했다. 그가 젊을 때부터 정계에서 활약할 수 있었던 것은 독서 덕분이었다. 노벨 문학상을 받을 만큼 뛰어난 글솜씨도 독서를 통해 길렀으며, 말더듬이 증상과 우울증도 독서로 극복했다.

과학자 알베르트 아인슈타인도 빼놓을 수 없다. 그는 상대성 이론으로 인류가 자연과 우주를 바라보는 관점을 획기적으로 바꿨다. 현대 물리학에 혁명을 일으켰다.

그는 네 살까지도 말이 어눌했고 아홉 살이 되어서야 글을 겨우 깨우쳤다. 중학교 때까지 저능아, 문제아로 지적당했다. 하지만 그의 어머니는 "너는 특별하단다"라며 아들을 격려했다. 아버지도 그와 책을 함께 읽었다. 그의 부모는 막스 탈무드라는 의대생에게 아인슈타인의 멘토를 부탁했다. 탈무드는 아인슈타인의 잠재력을 발견하고 인문고전 독서 및 토론을 이어갔다. 아인슈타인은 17세에 자신은 술 대신 철학과 인문고전에 취하겠다는 맹세까지 한다. 독서로 기른 사고력과 상상력은 놀라운 과학 연구로 이어졌다.

이들뿐만이 아니다. 신분 사회였던 중세에 사생아로 태어난 레오나르도 다빈치는 정식 학교 교육을 받지 못했다. 그는 플라톤과 아리스토텔레스의 저서를 읽고 사고 체계를 확립한 뒤 이를 예술 세계에 접목했다. 과학자 아이작 뉴턴도 교장 선생님이 전수해준 고전 독서교육을 꾸준히 실천한 결과, 위대한 과학적 발견을 이룰 수 있는 두뇌를 완성할 수 있었다. 이들은 처음부터 독서를 즐겼던 우등생이 아니었다. 수준이 떨어지는 아이로 낙인찍혔지만 꾸준한 독서로 생각하는 힘을 기르고 내면을 다졌다. 그리하여 인류사에 오래 기억될 업적을 남겼다.

삶이라는 기나긴 가시밭길을 지나려면 눈을 깨우고 길을 밝혀줄 빛이 필요하다. 발걸음을 다독이고 희망을 줄 꿈이 필요하다. 어떤 어려움도 이겨낼 힘이 필요하다. 가장 쉽고 구체적인 '빛과 꿈과 힘'은 독서다. 누구나 마음먹으면 바로 시작할 수 있다. 책은 사람을 차별하지 않는다. 저능아를 천재로, 외톨이를 지도자로 만든다. 우리는 독서의 힘으로 세상을 건널 수 있다.

| 　　　　　　　　독서로 당신의 삶을 경영하라 　　　　　　　　|

독서는 인생을 살아가는 힘이자 나침반이 된다. 세상을 이기는 영원한 내 편이 되어준다. 삶의 주인인 독자는 자신을 고용하고 경영

하는, 세상에서 유일무이한 CEO다. 누군가에게 도움을 받을 수는 있다. 하지만 누구도 내 인생을 대신 살아주지는 않는다. 아빠나 엄마도 부모가 처음이라 모든 육아를 잘 해낼 수 없듯, 우리는 각자의 삶이 처음이다.

프랑스 철학자 장폴 사르트르는 이렇게 말했다. "사람은 이 세상에 아무렇게나 내던져진 존재입니다. 그가 어느 길을 가든 가지 않든 그건 자유죠. 그러나 그 선택에 책임을 져야 합니다." 연습 없는 이 삶을 어떻게 하면 잘 이끌어갈 수 있을까?

책 읽기는 독자가 자신의 인생을 다듬고 꾸려나갈 때 큰 도움이 된다. 삶을 살아갈 때 든든한 중심이 된다. 한 번 맺은 인연이 평생 이어질 수도 있다.

'불변응만변不變應萬變'이라는 말이 있다. "영원히 변하지 않는 것으로 수많은 변화에 대응한다"는 뜻이다. 이 말은 백범 김구가 1945년 8월 15일 광복절 이후 귀국하기 전날 휘호했다. 베트남 독립운동가이자 국가 초대 주석인 호찌민의 좌우명으로도 유명하다. 이 말처럼 독서의 가치는 변하지 않는다. 시간과 공간을 넘어 독자에게 큰 힘을 준다. 동서고금을 막론하고 수많은 사람이 독서의 중요성을 강조한 이유는 바로 이 때문이다. 이 불변의 진리로 변화무쌍한 인생을 헤쳐나갈 수 있다.

책이라는 돛을 높게 세우고 거친 풍파를 동력으로 삼아 앞으로 나아간다. 독서를 통해 인생 경영의 묘를 발휘해보자. 손에서 책을 놓지 않는 한 책도 우리를 놓지 않는다.

독서에 빠지는 여러 가지 방법

What,
무엇을 읽어야
할까

제 영화를 만드는 밑바탕인
창의력과 상상력은 독서에서 나옵니다.
★스티븐 스필버그

| 책과 처음 만나는 그대에게 |

책을 읽고 싶지만 무슨 책부터 읽어야 할지 모르겠다면, 가장 쉬운 방법은 취미에 관한 책을 읽어보는 것이다. 흥미를 갖고 책을 죽죽 읽어나갈 수 있다. 아는 부분과 모르는 부분을 확실히 알 수 있다. 익숙함 속에서 새로움을 발견하기도 쉽다.

운동을 좋아한다면 운동 관련 책을 읽어보자. 운동도 종류가 많다. 테두리를 구기 종목으로 한정해도 야구, 축구, 농구, 배구, 테니스, 탁구 등 다양하다. 야구에 관심이 있다면 야구를 다룬 책들부터 시작해본다. 책에서 얻을 수 있는 지식과 깊이는 화면상의 정보와는 또 다르다. 서점이나 도서관에 가보면 야구 역사나 운동 기술에서부터 경제학, 심리학, 인문학에 이르기까지 그 종류가 참 많다. 도구의 소재나 제작에 관심이 생겨 관련 책을 찾아볼 수도 있다. 선수들의 움직임 속에 담긴 물리 현상이나 생물학적 특성, 생리적 효과에 관심을 가질 수도 있다.

야구는 단체 경기라 연관 분야는 리더십이나 경영학으로 이어질 수도 있다. 선수 발굴과 육성, 훈련은 물론 국내외 교육 환경과 지원 제도 등에 대해 생각해보기도 한다. 또는 선수들이 힘든 순간을 이겨낸 인생 교훈으로까지 확장되기도 한다. 전 세계 여러 리그에 대해 알아보며 지역과 나라의 문화를 배울 수도 있다.

관심 주제를 첫 발판으로 독서의 계단에 한 걸음씩 올라보자. 책을 읽다 보면 한 권의 책은 별개로 동떨어진 것이 아니라 수많은 책과 이어져 있음을 느끼게 된다. 그 흐름에 따라 자연스레 새로운 책을 찾아보고 읽어나가면 된다. 흥미 있는 분야를 시작점으로 삼아 자신만의 흐름으로 독서 활동을 계속 이어나가면 좋다.

전공 분야부터 시작할 수도 있다. 처음에는 기본 교과서에 대한 참고 도서를 찾아본다. 여기에서 소개하는 관련 서적도 여유가 되면 함께 읽어본다. 그리고 개념 이해나 활용에 도움이 되는 내용으로 범위를 넓혀본다. 여기에서 전공이란 반드시 대학교에서 공부하는 학부 과정만이 아니다. 교양과목 중 흥미가 있는 분야의 책을 더 읽어볼 수도 있다. 또는 동아리를 비롯한 각종 사회 활동 속에서 관심 있는 분야를 선택할 수도 있다. 학교 수업 내용 이외에 자신이 흥미가 있고 알고 싶은 내용도 곧 나만의 전공이 될 수 있다.

독서에 빠지는 여러 가지 방법

책과 좀더 친해지려면 '책에 대한 책'을 읽어보자. 소화가 잘되지 않을 때는 밥보다 죽이 더 편하다. 아직 독서 경험이 많지 않다면 '책을 소개한 책'을 먼저 보면 좋다. 나보다 뛰어난 선배 독서가들이 친절하게 풀어놓은 내용을 맛보자. 독서에 대한 흥미를 높이고 위험 부담을 줄일 수 있다. 처음 가는 여행지라도 친절하고 능력 있는 가이드와 함께라면 훨씬 알찬 시간을 보낼 수 있는 것과 같다.

아기는 모유와 분유를 뗀 뒤 밥 먹기 전에 이유식을 먹는다. 이유식은 말 그대로 젖을 떼는 식사다. 먹기 좋다고 평생 이유식만 먹을 수는 없다. 밥을 먹을 때가 온다. 오랫동안 꼭꼭 씹으면 단맛이 나는 밥처럼, 여유를 갖고 책을 즐기면 '글맛'이 가슴에 배어난다. 책을 다룬 책으로 독서의 숲에 들어서자.

인드라망 독서는 어떨까? 인드라망은 만물을 비추는 구슬 그물이다. 한 권의 책은 수많은 책을 참고로 한다. 인용 서적이나 작가의 다른 책을 읽어보자. 한 작가의 책을 모두 읽는 전작 독서도 좋다. 참고문헌 중 하나를 고르거나 출판사의 다른 책도 찾아보자. 서점이나 도서관에서 읽은 책 주변의 책을 살펴도 된다. 어쩌면 독자의 삶을 송두리째 뒤흔들 '인생 도서'를 만날지도 모른다.

베스트셀러와 스테디셀러도 좋은 기준이 된다. 전자는 일정 기간에 가장 많이 팔린 책, 후자는 오랜 기간에 걸쳐 꾸준히 잘 팔리는 책이다. 두 책 모두 많은 사람이 읽고 공감을 했다는 장점이 있다. 검증이 된 셈이다.

베스트셀러 특히 소설은 영화나 드라마로도 많이 만든다. 인기 있는 상영작을 잘 살펴보면 소설을 기반으로 하는 경우가 많다. 또는 흥행 작품이 책으로 출간되기도 한다. 감명 깊게 본 작품이 있다면 그 원작을 찾아 읽어보자. 영상물과는 또 다른 감동과 즐거움을 느낄 수 있다. 영상을 먼저 보고 책을 읽으면 독서가 쉬워진다. 줄거리를 미리 알기에 이해가 쉽고 읽는 속도도 빠르다. 다만 텍스트의 여백으로 전해지는 상상력과 극적 효과는 줄어든다. 원작과 작품의 내용이 다를 때도 있어 그 차이를 주의 깊게 살피며 읽으면 더 즐거운 독서를 할 수 있다.

단 베스트셀러는 유행을 타는 경향이 있어 자신과는 맞지 않을 수도 있다. 베스트셀러란 평범한 재능에 금색을 칠한 묘지라는 말도 있다. 이럴 땐 시간으로 걸러낸 베스트셀러인 스테디셀러를 선택하자. 특히 시대를 넘어 꾸준히 사랑받는 책은 그만한 이유가 있다. 옛 시대 또는 동시대의 사람들과 책으로 이어지는 짜릿한 경험에 빠져보자.

책 읽기는 베스트셀러로 시작하여 스테디셀러로 넘어간 뒤 마침내 고전에 도달한다고 한다. 고전은 스테디셀러의 스타들이다. 오디션 프로그램에서 치열한 경쟁 끝에 정상에 오른 우승자들이다. 오랜 세월 숙성, 농축된 사상의 핵심이 담겼다. 삶의 본질과 속성에 대한 통찰을 갖추어 현대인들의 문제를 해결할 지혜를 준다. 고전 읽기는 과거로의 퇴행이 아닌 현실 파악, 미래지향적인 배움의 전당이다.

독서 습관이 충분히 들지 않았을 때 바로 고전을 읽기에는 부담스러울 수 있다. 고전은 포도주와 같다. 오래될수록 향이 진해지고 맛은 깊어진다. 그런데 포도주는 재배 지역, 기후, 문화, 제조법 등에 따라 그 맛이 천차만별이다. 이 모든 것을 개개인이 파악하기 쉽지 않다. 이때 소믈리에의 도움을 받으면 좋다. 고전 안내서나 입문서를 적극적으로 활용하자. 그다음 고전 원전에 직접 도전해보자.

고전은 인문 서적이다. 인문학은 보통 '문사철'로 이루어진다. 문학과 역사, 그리고 철학이다. 문학은 사상이나 감정을 언어로 표현한 예술 작품이다. 시, 소설, 희곡, 수필, 평론 등이다. 문학은 상대개념인 비문학(설명문, 논설문 등)보다 해석의 여지가 넓다. 다양한 인생을 이야기와 비유 속에 풀어낸다. 톰 피터스는 피터 드러커, 마이클 포터와 함께 세계 경영학계 3대 대가로 손꼽힌다. 그는 문학 읽기를 강조한다. "책을 읽으려면 소설을 많이 읽고, 경영서는 조금 읽으세요." 프랑스 일간지 『르몽드』는 역대 최연소 대통령 에마뉘엘 마크롱에게 이런 주문을 했다. "문학을 가까이하는 지도자가 되길 바랍니다." 문학으로 세상을 더 자세히 들여다보고 사람을 더 섬세하게 살피는 힘을 기를 수 있기 때문이다.

역사는 인류가 살아온 흔적이다. 사회 변천과 흥망성쇠가 가득한 스토리텔링이다. 영국 역사학자 에드워드 카Edward Hallett Carr는 이렇게 말했다. "역사는 역사가와 사실 사이의 지속적인 상호작용이며 현재와 과거 사이의 끊임없는 대화입니다."

역사는 자신과 현실을 돌아보는 반사경이자 앞을 내다보는 망원경이다. "역사를 잊은 민족에게 미래는 없다"고 한다. 시험을 위한 암기에서 벗어나 즐거움을 위한 역사 읽기에 빠져보자. 서점과 도서관에는 좋은 책들이 참 많다. 역사가 익숙하지 않다면 만화로 풀어낸 책을 먼저 읽어보자. 그리고 본격적인 역사서를 파고들어 보자. 알차고 재미있게 구성한 다양한 시리즈가 독자들을 기다린다.

철학은 삶에 대한 질문이다. 인간과 세계의 근본 원리, 인생관, 세계관을 탐구하는 학문이다. 세상은 객관식이나 단답형 문제가 아니다. 자신만의 해설을 써내려가는 논술에 가깝다. 철학은 독창적 사고력과 비판력을 길러준다. 핵심 원리를 꿰뚫는 통찰력을 키워준다.

얼핏 철학은 실용과는 동떨어진 딴 세상 이야기처럼 느껴진다. 하지만 철학이라는 근본적인 물음이 없다면 그 무엇도 실용적일 수 없을 것이다. 실용이란 실질적인 쓸모다. 사용 주체인 사람, 사람과 사람의 관계, 그 관계 속 원리를 모른다면 얼마나 제대로 된 실용을 만들 수 있을까? 철학이란 지혜에 대한 사랑이자 사람에 대한 활동이기 때문이다.

철학을 다룬 친절한 안내서도 참 많다. 쉬운 해설서를 시작으로 시대별, 주제별, 철학자별 독서를 해보자. 시대를 넘어선 지혜가 독자의 삶을 채워 빛낼 것이다.

우리는 한 번도 가지 않은, 언제나 새로운 인생을 산다. 그 곁에 인문고전이라는 내비게이션을 둔다면 참으로 든든할 것이다.

| 추천도서 정주행 |

추천도서 목록에 따라 책을 읽을 수도 있다. 국립중앙도서관이나 문화체육관광부 같은 기관에서는 추천도서를 꾸준히 업데이트한다. 여러 도서관과 대학교에서도 목록을 제공한다. 추천도서 자료 목록은 잘 닦인 고속도로를 주행하는 것과 같다. 독서 습관을 들인

다음에는 마음에 드는 추천도서 리스트에 따라 독서 도로를 달려보자. 전문가들이 가려서 뽑은 책들이라 비교적 쾌적한 운전을 할 수 있다. 나이별, 주제별로 다양한 독서 리스트를 제시한다.

고속도로는 편리하지만 정해진 길만 갈 수 있다. 독자가 직접 만든 나만의 추천도서 목록은 비포장도로 주행과 같다. 독자의 기호와 필요에 따라 남과 다른, 자신만의 독서 인생을 만들어갈 수 있다. 나만의 개성과 흥미가 담긴 자신만의 소중한 역사가 된다. 단 처음부터 무턱대고 책을 읽어나가다 보면 책을 편식할 수 있다. 자유로운 독서 활동을 위해 먼저 도로주행 연습을 충분히 한 뒤 다양한 책을 읽어보자.

책을 잘 고르려면 많이 읽어봐야 한다. 좋은 책을 고르는 힘은 경험으로 다져진 자신의 감식안을 믿는 태도에서 나온다. 양서를 보는 안목은 스스로 길러야 한다. 책에 대한 소식에 눈과 귀를 열어두고 다양한 책들을 수시로 곁눈질하자.

Where,
어디에서 읽어야
할까

책 읽는 데에
어찌 장소를 가리겠습니까?
★퇴계 이황

| 책이라는 별을 내 가슴에 품기 |

책을 읽으려면 우선 책을 손에 쥐어야 한다. 인연을 만나려면 적극적인 노력이 필요하다. 책도 마찬가지다. 책은 어디나 있다. 하지만 독자의 관심이 없다면 책은 그 어느 곳에도 없다. 독자가 마음을 내어 책을 구할 때 책도 화답한다. 영국 역사학자 토머스 풀러Thomas Fuller는 이렇게 말했다. "닫혀 있기만 한 책은 블록일 뿐입니다." 독자의 따뜻한 손길을 기다리는 책을 찾아 길을 나서자.

책은 사거나 빌릴 수 있다. 얻을 수도 있다. 소개팅처럼 책을 소개받는 단계와 만나는 단계 2가지로 알아보자. 전자는 독자를 위한 정보 전달에, 후자는 독자에 의한 독서 활동에 더 중점을 둔다. 책을 소개받는 방법은 5가지다. ① 책을 소개하는 책 ② 책에 대한 강연 ③ 책에 대한 광고 ④ 책 요약 서비스 ⑤ 책 추천 목록이다. 하나씩 살펴보자.

먼저 책을 소개하는 책은 앞서 언급한 것처럼 '책에 관한 책'이다. 다양한 책들을 한 권에 요약·정리하여 독자들에게 알려준다. 책장을 넘겨보면서 마음에 드는 책을 만나면 직접 그 책을 읽어보자. 지은이의 설명을 참고하여 끌리는 책부터 시작하면 된다. 고구마를 캐듯 한 권으로 수십 권의 책을 만날 수 있다.

둘째, 책에 대한 강연이다. 요즘은 다양한 인문 강연이 온·오프라인에서 열린다. 고전 강연의 경우 한 서적을 선정해서 이루어지는 과정이 있다. 또는 하나의 주제를 정하고 그에 대한 서적들을 엮어서 강연하기도 한다. 출판사나 대형 서점에서는 신간 홍보를 위한 저자 강연 행사를 한다. 유튜브에도 괜찮은 강의가 많다. 이런 기회를 잘 활용하면 좋은 책을 만날 수 있다.

다음으로 책에 대한 광고다. TV와 라디오, 신문과 잡지는 물론 인터넷 서점에서 다양한 책 홍보 자료를 만날 수 있다. 출판사에서는 한해의 출간도서 목록을 책자로 만들어 서점에 배부하기도 한다. 출판사 누리집(홈페이지)과 SNS를 통해 주제별, 시리즈별로 출간 도서를 알려준다. 또는 책날개에 실린 광고를 참고해도 좋다.

네 번째는 책 요약 서비스다. 한 권의 책을 요약·정리한 다양한 온라인 서비스가 있다. 한글, PDF 파일, 오디오북 형태의 유·무료 서비스를 제공한다. 핵심 위주로 책 내용을 알려준다. 또는 유튜브나 블로그에서 개인이 책을 읽고 글과 그림, 영상으로 정리한 내용도 좋다. 잘 검색해서 괜찮은 콘텐츠를 활용해보자. 여유가 되면 직접 콘텐츠를 만들어보는 것도 좋다.

마지막으로 책 추천 목록이다. 앞서 설명했듯 다양한 곳에서 여러 가지 주제와 구성으로 추천 목록을 제시한다. 정부 기관(문화체육관광부 등), 도서관(국립중앙도서관, 각종 도·시·구립도서관, 교육청 통합도서관, 대학교 도서관 등), 대형 서점(교보문고, 반디앤루니스, 영풍문고, 종로서적 등) 누리집에서 추천도서 목록을 공유한다. 이 역시 좋은 참고자료로 활용할 수 있다.

이 외에 주변 지인으로부터 책 추천을 받을 수도 있다. 이때는 자신과 관심이 비슷한 사람은 물론, 전혀 다른 직업이나 환경에 있는 사람에게도 추천을 받아보자. 모르는 것을 원할 수는 없다. 아는 만큼 책을 만날 수 있기에 인식과 흥미의 영역을 넓히는 것이 중요하다. 책을 좋아하는 사람들에게 자주 물어보고 도움을 청해보자.

| 책, 지금 만나러 갑니다 |

여러 경로로 책을 추천받았다면 이제 직접 책을 마주할 시간이다. 총 4가지 방법이 있다. ① 구매 ② 대여 ③ 증정 행사 참여 ④ 독서 모임 참석이다.

우선 책 구매다. 책은 온·오프라인에서 살 수 있다. 오프라인에서는 책의 실물, '책장의 결'을 직접 느낄 수 있다. 책을 실제로 보고 만지며 더 명확하게 선택할 수 있다. 오프라인은 크고 작은 서점과 중고책방을 포함한다.

'책방산책 서울'은 시민들이 책방에 좀더 친근하게 다가갈 수 있도록 서울시와 서울도서관이 주최·주관한 프로젝트다. 서울 동네 책방들을 발로 탐방하며 주변 볼거리와 먹거리를 함께 즐길 수 있도록 꾸몄다. 시민들이 직접 발굴하여 더 의미가 있는 서울 책방길 11개 코스(망원, 홍대앞, 연남, 이대앞, 해방촌, 이태원, 경복궁, 종로, 혜화, 관악, 강남)는 동네 책방의 아기자기한 매력을 담았다. 서울도서관에서 관련 홍보물을 얻을 수 있다. 넓게 펼쳐보면 큰 지도와 각 서점에 대한 안내문이 있다. 서울 시민청 서울책방과 지역 동네 책방에서 단행본 『책방산책 서울』로 만나볼 수도 있다.

요즘에는 인터넷 서점에서 마련한 오프라인 중고서점이 많아졌다. 새 책이나 다름없는 헌 책을 싼값에 고를 수 있다. 회원 혜택과 각종 굿즈는 물론 품절, 절판된 책도 만날 수 있다. 시간 날 때 근처 중고서점을 한번 방문해보자.

다음은 책 대여다. 공공 및 학교 도서관이 대표적이다. 개인이나 단체가 운영하는 작은 도서관, 독서 모임에서도 가능하다. 요즘은 구청이나 주민센터에서도 책을 빌려볼 수 있다.

도서관 대출에는 '책이음'과 '책바다' 서비스가 있다. 책이음은 하나의 회원증으로 서비스가 지원되는 전국 모든 도서관에서 대출할 수 있는 제도다. 15일간 최대 20권을 빌릴 수 있다. 현재 전국 1,906개 도서관에서 참여하고 있다. 책바다는 '국가 상호대차 서비스'라고도 한다. 원하는 자료가 해당 도서관에 없을 때, 협약을 맺은 다른 도서관에서 보유 중인 자료를 택배로 받아볼 수 있는 제도다. 14일간 최대 3권을 신청할 수 있다. 이용 요금은 공공도서관과 대학 도서관이 각각 4,500원과 4,900원이다. 지자체에 따라 상당 금액을 지원해주기도 한다. 현재 전국 910개 기관과 154개의 대학 도서관이 참여하고 있다.

책은 서점에서도 빌려 읽을 수 있다. 바로 '희망도서 바로대출제'다. 이 제도는 시민들이 새 책을 서점에서 무료로 빌려보고 서점에 반납하는 구조다. 도서관 누리집에서 서점과 도서를 고르기만 하면 된다. 지자체는 서점에 책값을 지불하고 반납된 책을 도서관 장서로 구매한다. 용인시에서 2015년 7월에 전국 최초로 시행하여 시민들에게 큰 사랑을 받아왔다. 동네 서점의 매출이 늘고 시민들의 독서 문화는 널리 퍼졌다. 활용해보니 새 책을 빌려본다는 점이 신기하기도 하고 기분 좋았다. 이 제도는 2017년에 행정안전부 장관상을 받았고, 2018년에는 2만 9,000여 명이 6만여 권을 이용했다. 점점 규모가 커지고 있다. 전국 지자체로 널리 퍼지고 있다.

세 번째는 증정 행사 참여다. 회사와 대학교, 지자체 등에서 SNS를 통해 진행하는 책 선물 서비스 등에 응모하면 된다. 또는 출판사나 인터넷 서점 등에서 추진하는 서평 이벤트에 동참할 수도 있다.

내가 가장 최근에 증정받은 책은 『나에게는 꿈이 있습니다』이다. 마틴 루터 킹 목사 서거 50주기 기념 자서전이다. 올해 2월 인터넷 서점 예스24에서 서평단 모집에 당첨되었다. 책을 받으면 서평을 2주 이내에 블로그에 올려야 한다. 증여받은 책에는 출판사 도장이 찍혀 있어 소장의 의미를 더한다. 책을 얻고, 읽고, 글도 쓰고 그야말로 일석삼조다.

마지막으로 독서 모임에 참석하는 방법도 있다. 나는 고등학생 시절 용인문화원에서 열린 '기러기독서회' 14기로 활동했다. 모교인 태성고등학교와 인근 학교 학생들이 모여 책을 읽고, 토론하고, 글도 썼다. 직장인이 되어 '북메트로'라는 독서 모임에 참여했다.

독서에 빠지는 여러 가지 방법

책을 선정해서 한 달에 한 번 모임을 가져 책과 여행, 그리고 삶에 대한 이야기를 나누었고, 회원들은 다양한 분야에서 쌓은 다채로운 경험을 공유했다.

사람은 관심에 따라 눈에 보이는 것이 다르다. 신발을 새로 사야겠다는 마음을 먹으면 지나가는 사람들의 신발이 주로 눈에 띈다. 가방을 바꾸려고 하면 다른 사람들의 가방에 더 시선이 간다. 책에 관심을 가지면 마음속에 책이 자리하는 시간이 늘어난다. 독자에게 책이 다가오는 횟수가 늘어난다. 세상은 넓고 읽을 책은 많다. 책을 알고 만날 수 있는 다양한 방법을 통해 책과 함께하는 소중한 인연을 이어가자.

독자는 머무르는 곳마다 책을 읽을 수 있다. 앞서 독서에 필요한 절대시간과 상대시간에 대해 살펴보았는데, 공간도 마찬가지다. 절대공간과 상대공간을 마련해야 한다. 절대공간은 집, 사무실, 도서관, 독서실, 서점 등 고정된 장소다. 상대공간은 버스, 기차, 지하철, 비행기 등 이동하는 장소다. 두 공간 사이에 공원이나 정류장 등도 있다. 보통 절대공간은 절대시간과, 상대공간은 상대시간과 어울리나 교차 연계도 충분히 가능하다.

| 그대가 있는 곳이 바로 책방 |

절대공간에서의 독서는 비교적 쉽다. 출퇴근 시간에 여유를 두어 집이나 사무실에서 책을 읽을 수 있다. 주말이나 휴일에는 서점이나 도서관을 이용할 수도 있다. 상대공간도 독서의 장으로 삼을 수

있다면 책 읽기의 고수가 된다.

중국 송나라 문인 구양수는 이렇게 말했다. "책 읽기에 가장 좋은 세 군데가 있죠. 침상枕上, 마상馬上, 측상廁上이 그것이니 책을 읽고자 하는 뜻이 진실하다면 장소야 무슨 문제겠어요." 침대나 말에서, 볼일 볼 때 책을 읽는다.

구양수가 말로 이동하며 독서를 즐긴 것처럼 나는 지하철로 이동하며 책과 함께한다. 10여 년 동안 직장생활을 하며 거의 매일 가방을 메고 다녔다. 스마트폰은 가방에 넣어 좌석 위 선반에 올려둔다. 율동적인 리듬에 몸을 싣고 책을 읽으면 집중이 잘 된다. 적당한 백색 소음은 오히려 도움이 된다. 4색 볼펜을 손에 쥐고 책을 읽으며 줄을 긋고, 그림을 그리고, 메모를 한다.

비를 맞거나 교통 체증으로 괴로워하지 않도록 땅 밑에서 수시로 나를 맞이하는 지하철을 타고 책을 읽자. 대중교통은 내 인생을 경영하는 CEO로서 누릴 수 있는 소중한 권리다. 언제, 어디서나 독자를 환대해준다. 기름값 걱정도, 주차 걱정도 없다. 운전에 신경 쓰지 않아도 된다. 그냥 몸만 타서 책을 읽을 수 있다. 조명도 밝다. 전기세 걱정도 없다.

가끔은 오로지 나만을 위한 휴가를 내본다. 평일 오전 한가한 카페의 햇살 가득한 창가 자리에 앉아본다. 향기로운 차 한 잔과 달콤한 책 한 권을 음미하는 여유를 가져보자. 전시회나 풍경 산책을 곁들이면 더 좋다. 그대가 머무르는 곳이 곧 독서실이 된다.

서점과 도서관에도 자주 들러보자. 성지 순례처럼 서점 순례, 도서관 순례를 떠나보자. 책장과 책꽂이를 넘나드는 순례길, '독서 로드'에 올라보자. 서점 주인, 도서관 관장이 되자. 주인이란 '책을 가진 사람'이 아니다. 주인은 '서비스를 쓰는 사람'이자 '읽어 주는 사람'이다. 책을 읽는 것만이 독서는 아니다. 서점에 들르고 도서관을 방문하는 것, 책을 찾아 서가를 이리저리 헤매는 것, 책을 뽑아 책장을 뒤적뒤적 넘기는 것 등 이 모든 것이 독서다.

도서관에 가면 겸손해진다. 산책하듯 가벼운 마음으로 책의 숲길을 거닐면 들뜬 마음은 차분해지고 가라앉았던 기분은 가벼워진다. 꼭 찾는 책이 없어도 소풍을 나와 보물찾기를 하듯 발길을 이리저리 향해본다. 알베르토 망겔은 이렇게 말했다. "도서관은 글을 읽을 줄 아는 시민이라면 누구에게라도 '악마와 싸우는 데 필요한' 힘을 키우는 기본권이 허락된 곳입니다."

도서관은 희망이 될 수 있다. 영화 〈쇼생크 탈출〉을 보자. 무기징역을 선고받은 주인공 앤디는 하루하루를 의미 있게 보내고자 결심한다. 감옥 속에 도서관을 만들려고 하자 주변 사람들은 이를 몽상으로 치부해버린다. 하지만 그는 주 정부에 매주 한 통씩 편지를 보내고, 6년 동안의 노력 끝에 마침내 꿈을 이룬다. 감옥 도서관은 방황하는 영혼에 한 줄기 빛을 밝히는 등대가 되었다.

삶이 괴로울 때 도서관이라는 마음의 병원으로 걸음을 옮겨보자. 나의 증상에 딱 맞는 책을 찾아 자신에게 처방하자. 예약도, 대기도 필요 없다. 때로는 정신을 바짝 들게 하는 침도 맞고 병을 예방하는 주사도 맞을 수 있다. 삶을 크게 바꿀 수술도 가능하다. 무엇보다 무상의료라 진료비 걱정도 없다.

'어둑한 밤이 되어야 미네르바의 올빼미는 날개를 편다'는 말처럼, 인생이 힘들고 어려울 때 도서관이 말없이 내미는 손을 잡아보자. 수많은 책이 눈빛을 반짝이며 독자를 반긴다. 잘 왔다고, 어서 오라고 위로의 인사를 건넨다. 아낌없이 자신을 드러내며 새하얀 책장으로 독자를 안아준다. 재산이나 지위에 따라 차별하거나 갑질하지도 않는다. 조용히 자신의 책등을 내어줄 뿐이다. 헛헛했던 감정을 포근한 감성으로 채워준다. 텍스트의 온천에 빠져서 전신욕을 즐겨보자. 책들이 별처럼 빛나는 문자의 우주를 거닐며 누구나 마음에 드는 책을 꺼내어 읽어보고 빌려볼 수 있다.

도서관에서 받은 처방전이 괜찮았다면 시간을 내어 서점 약국을 방문해보자. 대형 서점도 좋고 동네 서점도 멋지다. 중고서점도 환영이다. 반짝반짝 빛나는 책을 먹고 힘을 내보자. 그리고 다시 일어서자.

독서에 빠지는 여러 가지 방법

How,
어떻게 읽어야
할까

어떤 책은 맛만 볼 것이고,
어떤 책은 통째로 삼켜버릴 것이며,
또 어떤 책은 씹어서 소화를 시켜야 할 것입니다.
★ 프랜시스 베이컨

| 책 읽기 전, 나를 먼저 알자 |

세상에는 수많은 책이 있다. 그리고 그 수많은 책을 만나는 더 많은 사람이 있다. 책이 모두 다르듯 독자도 다양하다. 책을 읽기 전에 먼저 4가지 질문에 답해보자. 책 종류, 저자, 문체, 그리고 독서 계획에 대한 물음표다.

먼저 '나는 어떤 책을 좋아하는지' 물어보자. 책의 종류와 형태에 대한 질문이다. 어떤 장르를 좋아하는지, 문학이라면 어떤 분야인지 생각해보자. 소설이라면 어떤 소설인지, 추리 소설이라면 왜 그런지 생각해본다. 책의 형태는 단행본이나 시리즈인지, 하드커버나 소프트커버인지 생각해보자.

다음으로는 '나는 어떤 저자를 좋아하는지'다. 추리 소설이라면 어떤 작가의 작품을 선호하는지 생각해보자. 해당 작가의 작품을 나열해보고 읽은 책과 읽을 책을 구분해본다. 다른 작가의 작품도 찾아보고 정리, 비교해보면 더 좋다.

세 번째는 '나는 어떤 스타일을 좋아하는지'다. 스타일이란 글의 특성(문체, 묘사법)과 구성(전개 방식)이다. 어떤 저자를 왜 좋아하는지 세부적으로 생각해본다. 여기에서 독자의 가치관이나 인생관을 짚어볼 수 있다.

마지막은 '나는 앞으로 어떤 책을 읽고 싶은지'다. 앞의 세 질문을 포괄하면서 독자 자신의 독서 스타일을 전반적으로 검토해본다. '내가 작가라면 어떤 책을 어떻게 쓰고 싶은지'도 함께 고민해보면 더 깊이 있는 탐구가 될 수 있다.

이 모든 질문이 유기적으로 이어지면 나를 알려주는 힌트가 될 수 있다. 더 효과적이고 흥미진진한 독서를 위해 책장을 넘기기 전에 '나'를 먼저 돌아보자.

| 독서가 제일 쉬웠어요 |

막상 책을 읽다 보면 고민이 된다. 내가 너무 모든 것을 이해하려고 하는 건 아닐까? 이 책은 속도감 있게 읽는 게 좋을까 아니면 내용을 충분히 이해하면서 시간을 들여 읽는 게 좋을까? 또는 아주 재미있는 책을 읽었는데, 이 책을 다시 한 번 더 보는 게 좋을까 아니면 다른 관련 책을 찾아보는 게 좋을까? 이러한 물음에 한마디로

답을 하자면 책을 읽는 데 늘 누구에게나 적합한 한 가지 방법은 없다는 것이다. 지금부터 자신에게 맞는 독서 방법을 찾아보자.

속독 vs 정독

속독은 '빨리빨리' 읽기, 정독은 '또박또박' 읽기다. 독서에서 속도 그 자체는 옳고 그름의 문제로 볼 수 없다. 책은 읽는 목적에 따라 그 접근 방법이 달라진다. 책마다 사람마다 적절한 이해의 속도가 다르다. 책 읽는 속도 역시 다르게 적용된다.

속독은 무조건 빨리 읽어 제치는 걸까? 속독의 핵심은 눈동자 움직임이나 무의식보다 '완급 조절'과 '배경 지식'이다. 덜 중요한 부분은 빨리 읽고, 더 중요한 부분은 천천히 읽는 것이 속독이다. 상황에 따라 알맞은 속도를 내는 것이다. 읽은 책의 양만 채우기 급급한 독서가 반드시 좋은 건 아니다. 우리는 책이라는 요리를 맛있게 음미하는 미식가지 기록을 세우기 위한 푸드 파이터가 아니다.

속독이 필요한 때는 분명 있다. 제한된 시간에 원하는 정보를 찾을 때 속독은 큰 도움이 된다. 사전을 처음부터 끝까지 읽지 않듯 덜 중요한 글을 넘기고 핵심에 바로 접근할 수 있다.

여행의 별미 중 하나는 음식이다. 이름난 맛집은 오랜 시간 정성을 들여 음식을 만든다. 비법 소스 제작이나 조리 과정에 며칠, 심지어 몇 달이 걸리기도 한다. 이런 요리는 시간을 두고 천천히 음미해야 한다. 하지만 당장 10~20분밖에 여유가 없을 때, 낯선 여행지에서 입맛에 맞는 음식이 없을 때, 때로는 그냥 먹고 싶을 때, 슬로 푸드만 고집할 수는 없다. 끼니를 채울 간편식이 좋은 대안이 된다.

책을 읽을 때 상대적으로 덜 필요한 글은 일정하지 않다. 내용과 장르, 상황에 따라 중심과 가장자리가 바뀔 수 있다. 이를 파악하려면 '배경 지식'이 필요하다. 배경 지식이 풍부할수록 책 읽는 속도가 빨라진다.

〈사이버 포뮬러〉라는 애니메이션이 있다. 최첨단 인공지능 경주용 차로 승부를 겨루는 내용이다. 레이스 중 순간 속도를 높일 때 추진장치, 부스터를 쓴다. 배경 지식이 바로 이 부스터다. 폭넓고 깊은 독서 경험이 꾸준히 쌓일수록 독서 엔진의 RPM은 올라간다. 만화에서 부스터의 지속 시간은 약 30여 초에 불과한데 독서의 배경 지식은 무제한이다.

정독은 '뜻을 새겨 가며 자세히 읽는' 독서법이다. 무조건 천천히 읽는다고 정독은 아니다. 빨리 읽더라도 의미를 찾아 검토하고 되새길 수 있다면 정독이 된다. 이 역시 배경 지식과 독서 경험이 관건이다.

정독과 속독은 서로 반대개념이 아니다. 정독 경험이 쌓이면 자연스레 책 읽는 속도가 빨라진다. 주제를 바탕으로 문단 간의 연관성과 앞으로 전개될 내용은 물론 낯선 개념도 빠르게 파악할 수 있다. 이른바 '속해速解'가 이루어진다. 적당한 속독은 집중력을 높여서 책의 핵심을 바르게 파악할 때 도움이 된다. 두 독서법은 단짝이 될 수 있다.

재독 vs 다독

재독은 '한 권 여러 번' 읽기, 다독은 '여러 권 널리' 읽기다. 재독은 작은 점에서 시작해 원뿔 형태로 범위를 넓혀가며 땅을 파는 것과 같다. 파면 팔수록 내가 탐색할 수 있는 영역이 커지고 발굴할 수 있는 보석도 많아진다. 다독은 재독에 소재의 다양성을 더한 독서다. 한 번에 넓은 부위를 탐사할 수 있다. 대신 재독보다 깊이 있는 땅파기를 기대하기는 어렵다.

재독은 책 속에서 새로운 나를 만나게 한다. 책이라는 종이거울로 독자는 과거의 자신과 생각을 만나고 지금의 나와 생각을 돌아본다. 책은 그대로지만 독자는 변한다. 그동안의 독서 경험이 쌓여 성장한 자신을 느낄 수 있다.

그럼 다독이 재독보다 그 가치가 덜할까? 놀이터에서 놀다 열쇠를 떨어뜨렸다. 한참 후에 이 사실을 알게 되었다면 어떨까? 재빨리 내가 있던 곳 주변을 훑어볼 것이다. 이때는 땅을 팔 필요가 없다. 깊이보다 너비가 중요하다. 운이 좋으면 돈을 주울 수도 있다. 둘레길 걷기도 비슷하다. 같은 걷기라도 풍경과 느낌이 다르다. 숨겨진 명소를 찾을 수 있다. 인생 사진을 건질 수도 있다.

공무원 시험처럼 특수한 상황일 땐 반복 읽기가 중요하다. 이해와 기억을 위해서다. 전체를 한 번에 파악하는 시간을 줄여준다. 시험 바로 직전, 최종 필살기로 쓸 고농도 압축 데이터베이스를 만들 수 있다. 시험장에서 곧바로 수년간의 학습량을 모아 펼치기 위해서다.

학교를 졸업하고 서울시 공무원 시험을 준비할 때였다. 과목별 기본서를 정하고 강의와 참고교재, 문제집 및 기타 자료들을 단권화했다. 단권화는 기본 작업시간이 가장 오래 걸린다. 처음 주교재를 1회독 할 때는 2주 넘게 걸렸다. 2회차는 열흘, 3회차는 일주일 정도 걸렸다. 반복 횟수가 늘어날수록 전체 내용을 확인하는 시간이 줄어들었다. 시험 때까지 단권화 주교재들을 7번씩 봤다. 1회독을 할 때마다 각 교재의 목차 부분에 바를 정正자를 표기했다. 그냥 공부하는 것보다 학습일과 횟수를 기록하면 뿌듯함도 느끼고 시간 관리를 더 잘할 수 있다. 시험 당일 아침에는 30여 분 동안 모든 범위를 훑어볼 수 있었다. 불안감을 줄이고 심리적 안정감도 얻을 수 있었다.

현명한 독서가는 지난 책을 자주 읽는다. 책을 읽으며 옛 책은 새 책이 된다는 사실을 알기 때문이다. 과거란 매번 바뀌는 현재의 근원이라는 점도 안다. 구관이 명관이다. 새로운 책도 수시로 집어 든다. 미래는 다양한 현재의 연장선임을 알기 때문이다. 신상이 명품이다. 이런 점에서 독서는 감성의 재탄생을 위한 의식적意識的인 의식儀式이다. 독자는 자신이 만난 어떤 책에서 그에 알맞은 불멸성을 피워낸다.

같은 강물에 두 번 손을 담글 수는 없다. 모든 강물에 손을 담글 수도 없다. 같은 책도 여러 번 읽고 다양한 책도 폭넓게 읽어야 한다. 재독과 다독은 독서라는 영토 위에서 서로 대립하는 적이 아니다. 독서를 방해하는 수많은 요소로부터 영토를 지키기 위해 서로 힘을 합쳐야 하는 동포다. 더 나아가 독서 영토를 넓히고 내적 성장을 이끄는 동반자다.

두 읽기는 밥과 반찬이다. 밥 또는 반찬만 먹을 수는 있다. 하지만 밥만 먹으면 뭔가 아쉽고 반찬만 먹으면 뭔가 허전하다. 반찬을 못 먹으면 영양이 부족하다. 반찬만 먹으면 든든한 식사로는 부족하다. 밥과 반찬은 같이 먹어야 한다.

완독 vs 발췌독

완독은 '끝까지 모두' 읽기, 발췌독은 '필요한 부분만' 읽기다. 식당에 가면 세트 메뉴가 있고 단품 메뉴가 있다. 전자는 다양한 구성품을 맛볼 수 있다. 하지만 항상 모든 식품을 먹을 필요는 없다. 필요에 따라 먹고 싶은 것만 먹을 수 있다.

기다리던 스포츠 행사가 열린다. 시간이 많으면 경기 전체를 보는 것도 좋다. 현장의 긴장감과 박진감을 놓치지 않고 모두 누릴 수 있다. 응원하는 선수나 팀의 플레이를 더 많이, 빠짐없이 즐길 수 있다. 하지만 24시간, 365일을 스포츠 중계방송 시청이나 경기장 방문으로만 보낼 수도 없다. 바쁘거나 별 관심이 없으면 처음부터 끝까지 지켜볼 여유나 호기심이 생기지 않는다. 이럴 때는 스포츠 뉴스 하이라이트 장면만으로도 충분하다.

완독과 발췌독 역시 때와 상황에 따라 서로 자유롭게 활용할 수 있다. 독자는 책과 가까워지면서 점차 두 독서법을 적절하게 다룰 자신만의 운용의 묘를 고안해낼 수 있을 것이다.

How much,
얼마나 많이
읽어야 할까

조금밖에 바라지 않으면 성장도 없습니다.
많은 것을 추구하면 같은 노력으로
거인으로 성장할 수 있습니다.
★피터 드러커

임계점과 양질 전환

책은 얼마나 읽으면 좋을까? 아예 읽지 않는 것보다는 한 권이라도 읽는 게 낫다. 한 권보다는 두 권이 좋다. 그럼 무조건 많이 읽기만 하면 될까?

임계점臨界點, critical point은 어떤 물질의 형태가 바뀌는 순간을 가리키는 말이다. 물은 100도에서 끓는다. 액체인 물이 기체인 수증기로 모습을 바꾼다. 100도는 물의 임계점이다. 99도에서는 큰 변화가 없다. 1도가 더해져 기준점을 돌파해야 한다.

모죽毛竹이라는 대나무는 씨를 뿌리고 약 5년 동안은 싹이 나지 않는다. 5년이 지나면 죽순이 돋아나 하루에 70~80센티미터씩 커서 30미터까지 자란다. 모죽은 5년 동안 뿌리를 깊이 내려 폭발적인 성장의 발판을 마련한다.

사람도 마찬가지다. 변화와 성취에 이르려면 임계점이라는 다리를 건너야 한다. 반복 작업에도 별 성과가 없는 것 같지만 보이지 않는 내공이 쌓이고 있다. 겉으로는 별 차이가 없는 듯해도 안에서는 엄청난 화학반응이 일어난다. 파죽지세로 치고 나가기 위한 잠깐의 숨 고르기다.

'양질 전환量質轉換'이란 일정한 양이 쌓이면 질적인 변화가 생긴다는 뜻이다quantity becomes quality. 나비는 알과 애벌레, 번데기라는 시간을 견뎌야 한다. 투자 없는 성과는 없다. 세상에 공짜는 없다. 단 체계적, 지속적인 축적이 있을 때 가치 있는 도약이 제대로 이루어질 수 있다. 돋보기가 햇빛을 모아 불을 붙이는 것처럼 말이다.

질적인 변화를 이루려면 일정량의 축적이 필수적이다. 물이 100도에서 '변신'할 수 있는 이유는 99도까지 에너지를 '모았기' 때문이다. 모죽이 엄청난 속도로 자랄 수 있는 근원은 5년 동안 기반을 '다졌기' 때문이다. 독서도 마찬가지다. 탄탄한 독서력을 갖추려면 일정량의 책을 읽어야 한다. 그럼 얼마나 읽어야 할까?

『꿈꾸는 다락방』을 쓴 이지성 작가는 최종목표로 1,000권을 제시한다. 100권을 읽으면 사고방식이 긍정적으로 변한다. 300권을 읽으면 긍정적 사고방식이 자리를 잡는다. 700권부터 변화가 일어나서 1,000권부터는 완전히 새로워진다고 한다. 일본 학자 사이토 다카시齋藤孝는 『독서력』에서 100권을 기준으로 삼는다. 한 권씩 독서 경험이 쌓이면서 독서력이 자란다. 그러다가 질적인 변화를 보이는 비등점은 100권이라고 설명한다.

책을 읽다

나는 입대 전까지 집중 독서와 틈새 독서로 1,000여 권의 책을 읽었다. 그러나 제대 후 다시 책을 손에 잡으려니 쉽지 않았다. 몸과 마음을 추스르기에도 벅찼기 때문이었다. 책 읽기를 좋아했지만 '책을 읽어야 해'라는 생각은 부담으로 다가왔다.

처음엔 책의 목차를 훑어보며 읽고 싶은 부분만 봤다. 아니다 싶으면 다른 새로운 책을 봤다. 괜찮다 싶으면 다른 부분도 읽어봤다. 그러다 책을 한 권 다 보면 두 번 더 읽었다. 빠진 부분은 없는지, 잘못 이해한 부분은 없는지 확인하기 위해서였다. 학교생활에 빨리 익숙해지고자 전공 교재를 읽었다. 시험 때만 봤던 책이 색다르게 다가왔다. 완독한 책이 한 권씩 쌓이며 책 읽기가 친근해졌고 재미도 생겼다. 새로움을 알아가는 즐거움, 텍스트에 빠져드는 몰입감이 제법 쏠쏠했다. 책은 책을 부르고 손은 책을 넘겼다. 책 종류도 다양해지고 독서 습관도 다시 자리 잡았다. 직장에 다닐 때도 출퇴근 시간과 여유시간에 틈틈이 책을 읽었다.

독자마다 독서 경험과 환경이 다르기에 모든 사람에게 똑같은 기준을 적용하긴 어렵다. 임계치를 넘어서는 양적 축적은 한계치를 뛰어넘는 질적 변화를 이끌어낸다. 양질 전환, 퀀텀 점프, 임계치는 사람마다 기준이 다르다.

먼저 자신만의 목표를 정해보자. 목표는 도전정신을 북돋고 노력을 지속하도록 이끌기 때문이다. 우선 일주일, 한 달 동안 자신의 생활 패턴을 살펴보자. 그리고 어느 정도 현실적인, 다만 조금 어려울 만큼의 목표를 정하자. 7일 동안 한 권 정도 읽을 수 있겠다 싶으면 2주 동안 3권을 목표로 정하고 한 달에 6~7권을 읽어보자. 각기 다른 7권을 읽는 것보다 한 권을 7번 읽는 게 더 쉽다. 처음에는 반복 독서로 책 읽는 습관을 붙이고 점차 다양한 주제를 섭렵하자. 안정된 독서력을 갖추면 '1년에 자기 키만큼 책 읽기'처럼 색다른 도전을 시작해도 좋다.

책을 얼마나 읽을지 정했다면 이를 실천하기 위한 구체적 목표를 세워보자. 단순히 '일 년에 몇 권, 한 달에 몇 권 읽어야지'라고 생각만 하면 초심을 유지하기 어렵다. 바쁜 일정 속 우선순위에 따라 독서는 뒤로 밀려난다. 당장 급하게 느껴지지 않기 때문이다.

체계적인 목표 관리를 위한 여러 가지 방법 중 'SMART'의 원칙에 따라 책을 읽어보자. 이는 성공으로 가는 5가지 목표의 특성을 앞머리를 따서 만든 두문자어다.

스마트는 구체적인Specific, 측정 가능한Measurable, 실현 가능한Achievable, 결과 중심적인Result-oriented, 한시적인Time-bounded 목표를 말한다. 이렇게 목표를 세우면 달성 확률을 높이고 동기부여 효과도 커진다. 이를 독서 목표에 적용해보자. 일주일에 최소 한 권씩 읽는다는 기준으로 '스마트 목표 계획'을 짜보자.

Ⓢ 구체적인 목표
▶ 하루에 1시간씩 책을 읽는다. 집과 지하철에서 읽는다. 자기계발서, 인문서를 읽는다.
Ⓜ 측정 가능한 목표

▶ 하루 1시간, 일주일 1권, 한 달 5권, 일 년 50권 이상 읽는다.

Ⓐ 실현 가능한 목표

▶ 일 년에 50권, 2~3일에 1권 읽는다.

Ⓡ 결과 중심적 목표

▶ 책을 50권 읽고 50개의 서평을 쓴다.

Ⓣ 한시적인 목표

▶ 12월까지 반드시 50권 이상 읽는다.

구체적 목표는 독서 시간과 장소, 주제를 정한다. 독자의 형편에 따라 가장 알맞은 조건을 마련한다. 측정 가능 목표는 독서 시간과 분량을 정한다. 자료를 수치화하여 비교 점검할 수 있도록 한다. 실현 가능한 목표는 너무 쉽거나 부담스러운 도달점을 정하지 않는다. 현재 수준보다 조금 더 노력하는 만큼으로 정한다. 결과 중심적 목표는 이루고자 하는 바를 글로 정리한다. 때때로 목표와 진도를 비교한다. 한시적인 목표는 마감 시간을 정한다. 일정 기간 안에 목표를 달성할 수 있도록 한다.

목표는 습관을 이끈다. 습관은 야누스다. 두 얼굴을 지닌다. 습관을 잘 길들이면 독자의 충성스러운 부하가 된다. 그렇지 않으면 독자는 습관의 노예가 된다. 계속 끌려다닌다. 독서 습관이 무르익지 않았다면 책의 바다에서 익사하지 않도록 독서 목표를 분명히 하자. 책 읽기를 수영이라고 해보자. 일단 자유형으로 물에서 가장 빠른 길을 건너는 연습을 한다. 어느 정도 경험이 쌓이면 그때는 여러 영법으로 드넓은 바다를 마음껏 유영해도 좋다.

'괜찮다, 이만하면 되었다' 싶을 때 더 열심히 책을 읽어야 한다.

이런 양적量的 독서를 기반으로 양질良質 독서로 나아가자. 독서는 양도 중요하지만 질이 더 중요하기 때문이다. 독서량, 책을 얼마나 읽었느냐는 사실 큰 자랑거리가 아니다. '지금껏 이렇게 책을 읽어 왔다'는 경험은 앞으로 어떤 책을 어떻게 읽어나갈지 가늠해보는 리트머스지, 일종의 지시약이다. 자신의 독서 스타일이 편재偏在, 너무 한쪽으로 치우쳐 있지는 않은지 확인한다. 이를 편재遍在, 다양한 분야로 넓게 키울 수 있는 자료로 쓰자. 그러면 자신만의 풍성한 '독서편력사讀書遍歷史'를 만들어갈 수 있다.

독서는 식사와 같다. 한 끼 잘 먹더라도 다음 끼니 때 또 배고파진다. 한 끼가 마음에 안 들었더라도 다음 끼니는 마음에 들 것이다. 잘 맞는 음식이 있고 먹기 어려운 식품이 있다. 손이 잘 가지 않는 음식도 알맞게 조리하면 훌륭한 요리가 된다. 다양한 음식에서 풍부한 맛과 영양소를 느끼고 섭취할 수 있다. 중심이 되는 주식이 있고 곁들이는 부식이 있다. 혼자 하는 식사도 좋지만 좋은 사람과 함께하는 식사는 더 맛있다. 오늘도 시간을 내어 책을 맛보자. 균형 잡힌 독서는 정신을 건강하게 하고 삶을 튼튼하게 만들어준다. 바로 지금, 책 한 끼 할 시간이다.

효율적인
'BEST-TRS'
독서법

시작하는 방법은 그만 말하고
이제 행동하는 것입니다.
★ 월트 디즈니

이 세상에는 다양한 독서법이 있다. 이를 독서 목적과 활용 방법에 따라 7가지 주제로 정리해보았다. 바로 'BEST-TRS'다. 기본기Basic skills, 전문가Expert, 깊이 배어듦Steep, 해결사Troubleshooter, 그리고 삼위일체 독서법Trinity Reading Skills의 첫머리를 따서 정리했다.

삶과 업무에 필요한 기본적 독서법은 '기본기 독서법'에서 다룬다. 다른 독서법의 기반이 된다. 그중 한 분야의 프로가 되는 독서법은 '전문가 독서법'으로 정리했다. 초보, 중급, 전문가 및 고급자를 위한 독서법이다. 책에 젖어드는 심도 있는 독서를 위해서는 '깊이 배어듦' 방법으로 읽어보자. 느리게 읽기와 소리 내어 읽기의 가치를 되새겨본다. 살면서 고민과 걱정이 다가올 때는 '해결사 독서법'을 참고하자. 'TRS'는 책 읽기의 3총사라고 할 수 있다. 이 독서 방법은 독자가 자신만의 목적과 상황에 따라 콘텐츠를 읽는데 도움을 줄 것이다. 'BEST-TRS'와 함께라면 어떤 독자라도 결코 혼자가 아니다. 그럼 하나씩 본격적으로 살펴보자.

| 일과 삶의 기본기를 쌓는 독서법 |

책 읽기는 크게 독서 전, 독서 중, 독서 후 세 단계로 나눌 수 있다. 책 읽기 전 다음과 같이 간단한 독서계획표를 작성하면 체계적인 독서 활동에 도움이 된다. 답변은 질문에 대한 해답, 실천은 책을 읽고 답변에 대한 달성 여부, 해결책을 표시한다.

구 분	질 문	답 변	실 천
목적	독서를 하는 이유는?		
서적	독서를 할 책은?		
시간	독서를 할 시간은?		
장소	독서를 할 장소는?		
준비물	독서 효과를 높일 준비물은?		
장애물	독서를 방해하는 장애물은?		

책을 읽으려면 먼저 독서의 목적을 분명히 한다. 단순히 재미를 위해서인지, 교양을 쌓기 위해서인지, 학습이나 연구를 위한 것인지 정해야 한다. 이에 따라 책을 정해서 읽으면 효과를 높일 수 있다. 서적은 기본서 한 권, 참고서 한 권 정도를 고른다. 상황에 따라

한 권 또는 여러 권을 정할 수도 있다. 시간에는 독서 절대시간과 상대시간을, 장소는 절대장소와 상대장소를 적는다. 준비물은 7가지 도구를 기본으로 더 필요한 내용이 있으면 써둔다. 장애물은 시간적, 공간적, 기타 이유를 적고 줄여나가기 위해 노력한다.

간단한 내용이라 해도 그냥 책을 읽는 것과 계획표를 작성하고 책을 읽는 건 다르다. 표를 써서 면지에 붙이고 독서를 하면 글이 더 쉽게 다가온다. 수시로 확인하며 책을 읽어보자.

두 번째 단계인 독서를 할 때는 핵심 파악에 중점을 둔다. 본격적인 독서 전에 책을 한 번 빠르게 훑어보면 키워드 정리가 한결 쉽다. 선입견을 내려두고 글을 읽자. 저자의 의견을 무조건 따르지 않고 열린 관점에서 새롭게 책의 자료를 분류, 분석하여 종합해보자. 중요 부분에 밑줄을 긋고 표시하며 메모해둔다.

세 번째로 책을 읽은 뒤에는 그 내용을 글로 정리해보자. 완결된 문단으로 표현하기 어렵다면 하나의 문장으로 요약해보자. 글로 쓰기 힘들다면 말이라도 해보자. 혼잣말도 괜찮고 다른 사람에게 책의 내용과 느낌, 자기의 생각을 정리해 말해보면 더 좋다. 어떤 형태로든 내 나름의 방식대로 독서 활동을 남겨보도록 하자.

독서란 이 3단계를 꾸준히 반복하는 과정이다. 같은 책으로 할 수도 있고 다른 책으로 할 수도 있다. 핵심은 '연속 반복'이다.

독서는 적금과 같다. 책을 한 권씩 읽고 글을 쓸 때마다 독자의 교양 통장, 지혜 통장에 자본이 쌓인다. 독자가 정한 만큼, 원하는 만큼의 가치가 담긴다. 이를 시각화, 구체화하면 더 좋다. 글로 남기는 기록이 가장 좋은 방법이다. 비록 지금 당장은 통장에 아무런 변화가 없지만 자기만의 가상계좌에 적립된 무형의 자산은 '성공

157

독서에 빠지는 여러 가지 방법

통장'이라는 선물로 독자를 찾아올 것이다.

기초를 다지는 독서법

먼저 'SQ3R' 독서법을 소개한다. 'SQ3R'은 훑어보기Survey, 질문하기Question, 읽기Read, 되새기기Recite, 다시 보기Review의 약자다. 훑어보기로 제목과 목차를 보고 글의 내용을 추측해본다. 이를 바탕으로 독자는 궁금한 점, 알고 싶은 점을 질문으로 만들어본다. 책을 읽으며 질문에 대한 답을 찾아보고, 읽은 내용을 마음속으로 되뇌며 핵심을 점검한다. 그리고 다시 보기를 통해 글 전체의 내용을 정리하면서 독서를 마무리한다.

좀더 간단한 '3단 점프' 독서법도 있다. 스키밍(도움닫기), 스캐닝(웅크리기), 정독(뛰어넘기) 3단계다. 1단계 스키밍은 우유에 생기는 막을 걷어낸다는 뜻의 영어 단어 'skim'에서 유래했다. 글을 죽 읽어내려가면 된다. 한 페이지당 5초 내외로 한 권을 10~20분에 빠르게 훑어본다. 모든 문장을 이해할 필요는 없다. 표지나 머리말, 표제어에 중점을 두고 큰 틀을 파악한다.

2단계는 스캐닝이다. 필요한 부분을 의식적으로 찾아 읽는다. 한 페이지당 20초 내외로 'scan'하며 한 권을 1시간에 읽어본다. 발췌독에 중점을 둔 통독이다. 글의 전반적 구조를 이해하면서 특정 부분을 강조하여 읽는다. 중요한 부분은 메모와 표시를 남겨둔다. 이미 알고 있거나 불필요한 내용은 넘어간다.

3단계는 정독이다. 스캐닝보다 2배 이상의 독서 시간을 들인다. 특히 표시한 부분은 더 꼼꼼히 읽으며 필요한 내용을 최대한 뽑아낸다. 이미 2번을 읽었기에 정독의 효과가 높아진다.

이시형의 『공부하는 독종이 살아남는다』는 내가 공무원 시험을 준비할 때 만난 책이다. 공부에 도움이 될 책을 찾아 서점을 둘러보던 중 발견했다. 먼저 표지와 서문, 목차를 훑어보고 스키밍으로 책을 10여 분 동안 빠르게 읽었다. 그리고 스캐닝으로 호르몬과 뇌의 특성, 공부 기술 부분을 중점적으로 읽었다. 책을 사서 메모를 하며 다시 읽었다. 그리고 실제로 공부할 때 적용했다.

3단 점프 독서법은 참고할 책과 구매할 책을 구분할 때도 유용하다. 속도를 줄여가며 3번을 읽는 동안 책의 주장과 근거, 핵심과 설명을 쉽게 파악할 수 있으니 잘 활용해보자.

한눈에 파악하는 독서법

처음 보는 책은 소개팅 상대와 같다. 어떻게 하면 좋은 인연을 계속 이어나갈 수 있을까? '첫 만남 읽기'의 사대천왕인 제목과 부제, 띠지와 책표지, 서문과 발문, 목차에 대해 살펴보자.

책 제목과 부제 들여다보기

제목은 책을 대표한다. 지은이가 독자에게 전달하려는 주제가 함축되어 있다. 제목만 잘 살펴보아도 내용을 어느 정도 예상할 수 있다. 다만 책도 하나의 상품이라 독자의 눈길을 끌기 위해 인상적인 제목을 쓴다. 제목만 보고 책을 판단하면 자칫 책의 본질을 놓칠 수 있다. 이때는 부제를 살피자. 본 제목보다 콘텐츠를 좀더 잘 드러내준다. 제목에서 살짝 놓친 내용을 좀더 충실히 담아낸다.

부제와 제목의 연관성을 살피고 그 미묘한 차이를 한번 생각해보자. 책을 고를 때의 시행착오를 줄여준다. 제목과 부제를 통해

'이 책은 무엇을 말하려는 걸까'를 고민하면 좀더 깊이 있는 독서를 할 수 있다.

띠지와 책표지 살피기

띠지란 광고문구를 담아 책표지 하단을 두르고 있는 가늘고 긴 종이다. 제목이나 부제에서 언급하지 못한 부분들을 좀더 강렬하고 선명하게 전달한다. 꼭 읽어보라는 최종 PR이다. 홈쇼핑의 '마지막 기회, 마감 임박'과 비슷하다. 책을 고를 때는 책표지도 살핀다. 책표지는 책의 얼굴이다. 사람은 인상이 중요하듯이 책표지도 책의 선택에 큰 몫을 차지한다. 다양한 상징이나 그림, 사진이 담긴다. 책의 앞표지와 뒤표지를 잘 읽어보면 핵심을 쉽게 알 수 있다.

제목과 부제에 이어 표지와 띠지를 살핀 다음에는 책의 앞날개와 뒷날개를 펼쳐본다. 여기도 책표지의 일종이다. 책의 앞날개에는 저자의 이력과 집필한 책 제목이 있다. 여기를 잘 살펴보면 저자의 삶과 생각을 엿볼 수 있다. 뒷날개도 살펴보자. 여기에는 책 내용의 일부를 선보이기도 하고 추천사가 실리기도 한다. 출판사의 신간이나 대표 서적들 광고가 담기기도 한다. 앞날개 내용이 길어지면 뒷날개까지 이어지기도 한다. 여기까지 보면 이 책을 계속 읽을지 책장을 덮을지 어느 정도 마음이 정해진다. 아직 잘 모르겠다면 서문과 발문을 살펴보자.

책의 서문과 발문

서문은 '책이나 논문 따위의 첫머리에 내용이나 목적 따위를 간략하게 적은 글'이다. 책의 예고편이다. 머리말, 프롤로그다. 서문은 저자의 집필 의도와 목적을 구체적으로 담고 있다. 책을 효과적으로 읽는 방법도 실려 있다. 이른바 '1분 저자 특강'이다. 저자 직강으로 책 내용을 전달받을 수 있다. 시간이 없다면 다른 부분은 몰라도 서문은 꼭 꼼꼼하게 읽어보자. 서문을 놓치면 작가의 마음을 제대로 이해할 수 없다. 설명서 없이 새로 산 기계를 쓰는 것과 같다. 얼추 쓸 수는 있지만 잘 쓰기는 어렵다. 이왕이면 작가가 마련해둔 지름길로 산책하자. 책이라는 둘레길을 만든 책임자이기에 좋은 길을 알고 있다.

발문은 '책의 끝에 본문 내용의 대강이나 간행 경위에 관한 사항을 간략하게 적은 글'이다. 맺음말, 에필로그다. 책 전체 내용을 아울러 다시 한 번 요약·정리한다. 서문에서 예습하고 본문에서 학습한 내용을 발문에서 복습한다. 서문과 발문만 읽어도 책의 큰 틀과 줄거리를 짐작할 수 있다. 작가는 '책을 마치며', '저자 후기', '감사의 말' 등으로 미처 다 못한 이야기를 할 때도 있다. 번역서라면 '역자 후기'가 실린다. 책에 대한 저자나 역자의 솔직한 마음을 들여다볼 수 있다. 여기까지 보면 책을 더 입체적, 효과적으로 읽을 수 있다.

목차

본문을 읽기 전 꼭 봐야 할 것은 목차다. '목록이나 제목, 조항 따위의 차례'다. 이 목차야말로 '첫 만남 읽기'의 중심이다. 목차는 책이라는 보물섬을 자세히 알려주는 비밀지도다. 목차를 보면 작가가 어떤 내용을 얼마큼의 비중으로 다루었는지 쉽게 알 수 있다. 더 자세하게 읽을 내용, 가볍게 읽고 넘어갈 사항을 미리 알 수 있다.

목차를 읽을 때는 마치 탐정이 사건 현장을 샅샅이 살피듯 공을 들여야 한다. 흩어진 힌트를 잘 모으면 사건의 실마리가 보인다. 목차를 통해 책의 진면목을 알 수 있다. 목차는 선거공약이다. 공약을 잘 살펴 투표할 후보를 선택하듯 목차를 들여다보자. 책 읽기가 더 쉬워지고 더 즐거워진다.

목차를 잘 곱씹은 다음 읽고 싶은 부분을 한번 가볍게 훑어보자. 또는 작가가 중요하게 여기는 부분을 먼저 읽어보자. 목차라는 책의 설계도를 통해 책의 핵심을 빠르게 파악하고 필요한 내용을 쉽게 가져갈 수 있다. 목차는 독서를 할 때 간과하기 쉬운 부분이다. 하지만 목차를 통해 독자는 책 읽는 수고를 덜고 시간과 노력을 아낄 수 있다. 원하는 핵심에 빠르게 접근하여 기억력과 활용도를 높인다. 독서의 가치를 더해주는 '목차 읽기'를 빠뜨리지 말고 꼭 실천하자. 지혜로운 독자로 거듭나는 가장 쉬운 방법이다.

| 한 분야의 전문가가 되는 독서법 |

전문가는 '특정 분야에 상당한 지식과 경험을 가진 사람'이다. 몸으로 체득하는 기술 전문가는 오랜 시간이 필요하다. 머리로 이해하는 지식 전문가는 상대적으로 짧은 시간에도 가능하다. 책 덕분이다. 방대한 지식과 연구 결과를 압축적으로 얻을 수 있기 때문이다. 독서는 기술 전문가의 실력을 더 예리하게 다듬고 지식 전문가의 역량을 더 넓게 만든다. 모든 전문가의 가능성을 키우고 시행착오를 줄인다. 전문가로 거듭나는 독서법을 알아보자.

방 법	내 용
개관 독서법	전체 내용을 한 번 죽 훑어본 뒤 필요한 부분만 골라 읽기 : 골라 읽기, 대충 읽기
분석 독서법	주제와 구조를 이해하고 내용을 내 것으로 소화하며 읽기 : 꼼꼼 읽기, 전체 읽기
종합 독서법	하나의 주제를 정하고 이에 관한 여러 권의 책을 함께 읽기 : 주제별 읽기, 연역법적 읽기

독서에 빠지는 여러 가지 방법

모티머 J. 애들러Mortimer J. Adler의 3단계 독서법이다. 개관 독서법은 '가볍게 읽기'다. 여기서 '골라 읽기'란 필요한 부분만 읽는 발췌독이다. 목차를 중심으로 관심 있는 내용을 먼저 읽는다. '대충 읽기'는 책을 빠르게 읽는 속독이다. 전반적인 틀을 중심으로 가볍게 훑어본다.

분석 독서법은 정독이다. 주제 파악, 내용 이해, 견해 확인으로 나눈다. 제목과 목차, 머리말과 맺음말을 중심으로 주의 깊게 책을 살핀다. 핵심을 찾고 이를 제대로 설명하는지 검토하며 책을 읽는다. 책 내용에 동의한다면 이를 받아들여서 내 생각을 더 키울 수 있다. 만약 이의가 있다면, 나와 저자의 생각 중 차이점을 분명히 살피고 그 근거와 이유를 자세히 들여다본다. 생각을 더 단단히 만들 수도 있고 잘 몰랐거나 잘못 알았던 점은 고칠 수도 있다. 자기 생각을 점검할 수 있는 계기가 된다.

개관 및 분석 독서법은 한 권을 읽을 때 쓰는 방법이다. 종합 독서법은 하나의 주제에 대한 여러 책을 종합하여 읽을 때 활용한다. 주제별 다독이다. 이것이 전문가가 되는 독서법이다. 이 독서법은 특정 주제에 대한 논문이나 책을 쓸 때 자주 쓰인다. 주제와의 밀접성, 논리와 근거의 타당성, 이 책만의 고유한 특성을 쉽게 파악할 수 있도록 한다.

종합 독서법으로 주제를 뒷받침하는 자료를 모아 체계적인 지식을 엮어낼 수 있다. 이때 자료가 많다고 좋은 것은 아니다. 찾은 자료들을 정리한 뒤 비교·분석하는 과정이 꼭 필요하다. 다양한 사례는 물론이고 저자마다 다른 접근법, 표현력, 강조점을 잘 살펴야 한다. 공통점 속의 차이점을 찾고 차이점 중 공통점을 끄집어내어 내 것으로 만든다. '구슬이 서 말이라도 꿰어야 보배'라는 말처럼, 다양한 출처를 통해 모은 자료들을 일관된 주제로 묶어내야 한다. 각각의 자료를 분석·통합하여 자기 생각으로 정리할 때 온전한 내 것, 의미 있는 지식이 된다.

종합 독서법은 개관 독서법과 분석 독서법을 내포하는 개념으로 책 읽기의 최고봉이라 할 수 있다. 종합 독서법으로 전문가를 위한 기초를 닦아나가자.

전문가를 향한 단계적 독서법

독자의 수준에 따른 독서 단계를 초보자, 중급자, 전문가로 나눠 살펴보자. 초보자라면 입문서 같은 쉬운 책부터 읽는다. 세부 내용보다 큰 틀 위주로 읽으며 기초를 다진다. 모두 이해하거나 기억해야 한다는 부담은 내려둔다. 시작은 한 주제에 대해 익숙해지기 위한 독서 습관을 만드는 것이다. 본격적으로 마라톤을 뛰기 전 가벼운 몸풀기라고 생각하자. 무리하지 않되 하루에 정해진 분량과 시간을 채우는 습관을 들이자. 책 읽기가 익숙해지면 점점 그 양을 늘린다.

중급자는 다독을 통한 자료 확보가 중요하다. 한 가지 주제를 파고들어 그와 관련된 서적을 두루 읽는 계독系讀을 활용한다. 특정 주제별, 저자별로 책을 정해 연속적으로 읽어나간다. 세계적 경영학자 피터 드러커는 3개월, 혹은 3년마다 새로운 주제를 정했다. 그리고 그 분야의 독서 리스트를 만들고 집중적으로 파고들어 다양한 분야에 전문성을 갖췄다. 그는 2005년 95세로 세상을 떠날 때까지 39권의 저서를 출간했다.

'서울특별시 평생학습포털'이라는 누리집이 있다. 다양한 온·오프라인 교육을 무료로 들을 수 있는 곳이다. 이 중 서울 소재 대학교에서 전공 교수의 수업을 들을 수 있는 '서울자유시민대학' 과정이 있다. 나는 이 과정을 통해 지금껏 5개 대학에서 7개 과정을 수료했다. 수업은 담당 교수가 정리한 자료를 중심으로 10주 과정으로 운영한다. 수업에 대한 도서를 추천해주기도 한다. 이를 중심으로 참고 도서를 읽어나갔다. 담당 교수가 쓴 책도 함께 찾아 읽었다. 이런 주제별, 저자별 계독을 통해 특정 분야에 대한 전문 지식을 쌓을 수 있다.

전문가는 여기에서 한발 더 나아간다. 지식은 너비(다양성, 연계 확장)와 깊이(전문성, 연계 집중)의 교점이 클수록 풍부해진다. 기본서 외에 전공 및 전문 서적을 읽는다. 해당 분야와 연계 분야의 책을 함께 읽는다. 책 외에 다양한 보도자료와 정보 채널을 활용한다. 세미나와 강연에도 참여하고 사람들과 토론하며 지식을 나눈다. 전문가는 세심한 부분까지 읽고 적용한다. '신은 디테일에 깃든다'는 말이 있다. 전문가일수록 미세한 점도 놓치지 않는 '1밀리미터를 위한 독서'를 한다.

전문가는 한 권당 수렴적 독서(지독, 재독)로 핵심을 뽑는다. 여러 권의 확장적 독서(다독, 계독)로 핵심을 모은다. 이는 시간과 노력이라는 열과 압력으로 세상에서 가장 빛나는 나만의 다이아몬드를 만드는 일이다. 게임 캐릭터 레벨을 올리듯 독서 경험을 키워나가자. 하루에 몇 페이지도 읽기 어려웠던 왕초보가 하루에 몇 권이라도 찰지게 소화해낼 수 있는 영웅이 된다.

수렴적 독서를 기초로 확장적 독서로 나아가자. 지식이 쌓이고 즐거움이 자란다. 책을 보는 눈이 밝아지고 세상을 담는 마음이 넓어진다. 무미건조한 일상에 다양한 콘텐츠가 스며들며 하루가 풍성해진다. 어느덧 전문가의 소양을 갖추게 된다. 전문가로 거듭나는 읽기의 힘이다.

전문가를 만드는 질문 독서법

전문가와 질문은 어떤 관계일까? 질문의 힘은 무엇일까? 『네 안에 잠든 거인을 깨워라』를 쓴 토니 로빈스Anthony Jay Robbins는 질문의 장점 3가지를 제시한다.

1. 질문은 순간적으로 생각의 초점을 변화시켜 우리의 감정을 바꿔요.
2. 질문은 우리가 집중하는 것과 삭제하는 것을 바꾸는 힘이 있어요.
3. 질문은 우리의 잠재 능력을 고양시켜요.

전문가는 초보자가 생각하지 못하는 기발한 아이디어를 낼 수 있다. 전문 지식을 바탕으로 새로운 발견을 할 수 있는 잠재력이 있다. 이런 가능성은 질문으로 끌어낼 수 있다.

책을 효과적으로 활용하려면 3단계 질문을 활용해보자. 바로 'What → Why → How'다. 첫 번째로 내가 궁금한 것이 무엇인지 주제를 정한다. 해당 주제와 책을 선정한 이유를 잘 따져서 독서의 목적과 목표를 분명히 한다. 그리고 책에서 알게 된 내용을 자신의 삶에 어떻게 활용할 것인지 질문한다. 책 내용에 대해서는 다음 4가지 질문을 해보자.

1. 전반적으로 무엇에 관한 글인가?
2. 무엇을, 어떻게 자세하게 다루고 있는가?
3. 전반적으로 또는 부분적으로 볼 때 그 글은 맞는 이야기인가?
4. 의의는 무엇인가?

깊게 파고드는 질문에는 문제 해결을 위한 '5WHY' 즉 '다섯 번 질문하기'를 활용하자. 미국 제퍼슨 기념관은 대리석 벽의 부식문제가 심각했다. 이 사태를 해결한 과정을 살펴보자.

●현재의 문제 : 기념관 대리석 벽의 부식이 아주 심각하다.

첫 번째 Why : 왜 기념관 벽의 부식이 심각한가?
▶ 독성 세제로 벽을 자주 청소하기 때문이다.
두 번째 Why : 왜 그렇게 청소를 하는가?
▶ 비둘기 배설물이 많이 쌓이기 때문이다.
세 번째 Why : 왜 비둘기가 많은가?
▶ 기념관에 비둘기들의 먹이인 거미가 많기 때문이다.

네 번째 Why : 왜 거미가 많은가?

  ▶ 밤마다 거미 먹이인 나방이 기념관에 모이기 때문이다.

다섯 번째 Why : 왜 밤마다 나방이 모이나?

  ▶ 다른 곳보다 조명을 2시간 일찍 켜기 때문이다.

다섯 번의 질문을 통해 현 상황의 '핵심 원인'을 찾았다. 이를 해결하기 위해 기념관은 이른 조명 점등 시간을 2시간 늦췄다. 예산 투입이나 별도의 통제 없이도 문제를 해결했다. 독서를 할 때도 특정 주제에 대한 의문이 생기면 질문을 거듭하며 자료를 찾고 맥락을 파악하자.

벤저민 프랭클린은 아침과 저녁, 자신에게 질문을 던지며 하루를 시작하고 마무리했다. "오늘 어떤 좋은 일을 할까?"라는 아침 질문과 "오늘 어떤 좋은 일을 했나?"라는 저녁 질문이다. 그는 이 두 질문을 매일 반복하며 여기에 따라 하루를 살 것을 강조했다. 독서에도 이 방법을 적용해보자. 아침에는 "오늘 어떤 좋은 책을 읽을까?"라고 질문하고 책을 찾아본다. 저녁에는 "오늘 어떤 좋은 책을 읽었나?"라고 물어보고 읽은 내용을 정리해본다.

이어령은 『생각 깨우기』에서 이렇게 말했다. "자기 안에 물음표가 없어서 아무것도 묻지 못하는 사람은 건전지를 넣고 단추를 누르면 그냥 북을 쳐대는 곰 인형과 다를 게 없죠." 질문으로 전문가를 향한 독서를 완성하자. 다시 생각하고 새롭게 거듭나는 독자가 되자.

'슬로 리딩'은 속독과 달리 천천히 책을 읽는 방법이다. 책과 독자의 차이점에 집중한다. 속독이나 다독보다 독서의 '질'을 따진다. 시간을 들여 천천히 읽는 활동 자체에 의미를 두고 즐거움을 찾는다. 단순한 지식 전달보다 내면의 변화에 초점을 둔다.

천천히 읽기는 쌓는 독서이자 허무는 독서다. 쌓아야 내 것이 되고 허물어야 내가 넓어진다. 생각을 쌓고 관념을 허무는 '잘못 읽기'를 알아보자.

학창 시절 국어 교육은 '작품의 이해와 감상'보다 '정답의 재빠른 선택'에 더 가까웠다. 정답과 1등만을 유일한 길로 믿으며 달려왔다. 제대로 책을 읽고 글을 써볼 기회가 많지 않았다. 책은 '교과서'와 '문제집'이었다. 이런 습관은 독서를 할 때도 상당한 영향을 미친다. 책 내용을 그대로 받아들이고, 처음부터 끝까지 읽고, 겉으로 드러난 지문에서 답을 찾으려고 한다.

'오독誤讀'은 '잘못 읽거나 틀리게 읽음'이다. 오독은 두 개념으로 생각해볼 수 있다. 사전적 정의처럼 단어와 개념을 제대로 이해하지 못하거나 논리적 구조를 놓치는 상황이다. 어휘력이나 배경지식, 집중력과 독서 경험 부족이 원인이다. 소위 빈약한, 비의도적 오독이라고 볼 수 있다. 이와 달리 책을 깊이 곱씹고 잘 정리하여 작가의 생각과 의도 이상으로 가치 있는 내용을 새로 만들어낼 수도 있다. 이른바 풍요로운, 의도적 오독이라 이름 붙일 수 있다.

책 읽기에 정답은 없다. 저자가 항상 옳지도 않고 반드시 책 전체를 모두 읽어야 할 필요도 없다. 무엇보다 책 속에는 답이 없다. 이

독서에 빠지는 여러 가지 방법

렇게 말하면 누군가 '책 속에 길이 있다'라는 말을 예로 들어 반박할 수도 있다. 물론 책 속에는 길이 있다. 하지만 그건 고속도로나 철도처럼 이미 만들어진 '기성로既成路'가 아니다. 책 속에는 다양한 힌트와 가능성이 존재할 뿐 이를 모아서 나만의 맞춤형 답을 찾아내야 한다. 근대 중국의 문학가이자 사상가인 루쉰은『고향』에서 다음과 같이 말했다.

"희망이란 본래 있다고도 할 수 없고 없다고도 할 수 없어요. 그것은 마치 땅 위의 길과 같죠. 본래 땅 위에는 길이 없었어요. 걸어가는 사람이 많아지면 그것이 곧 길이 되는 거죠."

책이란 길이 제대로 나 있지 않은 산과 같다. 독자는 직접 풀숲과 나뭇가지를 헤치며 앞으로 나아가야 한다. 각자의 성향과 체력, 환경에 따라 다른 길을 만든다. 이건 오롯이 독자 몫이다. 같은 책을 읽어도 사람마다 다른 생각, 다른 답을 얻게 된다. 100명이 책을 보면 100가지의 길이 생긴다. 그 길은 책을 가슴에 담은 독자에게만 보이는 '내 안의 길'이다. 길을 잘 만들려면 땅 위를 여러 번 왕복해야 한다. 한 권의 책을 여러 번 봐야 하고 다양한 책을 폭넓게 봐야 한다. 그리고 그 길을 현실 속에 구체화하는 과정이 바로 '실천'이다. 책 속의 길이란 '미완의 신작로'기 때문이다.

영성지도자이자 심리치료사인 토머스 무어Thomas Moore 는『영혼의 돌봄』에서 이렇게 말한다. "영혼은 빠른 속도의 삶을 견뎌내지 못해요. 무언가를 인식하고 숙고하고 영향을 받는 일은 시간이 걸리기 때문이죠." 독서도 이와 비슷하다. 빨리 읽기만을 목표로 하면 책의 콘텐츠와 감성을 맛보며 차분히 생각할 시간이 부족해진다.

책은 즉석식품이 아니다. 천천히 곱씹어 읽어보자. 책을 읽은 뒤에는 그 의미를 생각해야 한다. 좋은 문장이 내 것이 될 정도로 여러 번 읽어야 한다. 씹으면 씹을수록 단맛이 나는 밥처럼 읽으면 읽을수록 새로운 맛이 배어난다. 독자의 경험과 생각이라는 아밀라아제는 텍스트를 적시고 콘텐츠를 녹여낸다. 소화하기도 편해진다. 그리고 마음에 필요한 영양분을 마음껏 뽑아낸다. 체하지 않도록 꼭꼭 씹어서 맛있게 먹어보자. 내가 먹은 음식이 내 몸을 만들듯 내가 읽은 책이 내 삶을 만든다. 책은 정신의 양식, 생각의 보양식이다.

책 한 권을 꼼꼼히 읽은 뒤 그 내용을 잘 되새기자. 이런 책이 10권, 20권 쌓이면 놀라운 일이 생긴다. 같은 주제의 책을 읽었다면 이해와 독서 속도가 빨라진다. 다른 주제의 책이라면 생각의 소재가 다양해지고 소양이 풍부해진다. 독서력이 자란다. 새로운 세상이 말을 건다.

넓고 깊게, 3·3 독서법

'삼삼하다'는 말이 있다. '잊히지 않고 눈앞에 보이는 듯 또렷하다', '사물, 사람 생김새나 됨됨이가 마음이 끌리게 그럴듯하다'라는 뜻이다. 이렇게 선명하고 깊게 읽는 독서법이 있다. 바로 '3·3 독서법'이다. 이 독서법은 3가지 인문학책(문학, 역사, 철학)과 3가지 매체(책·영화·다큐)로 깊고 넓게 책을 읽는다. 삼삼하게 책을 읽고 소소하게 의미를 밝혀보자.

대학교 1학년을 마무리할 무렵 칼 세이건의 『코스모스』를 만났다. 숨이 막힐 듯 아름다운 우주와 신비한 생명 이야기가 가득했다. 어린 시절의 꿈이 되살아났다. 내가 『코스모스』를 중심으로 실행했던 '3·3 독서법'을 소개한다.

먼저 『코스모스』를 2~3번 반복해서 읽었다. 그리고 관련 있는 문학, 역사, 철학 서적을 찾아서 읽어보았다. 우주를 배경으로 한 문학을 찾다가 만난 책이 더글러스 애덤스Douglas Adams의 『은하수를 여행하는 히치하이커를 위한 안내서』 시리즈다. 독특하고 기상천외한 매력이 가득하다. 허버트 조지 웰스Herbert George Wells가 쓴 『우주전쟁』이나 칼 세이건의 『콘택트』도 좋다.

역사책은 무엇이 있을까? 베르너 하이젠베르크Werner Heisenberg의 『부분과 전체』가 좋을 듯하다. 우주의 중심 이론인 양자역학을 어렵지 않게 다룬다. 자서전 형태로 저자의 생각과 성장 과정을 정리했다. 개인의 역사 속에 현대과학의 주요 내용과 발전사가 잘 담겨 있다. 중고서점에서 발견하여 집에서 3번 읽었다. 스티븐 호킹의 『시간의 역사』도 좋은 참고 도서다.

철학책은 무엇이 좋을까? 갈릴레오 갈릴레이의 『두 우주 체계에 대한 대화』가 어떨까? 세 명의 주인공이 천동설과 지동설을 주제로 대화하는 내용이다. 논리적 사고력과 타인의 의견을 대하는 자세가 잘 드러난다. 서울대 선정 인문고전 만화로 재미있게 읽었다.

기본서와 문사철 서적을 읽은 다음에는 영화와 다큐멘터리를 찾아본다. 영화는 〈인터스텔라〉가 좋았다. 우주 시공간과 차원, 삶에 관한 내용이 환상적으로 펼쳐진다. 영화 제작에 직접 참여한 물리학자 킵 손Kip S. Thorne의 『인터스텔라의 과학』을 함께 읽으면 더 좋다.

영화로 감성과 상상력을 맛보았다면 다큐멘터리로 이성과 사고력을 채워보자. 칼 세이건이 직접 출연한 1980년대 버전의 〈코스모스〉가 있다. 어릴 적 그와 직접 인연을 맺은 닐 타이슨Neil Tyson이

책을 읽다

출연한 2014년 〈코스모스〉도 있다. 세대를 이어 우주와 지구, 인류의 이야기가 아름답게 펼쳐진다. 다큐멘터리는 3번을 보며 별빛 같은 아름다움을 가슴에 담았다.

한 권의 책을 읽고 관련 있는 문학, 역사, 철학 책을 찾아서 함께 읽어보자. 그리고 영화와 다큐멘터리도 찾아보자. 텍스트와 영상이 어우러져 풍성하고 깊이 있는 읽기를 할 수 있다. 시간은 다소 필요한 일이지만 시대를 넘나드는 종합 독서를 할 수 있다. 지독과 재독, 다독이 어우러지는 '독서 갈라쇼'다.

낭독과 암송, 생생한 깊이 읽기

요즘은 책을 주로 묵독, 속으로 읽는다. 하지만 때에 따라 책을 낭독, 암송할 수도 있다. 낭독은 글을 소리 내어 읽거나 외우는 것이다. 암송은 글을 보지 않고 외워서 말하는 것이다. 전자와 후자는 어떤 차이가 있을까?

낭독은 묵독보다 읽기에 더 많은 힘과 감각을 요구한다. 더 신경을 써야 하지만 그만큼 더 큰 혜택이 있다. 글을 더 깊이 체득할 수 있고 책과 독자를 하나로 묶어준다. 독자가 곧 글의 제작, 편집, 감독을 모두 맡는 종합 지휘자가 된다. 그동안 잊었던 몸의 감각들을 새롭게 일깨울 수 있다. 특히 자녀들을 위한 좋은 교육이 된다. 부모가 실감나게 책을 낭독해주면 아이들에게 즐거운 추억은 물론 책 읽기에 대한 흥미와 친숙함을 선물할 수 있다.

암송은 머릿속에 담은 내용을 말로 되새기는 일이다. 지식을 표현하는 과정을 통해 이해력과 기억력을 높일 수 있다. 암송은 청각에 기초한 단체 활동이다. 단순한 읽기가 아니라 신체를 쓰는 운동에 가깝다. 서당에서 아이들이 함께 암송한 것도 몸으로 글을 새겨 오래 기억할 수 있기 때문이었다. 경전을 암송하는 것도 텍스트를 깊이 체화하기 위해서다. 4세기 알제리와 이탈리아에서 활동한 주교 성 아우구스티누스의 말을 들어보자.

"책을 읽다가 자네의 영혼을 뒤흔들거나 유쾌하게 만드는 경이로운 문장과 마주칠 때마다 자네의 지적 능력만 믿지 말고 억지로라도 그것을 외우도록 노력해보게나. 그리고 그것에 대해 깊이 명상하여 친숙한 것으로 만들어보세. 그러면 어쩌다 고통스러운 일이 닥치더라도 자네는 고통을 치유할 문장이 마음속에 새겨진 것처럼 언제든지 준비되어 있음을 깨닫게 될 걸세."

문제 및 고민 해결을 위한 독서법

인생을 살다 보면 많은 일이 생긴다. 좋은 일이 생기는 만큼 나쁜 일이 생기기도 한다. 오르막이 있으면 내리막이 있듯 성장기가 있으면 침체기가 있다. 힘든 시기를 잘 보내야 삶을 지킬 수 있다.

스프링은 늘어남과 줄어듦을 반복하는 나선형 쇠줄이다. 스프링의 탄성을 최대한 끌어내리려면 촘촘한 압축 상태를 겪어야 한다. 하늘로 힘차게 뛰어오를지, 바닥에 납작 눌러앉을지는 이 시기를 어떻게 보내느냐에 달렸다. 이때가 미래를 결정하는 분기점이기 때문이다.

'백척간두百尺竿頭'라는 말은 백 자나 되는 높은 장대 위에 올라섰다는 뜻으로, 몹시 위태로운 지경을 의미한다. 한 자가 대략 30센티

미터, 백 자는 30미터, 아파트 약 10층 높이다. 하지만 백척간두에
는 또 다른 뜻도 있다. '백척간두진일보百尺竿頭進一步'라고 하여 위
태로움 속에서 한 걸음 더 나아갈 것을 주문한다. 아무리 어려운 상
황에서도 용기를 내 한 걸음 힘차게 내디디면 새로운 기회가 열린
다는 뜻이다. 독서는 이 진일보의 역할을 담당한다.

프리드리히 니체의 말을 들어보자. "인간은 언제나 자신의 내면
에 혼돈을 간직해야 해요. 그래서 그 속에서 춤추는 별을 탄생시켜
야 합니다. 그리고 나는 아직도 우리 인간이 이러한 혼돈을 간직하
고 있다고 믿어요." 마음속 혼돈을 빛나는 태양으로 탄생시키려면
'책'이라는 매개체가 필요하다. 독서는 마음의 혼돈을 미래의 비전
으로 잇는다. "역경을 헤치고 별을 향해per ardua ad astra"라는 라틴어
문구가 있다. 책은 별로 향하는 우주왕복선이다.

나는 군 복무 시절 훈련을 받다가 다리를 다쳤다. 국군병원에서
수술을 받았는데 후유증이 심했다. 다리가 크게 부풀어 올랐고 한
달 남짓 일반 병실로 올 수 없었다. 통증이 심해 하루에 한두 시간
넘게 잠들기 어려웠다. 마약성 진통제도 효과가 없었다. 하지 절단
직전까지 상태가 나빠졌다. 생전 처음 자살을 생각했다. 75킬로그
램에 달했던 몸무게는 50킬로그램이 채 되지 않았다.

제대 후 남는 시간은 오롯이 회복에 초점을 맞췄다. 굳은 관절을
제대로 구부리고 걷기 위해 2년여의 시간이 필요했다. 운동과 독서
가 삶의 주축을 이루었다. 책은 어린 시절 아픈 배를 쓰다듬어 주시
던 어머니의 손길을 닮았다. 포물선을 그리며 한 장 한 장 넘어갈
때마다 책은 상처받은 영혼의 살결을 살며시 문질러 주었다. 책장
위에 한숨을 가득 싣고 눈물을 왈칵 쏟아낼 때도 책은 말없이 삶의

찌꺼기들을 받아내주었다. 언제나 자기 자리를 지키며 나를 기다리다가 언제든 나를 만나면 반갑게 인사하는 지기知己였다.

엔트로피entropy는 특정 공간의 '무질서 정도'를 뜻하는 말이다. 엔트로피가 작으면 질서 정연한 상태, 엔트로피가 크면 무질서한 상태다. 자연계에서 엔트로피는 항상 증가한다. 이마 타서 재가 된 나무는 다시 장작으로 변하지 않는다. 시간이 지날수록 엔트로피가 커지면 재생 가능한 에너지는 줄어들고 재생 불가능한 에너지는 늘어난다. 혼돈은 커지고 질서는 줄어든다.

독서는 삶의 엔트로피를 줄여나가는 과정이다. 무질서한 일상, 버려지는 시간을 모아서 규칙적이고 의미 있는 가치를 만드는 작업이다. 독서는 좋은 동반자가 된다. 엔트로피를 거스르는 단단한 텍스트로 매일 새롭게 거듭나보자. 인생을 충실히 보낼 수 있는 훌륭한 방법이다.

회복 탄력성 이야기

형상기억합금은 모양이 변해도 열을 가하면 다시 원래 모습으로 돌아온다. 일반 금속은 형태가 바뀔 때 내부 금속 결합이 풀린다. 하지만 형상기억합금은 외력에 모양이 바뀔지언정 원자간 결합을 유지한다. 그러다 적절한 조건(열)을 만나면 다시 본래 모습으로 돌아간다. 이때 변형에 쓰인 외력의 5배 정도 힘을 낸다.

회복 탄력성回復彈力性, resilience은 '실패나 부정적인 상황을 극복하고 안정된 심리 상태를 되찾는 성질이나 능력'이다. 누구에게나 어려운 시간이 생긴다. 매 순간이 꽃길 화사한 봄날일 수는 없다. 때로는 뜨거운 뙤약볕을 지나야 한다. 몰아치는 비바람이나 매서운 눈보라를 무릅써야 한다. 회복 탄력성이 강한 사람은 역경에 처해 바닥으로 떨어져도 이를 딛고 다시 올라온다. 어떠한 시련에도 의미를 부여하고 긍정적인 생각으로 대처한다. 형상기억합금처럼 시련을 겪기 이전의 상태로 곧 복귀한다.

티탄·니켈 합금은 대표적 형상기억합금이다. 각각의 금속에는 없던 특성이 결합으로 생긴다. 결합의 힘은 강하다. 아이언맨은 주인공이 아이언 슈트를 착용할 때 비로소 완전체가 된다.

삶이 힘들 때 홀로 있다면 그 어려움을 이겨내기 어렵다. 믿고 의지할 수 있는 사람과 함께 역경을 이겨내는 것이 최선이다. 하지만 항상 좋은 사람을 만나기는 어렵다. 내가 바라는 이가 내 곁에 없을 수도 있다.

이때 책이 좋은 친구가 된다. 책이 전하는 메시지를 통해 긍정 에너지를 얻고 새로운 길을 찾을 수 있다. 많은 사례 가운데 희망을 얻고 이 세상에 나 혼자만 있는 것은 아니라는 점을 깨우칠 수 있다. 삶을 파고드는 외력에도 굴하지 않는 단단한 마음의 결합력을 얻을 수 있다. 변화를 삶의 일부로 받아들이는 여유와 이에 대처하는 유연성을 기를 수 있다. 한 권씩 쌓이는 독서 경험은 마음을 키우고 넓히며 굳건하게 만든다.

책이 건네는 위로

현대인은 바쁘다. 시간 가는 줄 모르고 일상을 견딘다. 그렇다고 행복하지는 않다. 수시로 막연한 슬픔과 불안이 스며든다. 왜 그럴까? 그리고 어떻게 해야 할까?

데이비드 번즈David Burns의 『우울한 현대인에게 주는 번즈 박사의 충고』는 감정과 생각의 관계를 이렇게 설명한다. "감정의 감옥에서 해방되는 비결은 의외로 간단해요. 생각이 감정을 만들어낸다는 사실을 명심하는 거죠. 당신의 감정은 잘못된 생각에서 만들어졌을지도 몰라요. 불쾌한 감정은 단지 당신이 무언가를 부정적으로 생각하고 있다는 걸 말해줄 뿐입니다." 평소 믿음과는 달리 감정이 항상 옳지는 않다. 상황을 성급하게 단정 짓고자 하다가 잘못된 감정을 사실이라고 믿는 경우가 많다. 오해를 키우고 관계를 망치는 원흉이 된다.

우리는 알게 모르게 자신과 많은 대화를 한다. 모든 선택은 이런 대화를 전제로 이루어진다. 하지만 그 '셀프 문답' 과정이 자기 삶에 얼마나 영향을 미치는지는 잘 모른다. 자기가 자신에게 하는 모든 유무형의 말은 잠재의식 속에 하나의 '사실'로 뿌리내린다. 부정적인 말과 생각을 계속하면 무의식 속에 부정적인 생각이 계속 자라나서 의식을 지배해버린다.

자신과의 대화 태도를 고치는 일은 '자기의 생각에 관한 생각'을 묻고 대답하는 과정이다. 내 생각, 느낌, 마음을 솔직하게 털어놓고 속을 드러내야 한다. 하지만 혼자서는 이 작업이 어렵다. '나'는 내가 가장 잘 안다는 확신 때문이다. 나는 나 자신과 너무 가까이 붙어 있기에 객관적인 거리를 두고 살펴야 한다. 다른 이의 눈으로 나를 바라볼 시간이 필요하다.

가장 바람직한 방법은 좋은 멘토가 나를 세심히 살펴 조언을 해주는 것이다. 책은 좋은 구루guru가 될 수 있다. '구루'는 '어둠을 몰아내는 자'라는 뜻의 산스크리트어로 '정신적 스승, 존경해야 할 사람'이다. 모범이 되는 이러한 훌륭한 스승, 사표師表를 만나는 일은 쉽지 않다. 하지만 책은 언제 어디서나 쉽게 마주할 수 있다.

퇴계 이황은 "뜰 앞에 천도복숭아가 있는데 내 손자는 먼 데까지 가서 개살구를 줍고 있구나"라고 했다. 나를 일깨우고 일으켜줄 선생님이 내 서재에서, 집 근처 서점과 도서관에서 나를 기다린다. 마음만 열면 책은 언제든 자신의 모든 것을 내어준다. 당신은 사랑받기 위해 태어난 존재이고, 책은 콘텐츠라는 사랑을 주기 위해 탄생한 존재다. 책이 선사하는 사랑을 듬뿍 받아보자. 그리고 그 사랑을 더 크게 키워서 세상에 돌려주자.

스가와라노 미치자네菅原道真는 한반도에서 건너간 '도래인渡來人'의 후손으로 일본에서 학문의 신으로 추앙받는 헤이안 시대의 학자이자 정치인이다. 그가 억울한 누명을 쓰고 귀양을 가기 전, 집 뜰 안의 매화나무에게 노래 한 수를 바쳤다.

"동풍(봄바람)이 불거든 너의 향기를 보내다오, 매화여!
주인이 없다 한들 봄을 잊지 않기를"

마음 편히 살기 어려운 시대다. 일상이 힘들고 여유가 없는 것 같지만 손에서 책을 놓지 않기를 바란다. 매서운 한겨울의 추위를 이겨내고 꽃을 피우는 매화처럼, 꾸준한 책 읽기로 나만의 향기를 피워내자. 찬바람이 지나가면 어김없이 봄이 오듯 여태껏 아껴둔 아름다운 향취를 널리 나눌 때가 온다. 독서가 그 곁을 함께할 것이다. 독서는 삶에 따뜻한 숨결을 불어넣기 때문이다.

이번에는 책을 한층 풍부하게 이해하고 활용할 수 있는 삼위일체 독서법을 소개한다. 바로 선택적, 맥락적, 기술적 독서법이다. 선택적 독서법은 독자의 상황과 목적에 따른 내용 중심 접근법이다. 맥락적 독서법은 문장 연결과 흐름에 따른 논리 중심 접근법이다. 기술적 독서법은 핵심 파악과 기억 강화에 따른 인지 중심 접근법이다. 하나씩 살펴보자.

독자의 상황과 목적에 따른 선택적 독서법 : 콘텐츠를 중심으로

책의 콘텐츠는 텍스트와 콘텍스트로 나뉜다. 두 개념은 어떤 차이가 있을까? jtbc 〈차이나는 클라스〉 52회 방영 내용을 참고해보자.

텍스트는 메시지가 담겨 있어서 해석이 필요한 모든 것이다. 글뿐만 아니라 그림, 영상이 모두 텍스트다. 콘텍스트는 텍스트를 해석하는데 필요한 모든 정보다. 문맥이나 맥락, 행간과 의미가 통하는 개념이다. 텍스트가 어렵게 느껴진다면 2가지 이유가 있다. 자기 취향이 아닐 때, 담고 있는 정보가 낯설 때다. 문자 텍스트 해석에 중요한 콘텍스트는 4가지가 있다.

1. 생산자는 누구인가? (관계자/제3자)
2. 생산 동기나 목적은 무엇인가? (이익/신념/감정)
3. 무엇을 표현하였나? (감정과 취향/생각과 주장)
4. 왜 이런 방식으로 만들었나? (용어/문장)

텍스트의 가치를 발견하고 진실성을 알기 위해서는 독해력이 필수적이다. 독해력을 기르려면 계속 읽어야 한다. 어휘와 지식이 쌓여 스키마가 풍부해지면 텍스트에 대한 이해도 역시 높아진다. 책의 주제와 방향성, 지은이의 의도를 손쉽게 파악할 수 있기 때문이다. 독자는 텍스트를 읽으며 각종 기억과 경험, 글의 관계를 재구성하며 의미를 만든다.

칼은 용도에 따라 다양하게 쓰인다. 과일을 깎을 때는 과일칼을, 생선을 손질할 때는 생선칼을 쓴다. 회를 뜰 때는 회칼을 쓴다. 겉보기에는 비슷한 책이라는 도구도 독자의 필요와 처지에 따라 다르게 쓰인다. 콘텐츠의 기본 구성을 알고 자신이 입장에 따라 책을 자유롭게 활용하자. 목적과 방법에 따른 독서법, 5W2H 독서법, BEST 독서법을 적절하게 써보자.

문장의 연결과 흐름에 따른 맥락적 독서법 : 논리를 중심으로
책이란 글을 논리적으로 엮어낸 생각의 모음집이다. 글의 구성단위를 살펴보자. 글은 보통 단어와 문장, 문단으로 나눌 수 있다. 우선 단어가 모여 문장이 된다. 문장이 모여 문단이 되고 문단이 모여 하나의 글, 책이 된다. 모든 단어와 문장, 문단은 책의 핵심 내용인 주제와 긴밀한 연결성을 갖는다.

주제는 크게 대주제와 소주제로 나뉜다. 대주제는 책의 전반적인 내용을 묶어내는 중심 의미다. 그 속에는 작가가 글을 쓴 '의도'를 담고 있다. 책의 모든 주제는 한 문장으로 요약할 수 있다. 대주제는 'A는 B다'라고 표현할 수 있다. 소주제는 대주제를 좀더 세분화하여 나타낸다. 소주제들의 공통되는 상위 개념이 곧 대주제가

된다. 하나의 소주제는 중심 문장과 뒷받침 문장으로 이루어진다. 독자들에게 대주제에 대한 설득과 설명을 담당한다. 예시를 비롯한 다양한 근거 자료를 제시한다.

책의 각 목차는 이런 소주제들의 모임이다. 소주제는 'a는 b다'라고 할 수 있다. 이 소주제를 뒷받침하는 문장들은 'a_1은 b_1이다, a_2는 b_2다'와 같이 표현할 수 있다. 하나의 목차 안에는 여러 개의 소목차가 있다. 이 소목차가 다루는 내용이 소주제다.

이 책은 책 읽기에 관한 내용을 다룬다. 책의 모습과 특성, 책을 읽고 쓰고 활용하는 방법, 그리고 그 사례들을 담고 있다. 이 책의 대주제는 '책은(A) 좋다(B). (그러니 책을 많이 읽자)'다. 그리고 4가지 큰 목차(책을 알다, 책을 읽다, 책을 쓰다, 책을 넘다)로 대주제를 설명한다. 각각 '책의 특성과 힘(a_1), 책 읽는 이유와 방법(a_2), 읽은 책을 바탕으로 쓰고 정리하는 법(a_3), 읽은 책을 삶에 적용하는 방법(a_4)'을 그에 맞는 서술(b_1, b_2, b_3, b_4)과 함께 무엇이 어떻게 좋은지 말한다.

'프랙털fractal'은 '임의의 한 부분이 전체의 형태와 닮은 도형'이라는 뜻으로 유사성(부분을 확대할 때 자기가 포함된 전체와 닮은 모습을 보여주는 성질)을 갖는 기하학적 구조다.

옆의 그림을 보자. '시에르핀스키 삼각형'이라는 프랙털 도형이다. 하나의 큰 삼각형 안에 무수히 많은 삼각형이 있다. 작은 삼각형들이 모여 큰 삼각형의 모습을 만든다. 하나의 구조 속에 같은 구조가 반복된다.

글도 일종의 프랙털 구조를 갖는다. 'A는 B다'라는 큰 형태 속에 'a는 b다'가 반복적으로 나타난다. 책을 읽을 때 이 프랙털 구조를 입체적으로 생각하면 주제 파악과 내용 이해가 간단해진다. 책 읽는 속도도 빨라진다. 주요 부분과 보조 부분을 가려서 읽을 수 있기 때문이다. 전체적인 흐름에서 논리적으로 어색하거나 부적절한 부분을 찾기가 더 간편해진다. 독자는 이 원리를 독서뿐만 아니라 글을 쓸 때도 똑같이 적용할 수 있다. 글이란 하나의 주제를 자세하게 풀어서 쓴 문장의 모임이기 때문이다. 기본 뼈대를 알면 여기에 붙은 살의 형태를 잘 알 수 있는 것과 같다.

책을 읽을 때는 이 구조를 머릿속에 기본적으로 펼쳐두자. MRI로 몸의 구석구석을 살피듯 문단과 문단을 이루는 기본 관계를 바탕으로 책을 읽자. 책의 핵심이 머릿속에 쉽게 떠오를 것이다. 책 읽기가 더 즐거워지고 쉬워진다. 책도 결국은 논리적 구조를 가진 문장의 모음으로 이루어지기 때문이다.

글을 읽을 때는 접속사에도 관심을 기울이자. 글의 흐름을 파악하는 표지로 활용할 수 있다. 접속사는 논리적 구조를 시각화하는 힌트다.

한 문단 안에서 다른 소재를 다룰 때가 있다. 이때 역접 접속사(그러나, 하지만 등)의 앞과 뒤의 문장은 보통 비슷한 비중을 갖는다. '잘 익은 사과는 빨갛다. 하지만 잘 익은 바나나는 노랗다'라는 문장을 보자. 사과와 바나나는 상하 관계가 아닌 동등한 관계다.

이와 달리 한 문단 내에서 같은 소재를 다룰 때는 대개 뒷부분에 더 많은 비중이 실린다. '많은 이들은 돈이 많으면 행복하게 살 수 있다고 생각한다. 그러나 돈이 곧 행복을 담보할 수 있을까?' '그러나'를 중심으로 앞 문장은 돈과 행복의 긍정적 연관성을 내비친다. '그러나'의 뒤 문장은 그런 생각에 의문을 제기하며 새로운 생각을 유도한다. 지은이가 말하고 싶은 부분은 앞 문장이 아닌 뒤 문장이다. 작가가 글에서 설득력을 높이고자 할 때, 앞부분에는 사회통념을 배치하고 뒷부분에는 이와 상반되는 내용을 넣는다. 주제는 뒤쪽에 있다. 시간이 없다면 뒤편의 결론 부분을 먼저 읽어도 좋다.

책을 읽을 때 글의 구성 형태와 연결 부분을 잘 살피면 더 효과적인 독서를 할 수 있다.

핵심 파악과 기억 강화를 위한 기술적 독서법 : 인지를 중심으로

독서를 하며 핵심을 잘 파악하려면 평소 글과 친해야 한다. 매일 책을 읽는 습관을 들이면 좋다. 신문이나 잡지도 틈날 때마다 읽고 내용을 요약하는 시간을 갖자. 원금이 많을수록 이자가 많이 생기는 것처럼 풍부한 독서량은 이해력과 사고력을 키운다. 주변에 책을 비롯한 읽을거리를 눈에 띄는 곳곳에 두자.

책을 읽을 때는 책 속의 의미와 가치를 힘들게 찾아낸다는 생각을 버리자. 책에 담긴 주제와 자료들이 내 머릿속으로 날아와 콕콕 박힌다고 여겨보자. 내 마음이 나에게 필요한 부분들을 자석처럼 끌어당겨 흡수한다고 생각하자. 더 능동적이고 적극적인 독서를 할 수 있다. 실제로 독서 효과도 더 높아진다. 중요한 내용의 책은 잠들기 전에 한 번 더 읽자. 우리 뇌는 잠들면서 깨어있던 시간의 기억을 정리하는데 특히 마지막 입력 정보를 잘 저장하기 때문이다. 중요한 시험을 준비할 때도 유용한 방법이다.

이해력과 기억 강화의 핵심은 집중과 반복이다. 예습은 본 학습

전에 내용을 미리 익혀서 반복 학습의 효과를 얻기 위해서다. 반복은 단순한 정신적 작용이 아니다. 뇌세포의 해부학적 변화로 이어지는 물리적 작업이다. 반복 학습은 뉴런의 연결 지점, 시냅스 내 신경전달물질의 농도를 바꾸고 연결을 강화한다. 뉴런들은 전에는 없던 새로운 시냅스 말단을 만든다. 장기 기억을 만들 때는 생화학적 변화뿐 아니라 뉴런 단위의 해부학적 구조 변화도 일어난다.

기억의 핵심은 '복습과 출력'이다. 새로운 기억은 뇌의 해마에 입력되고 정리되어 대뇌피질에 저장된다. 이때 해마는 중요하다고 판단한 정보만 대뇌피질로 보낸다. 한 번만 쓸 파일은 삭제하고 다음에 다시 활용할 데이터는 저장한다. 어떻게 하면 해마에게 '이 정보가 중요하다'는 신호를 줄 수 있을까? 바로 반복이다. 해마는 반복되는 정보는 중요하다고 여겨 대뇌피질에 그 내용을 오랫동안 보존하도록 한다.

하지만 저장만으로 끝나서는 안 된다. 백업 없이 한곳에 오래 내버려 둔 데이터는 읽지 못하는 경우가 있다. 머릿속에 담긴 정보를 꺼내 활용하는 연습이 필요하다. 독서 경험을 출력하는 가장 좋은 방법은 글로 표현하는 것이다. 두뇌 피질에서 가장 넓은 영역이 담당하는 손으로 생각을 다듬어 나만의 문장으로 나타내자. 임마누엘 칸트는 손은 바깥으로 드러난 하나의 두뇌라고 했다. 반복과 기억은 물론 비판과 응용까지 한 번에 아우를 수 있다. 책을 읽었다면 마음속의 느낌을 꼭 글로 드러내보자.

반복 읽기를 할 때는 문단이나 목차의 순서를 바꿔가며 읽어보자. 처음에는 'A → B → C' 순서로 읽었다면 다음에는 'C → B → A 또는 A → C → B' 등으로 읽어보자. 중요 내용을 선별하는 능력이

자라고 이해도와 기억력도 높아진다. 새로운 아이디어도 잘 떠오른다.

『7번 읽기 공부 실천법』에서 야마구치 마유山口眞由는 공부는 머리가 아닌 기술임을 강조한다. 독서도 마찬가지다. 올바른 방법으로 실천하면 누구나 원하는 바를 얻을 수 있다. 누구에게나 열린 배움의 장이다.

정보를 다루고
지식을 다듬는
독서법

남의 피를 이해한다는 건
그렇게 쉬운 일이 아닙니다.
나는 한가하게 독서하는 사람을 증오합니다.
★프리드리히 니체

| 정보 발전 단계 이해하기 |

자료 발전과 활용 과정은 '데이터 → 정보 → 지식 → 지혜'로 나타
낼 수 있다. 데이터는 '수치화된 개별 자료'다. 가공 전 단계, 의미
없는 기록이다. 관찰된 객관적 사실 그 자체다. 정보란 '의미 있는
데이터'다. 의사결정에 쓸 수 있도록 유의미하게 가공된 2차 데이
터다. 지식은 '가치 있는 정보'다. 정보가 경험과 만나 현실에 적용
가능한 형태로 정리된 내용이다. 정보 이용 방법, 정보에 기반한 실
용적 규칙이다. 마지막으로 지혜는 '창의적인 실천적 아이디어'다.
지식을 습득해 그 속에 담긴 이치를 빠르게 알아차리고 응용하는
정신적 능력이다. 일종의 패턴화된 지식이다. 지혜는 상황에 알맞

게 규칙을 적용하는 유연성을 내포한다.

　날씨는 우리 삶에 큰 영향을 미친다. 출퇴근길은 물론 각종 산업, 정책과 개인 및 사회 건강과도 직결된다. 기상청에서는 매일 기온, 강수, 바람, 기압, 습도 등의 '데이터'를 측정한다. 뉴스는 기상 '정보'를 제공한다. 이를테면 '내일 아침 출근길에 비가 올 확률은 60퍼센트이다'처럼 말이다. 이를 바탕으로 시청자는 '내일은 우산을 챙겨야겠다'는 '지식'을 얻을 수 있다. 날씨 자료를 활용해 새로운 사업을 시작하거나 학설을 발표하면 이는 '지혜'에 해당한다.

　지혜를 얻으려면 일정 수준 이상의 정보를 확보해야 한다. 그리고 그 근원과 전개 과정을 면밀하게 살펴서 원인을 분석해야 한다. 무엇보다 다가올 결과와 영향, 이에 대비하기 위해 무엇을 할지 헤아리는 예측 과정이 필수다. 여기에 이를 확인하는 검증과 피드백 과정까지 이루어지면 금상첨화다. 누적된 지혜를 구체적으로 명시하면 매뉴얼이나 비결이 된다. 데이터와 정보는 목적에 맞는 올바른 콘텐츠가 많이 모일수록 좋다. 지식과 지혜는 더 많이 쓰고 나눌수록 좋다.

| 　　　　　　　　　정보처리 3단 절차　　　　　　　　　|

앞서 문장이 이어져 문단과 글이 되는 관계를 알아보았다. 각 문장의 세부 내용은 사실과 생각을 담은 정보다. 정보 수용과 정리, 표현법을 살펴보자. 정보를 얻고 다듬어 나타내는 과정이다. 지식을 논리적인 글로 풀어내는 정보처리 과정을 알면 책에 대한 몰입도

와 이해도가 훨씬 높아진다. 더 밀도 높은 독서를 할 수 있다. 글을 쓰기 위한 자료 수집에도 큰 도움이 된다. '정보처리 3단 절차'는 정보 수용, 정보 정리, 정보 발산 능력 3가지다.

1. 읽기를 통한 얻기 : 정보 수용 능력, 격물치지格物致知 단계
   ▶ 책을 파고들어 앎에 이른다
      - 핵심 파악, 정보 탐색, 맥락 이해
2. 생각을 통한 다듬기 : 정보 정리 능력, 관주위보貫珠爲寶 단계
   ▶ 구슬이 서 말이라도 꿰어야 보배다
      - 정보의 비교와 대조, 추론과 논증, 분석과 분류, 평가와 종합
3. 쓰기를 통한 나타내기 : 정보 발산 능력, 일이관지一以貫之 단계
   ▶ 모든 것을 하나의 원리로 꿰뚫어 이야기하다
      - 기존의 자료를 활용해 나만의 새로운 정보 창출
      - 쓰기는 일필휘지一筆揮之, 말하기는 청산유수靑山流水

격물치지와 관주위보를 이루는 7가지 방법은 무지개다. 일곱 색 깔의 띠가 모여 하늘에 아름다운 그림을 그린다. 독자는 정보 수용 및 정리 7요소로 책의 구조와 내용을 효과적으로 머릿속에 그릴 수 있다. 두 단계를 묶어서 '책 읽기 7단 부스터'라고 한다. 독서 속도 와 효율을 높이고 책 속의 정보를 효과적으로 끌어내는 2개의 터보 엔진이다. 이 두 단계로도 충분하지만, 좀더 깊은 공부와 발전을 바 란다면 3단계인 '일이관지'까지 나가자. 책 읽기에서 끝내지 말고, 여기에서 얻은 다양한 생각과 정보를 엮어서 지식의 재창조 단계 까지 도전하면 어떨까?

정보처리 첫 번째 절차인 격물치지는 '사물의 이치를 깊이 파고
들고 앎에 이르러 자신의 지식을 완전하게 함'이다. 책을 파고들어
지식과 지혜에 다다르려면 핵심 파악, 정보 탐색, 맥락 이해라는 3가
지 활동이 필요하다.

책을 비롯한 모든 일에는 핵심이 있다. 책의 핵심은 바로 주제다.
지은이가 책을 쓴 이유고 그 속에서 전하고자 하는 메시지다. 주제
를 정확하게 이해할 때 책의 내용과 구조를 명확하게 파악할 수 있
다. 주제를 머릿속에 그릴 수 없으면 책을 읽어도 잘 와닿지 않을뿐
더러 금세 지루해진다. 책을 봐도 남는 게 별로 없다. 문자 읽기 여
부에 따라 문맹과 비문맹을 구분한다. 주제 파악 여부에 따라 문해
와 비문해를 구분한다. 주제가 핵심이다.

정보 탐색은 독자에게 필요한 부분을 찾는 일이다. 독서 목적을
확인하고 키워드와 목차를 중심으로 책을 읽어나간다. 저자의 독
특한 표현이나 아이디어에도 관심을 기울인다.

맥락 이해는 주제와 자료, 사례의 관계를 이해하는 일이다. 독서
경력이 쌓일수록 좋아진다. 문체와 표현에서 저자의 의도를 파악
하고 글을 비판적으로 읽는 습관을 갖는다.

정보처리 두 번째 절차인 관주위보를 살펴보자. 먼저 정보 다듬
기에서 '미스MECE, Mutually Exclusive Collectively Exhaustive'를 기억하자.
상호배제와 전체포괄이다. 상호 간 중복 없이, 전체 누락 없이 모든
항목을 온전히 다룬다. 변수를 줄일 수 있다. 간결하다.

정보 다듬기의 4가지 방법을 하나씩 살펴보자. 우선 비교는 '둘
이상의 사물을 견주어 서로 간의 유사점, 차이점, 일반 법칙 따위를
고찰하는 일'이다. 대조는 '둘 이상인 대상의 내용을 맞대어 같고

다름을 검토함'이다. 일반적으로 비교는 공통점에, 대조는 차이점에 중점을 둔다. 잘 익은 사과와 토마토는 붉고 둥그런 외형은 비슷한데(비교) 맛과 종류는 다르다(대조). 비교와 대조는 두 사물이나 의견의 차이점을 두드러지게 만든다. 이미 알려진 사실을 확인할수 있고 알려지지 않은 부분을 들여다볼 수도 있다. 이에 따라 대상에 대한 이해를 높인다. 주제를 파악하는 데 좋은 단서를 제공한다. 또 자기의 관점을 분명히 만들어주는 효과도 있다.

두 번째로, 추론은 '어떠한 판단을 근거로 삼아 다른 판단을 이끌어 냄'이다. 추론은 전제에서 출발하여 그 도착점인 결론에 이르는 사고의 흐름이다. 논증은 '옳고 그름을 이유를 들어 밝힘, 또는 그 근거나 이유'다. 추론을 논리적으로 다듬어 언어로 표현하면 논증이 된다.

추론과 논증에는 귀납과 연역 2가지 접근법이 있다. 귀납은 개별적, 특수한 사례에서 일반적 결론을 도출하는 일이다. 경험적 관찰과 실험에 따라 지식을 얻는다. 원칙과 공식의 발견에 쓰이는 귀납에서는 결론의 내용이 전제 속에 들어있지 않다. 전제가 참이더라도 그 결론이 반드시 참이라는 보장이 없다. 참일 확률은 높지만 100퍼센트는 아니다. 일반적으로 백조는 하얗지만 검은 백조, 블랙스완이 있기 때문이다.

연역은 일반적인 전제에서 개별적, 특수한 결론을 내리는 방법이다. 과학적 논리와 추리로 지식을 얻는다. 원칙과 공식의 적용에 쓰이는 연역에서는 결론이 이미 전제 속에 들어 있다. 대표적으로 '모든 사람은 죽는다(대전제)-소크라테스는 사람이다(소전제)-소크라테스는 죽는다(결론)'처럼 '대전제-소전제-결론'으로 이어지는 삼단논법이 있다. 추론과 논증을 통해 핵심을 찾을 수 있고 주제에 대한 자신 입장을 구체화할 수 있다. 그 정보의 진위 여부와 가치도 알 수 있다. 그리고 이를 바탕으로 다른 사람의 태도나 행동에 영향을 줄 수 있다.

세 번째는 분석과 분류다. 독자가 받아들인 정보를 체계화하는 과정이다. 먼저 분석이란 '개념이나 대상을, 그것을 구성하는 단순한 요소로 분해하는 일'이다. 분류는 '대상을 일정한 기준에 따라 체계적으로 나누는 것'이다. 나무는 우리 주변에서 흔히 볼 수 있는 식물 중 하나다. 선사 시대부터 지금껏 땔감에서부터 각종 생활용품, 건축 자재까지 정말 다양한 용도로 쓰이고 있다. 식량과 약재, 산소와 식생을 만들어 온갖 생명체가 살아가는 삶의 터전을 제공한다. 나무가 없는 지구는 상상할 수 없다.

나무를 분석하면, 나무를 지탱하고 물과 양분을 공급하는 뿌리, 나무의 형태를 만드는 줄기, 잎을 지탱하는 가지, 광합성과 호흡, 증산 작용이 일어나는 잎, 나무의 속을 보호하는 껍질인 수피樹皮 등으로 나뉜다. 뿌리와 줄기, 가지와 잎, 수피는 나무의 부분이다. 각 부분이 나무 전체라고 할 수는 없다. 분석의 '석析'은 나무木를 도끼斤로 베어서 나눔을 말한다.

이번엔 나무를 분류해보자. 나무에 잎이 달린 기간에 따라 상록수와 낙엽수로 나뉜다. 잎의 모양에 따라 침엽수와 활엽수로 분류한다. 성장에 필요한 햇빛의 양에 따라 양지나무와 음지나무로 가를 수 있다. 크기와 모양에 따르면 교목喬木과 관목灌木으로 분류한다. 상록수나 낙엽수, 침엽수 등은 나무다. 각 부분이 바로 나무에 해당한다. '뿌리는 나무다'와 같이 분석 또는 분류 뒤 결과물이 원래의 대상이라고 할 수 없다면 분석이다. '양지나무는 나무다'와 같이 결과물을 원래의 대상이라고 할 수 있으면 분류다.

분류법은 그 상호 관계에 따라 상위 개념, 동류 개념, 하위 개념으로 나눈다. '토마토는 과일이다'라는 문장은 틀렸다. 토마토는 채소기 때문이다. 하지만 '토마토는 식품이다'라는 문장은 맞다. 식품은 채소의 상위 개념(식품 속에 과일이 포함)이고 채소는 토마토의 상위 개념이다. 토마토는 같은 채소류인 딸기나 수박과 동류 개념이다. 토마토의 하위개념으로는 색깔에 따라 빨강, 주황, 노랑, 검정 토마토 등이 있다. 모양에 따라 일반, 방울, 대추 토마토 등이 있다. 분석은 일반적 개념에 대한 시선을 내부로 수렴하게끔 하는 세부적 나눔이다. 분류는 일반적 개념에 대한 시야를 외부로 확장하게끔 만드는 구체적 나눔이다.

마지막은 평가와 종합이다. 평가는 '대상을 조사, 심사하여 대상의 가치나 수준을 평함, 또는 그 가치나 수준'이다. 종합은 '개별 개념이나 판단을 결합해 새로운 개념을 만드는 것'이다. 독서법에서의 평가는 과정 지향적이며, 의사결정에 필요한 자료를 모아 자기가 향상코자 하는 분야를 확인한다는 의미가 강하다. 따라서 결과 지향적이며 성적이나 점수 산출에 중점을 두는 '평가'보다 사정査定, assessment'에 더 가깝다.

책을 읽는 목적과 상황에 비추어 나름의 기준으로 책을 헤아려보고 활용할 방법을 궁리해본다. 그리고 이러한 과정으로 얻은 정보를 나만의 언어로 새롭게 표현하여 종합한다. 기존의 지식보다 더 나은 결과물, 재창조된 활용 정보를 만들 수 있다. 생각의 탄생과 발전이라는 독서의 주요 목적을 잘 이룰 수 있도록 돕는다.

정보 다듬기의 이 4가지 방법(비교와 대조, 추론과 논증, 분석과 분류, 평가와 종합)은 책 읽기뿐만 아니라 대부분의 학문 분야에서 쓰인다. 관주위보의 이 4천왕을 잘 활용하면 책의 주제와 내용을 구체적이고 입체적으로, 그리고 효과적으로 잘 갈무리할 수 있다.

　정보 다듬기의 마지막인 종합은 정리다. 정리란 '체계적으로 분류하고 종합함'이라는 뜻이다. 정리는 내가 해석한 정보와 지식을 저자의 관점에서 구조화하는 방법과 독자의 관점에서 재구조화하는 형태로 구분한다. 전자는 기본 정리 또는 요약으로, 후자는 심화 정리 또는 창작에 속한다. 읽는 시간보다 구조화하는 시간이 더 길다. 그리고 구조화보다 재구조화에 시간이 더 걸린다. 하지만 그만큼 독자는 성장할 수 있다. 책의 지식을 완전히 체화할 수 있고 이를 바탕으로 나만의 저작물을 창조할 수 있다.

책을 쓰다

제3장

독서를 완성하는
지식인의 기술

책을 읽고
글을 쓰면 지식은
나의 것

배운 것을 기록해놓지 않으면
지식은 있을 수 없습니다.
★단테 알리기에리

| 책의 첫인상과 끝인상 |

앞서 다양한 독서법을 살펴보았다. 첫 페이지를 넘기고 다양한 방법으로 책을 읽었다. 책을 새롭게 읽고 여러 번 읽었다. 그리고 책장을 덮었다. 그럼 이제 독서가 끝난 걸까?

조선 후기 학자 삼연 김창흡은 이렇게 말했다. "독서에는 산 독서와 죽은 독서가 있어요. 책을 덮은 뒤에 그 내용이 또렷이 눈앞에 보이면 이건 산 독서죠. 책을 펴 놓았을 때는 알았다가도 책을 덮은 뒤에 망연茫然하면 죽은 독서랍니다."

책을 읽은 뒤 모든 내용을 기억해야 하는 건 아니다. 하지만 때에 따라 책 내용을 오래 간직하며 활용해야 할 시기가 있다. 한번 읽은 책을 다음번에도 똑같이 볼 수 있다는 보장은 없다. 책을 읽고 필요한 부분을, 떠오른 생각을, 색다른 감성을 정리해두어야 한다. 사람은 망각의 동물이기에 책을 읽고 그냥 넘어가면 많은 걸 잃어버린다. 예전에 읽은 책을 다시 만났을 때 독서의 경험은 기억나도 그 내용은 잊어버린 경우가 많다.

소중한 책 읽기 시간에 가치를 더하기 위해서는 독서 내용을 글로 남겨야 한다. 단순히 책을 읽기만 한 것과 자기 생각을 다듬어 글로 나타내는 것은 큰 차이가 있기 때문이다. 독서란 책을 다 읽은 뒤에야 비로소 본격적인 과정에 들어간다. 독서는 독자가 '작가'라는 타자와 마주하면서 이전보다 열린 생각을 가지도록 한다. 글을 쓰면 그 생각을 더욱 가다듬을 수 있다. 더 오래 기억할 수 있다. 더 효율적으로 응용할 수 있다.

독서를 시작하는 용기도 중요하지만 이를 마무리하는 끈기가 더 중요한 것 같다. 사람은 첫인상이 중요하다. 그러나 끝 인상이 더 중요하다. 책도 마찬가지가 아닐까? 이 세상에 존재하는 수많은 책 가운데 이 한 권과 마주한 만남은 특별한 인연이다. 이는 단 한 번만으로 끝나지 않는다. 살면서 우연히, 누군가의 추천으로, 또는 자발적인 선택으로 같이 시간을 보낸 책, 그 소중한 만남을 더 의미 있게 만들어보자.

| 　　　　　　　　읽기의 마무리는 쓰기 　　　　　　　　|

소문난 맛집에는 각자 고유의 비법 소스, 육수가 있다. 음식의 겉모

습은 다른 곳과 비슷하다. 하지만 맛의 차원을 구분 짓는 결정적 비결로 손님을 끌어모은다. 대박집 요리의 이런 핵심은 단순히 식자재를 섞어놓는다고 탄생하지 않는다. 오랜 시간 끓이고 달여서 숙성시키고 정성을 들여야만 비로소 얻을 수 있다. 독서도 마찬가지다. 책을 그냥 읽기만 한다고 해서 인생이 변하지는 않는다. 작가의 경험과 생각을 따져보고 받아들여 독자의 삶과 잘 섞어야 한다. 자기만의 지식과 견해로 맛깔나게 졸여내야 한다.

쓰기는 이 비법을 만드는 일이다. 자신만의 기술로 글 속의 참맛을 찾아내고 가꾸는 일이다. 외적인 텍스트를 내적인 콘텍스트로 구성하는 일이다. 조선 후기 실학자 이덕무는 『사소절士小節』에서 다음과 같이 말했다. "대체로 글이란 눈으로 보고 입으로 읽는 것보다 손으로 직접 한 번 써보는 것이 백 배 낫죠. 손이 움직이는 대로 반드시 마음이 따르므로, 20번을 읽고 외운다 해도 힘들여 한 번 써보는 것만 못하기 때문입니다." 내적 대화를 해야만 가장 적합하고 정확한 표현을 찾을 수 있다. 생각을 글로 옮기고자 고심하다 보면 글을 쓰며 자기 생각이 변하고 발전하며 불어나는 것을 느낀다.

2017년 한무숙문학관에서 주관하는 독후감 대회에 대해 알게 되었다. 한무숙 작가의 작품 목록 중 하나를 정해 읽고 문서 파일로 다듬어 제출하면 응모할 수 있었다. 출퇴근 시간에 한창 독서를 하며 블로그에 서평을 정리하던 때라 매우 반갑게 느껴졌다. 도서관에서 『한무숙 작품집』을 빌려 세 번을 읽은 뒤 한 작품을 정했다. 자유롭게 포스팅을 할 때와 달리 대외 행사에 응모하는 글이라 진도가 잘 나가지 않았다. 생각을 다듬고 표현하는 작업이 더 오래 걸

독서를 완성하는 지식인의 기술

렸기 때문이었다.

시간은 흐르는데 진행은 더뎌서 책을 바꿀까도 생각했지만 결국 다행히 마감날 퇴고를 마친 원고를 전송할 수 있었다. 내 독후감은 운 좋게도 가작에 뽑혀 문학관 행사에 참여해 심사위원 및 관계자들과 소중한 시간을 가졌다. 글쓰기에 대해 작지만 반짝이는 자신감을 안겨준 계기가 되었다.

글쓰기는 책뿐만 아니라 경험 자체를 갈무리할 때도 좋은 방법이다. 나는 2013년부터 인연을 맺은 열린의사회를 통해 몽골 아르항가이 봉사단에 동참했다. 국내 봉사와는 또 다른 깊은 여운과 소중한 추억을 만들었다. 이런 특별한 체험을 그냥 잊기는 아쉬워 블로그와 누리집에 봉사 후기를 남겼다. 사진을 첨부하고 글을 여러 차례 수정하여 최종 작성을 했다. 한시름 놓은 기분이었다.

함께 봉사를 다녀온 분들이 좋은 피드백을 많이 주셨다. 같이 고생한 시간이 조금이나마 보상받는 것 같아 뿌듯했다. 뭔가 헛되이 보내지 않았다는 기분도 들었다. 무엇보다 글쓰기에 대한 즐거움과 아름다움을 느낄 수 있었다. 이때부터 책 쓰기에 대한 꿈을 키워왔다. 내가 쓴 글이 누군가에게 조금이나마 기쁨이 되고 도움이 된다면 참 행복한 일이 될 것이라는 2년 전의 생각은 여러분이 읽고 있는 이 책으로 결실을 맺었다.

언어는 우리의 생각을 이루는 재료이자 표현 방식이다. 음악이나 그림, 춤과 같은 방법도 있지만 세밀하고 정교한 내용 전달은 언어를 통해 가능하다. 책을 읽고 생각하며 쓰는 과정은 사고력을 키우고 언어 표현력을 키워준다. 깊이 있는 실력과 폭넓은 교양을 갖출 수 있다.

독서의 활용과 실천의 첫 단계는 책을 읽으며 느끼고 배운 점을 정리해서 표현하는 것이다. 말도 좋지만 글로 표현하는 방법이 훨씬 더 체계적이고 품격 있는 다듬기를 할 수 있다. 마오쩌둥은 "붓을 놀리지 않는 독서는 독서가 아닙니다"라고 했다. 지식의 궁극적 목표는 단순한 수용이나 저장이 아니다. 바로 활용이며 실천이다. 이론에만 머무는 지식에서 활용하는 지식으로 나아가야 한다. 읽으면 성장한다. 쓰면 이루어진다.

| 　　　　　　　글쓰는 습관 붙이기　　　　　　　 |

책을 읽으면 생각과 느낌이 살짝 선명하지 않은 덩어리 형태로 잠시 머릿속에 머문다. 이때 안개 같은 이 무형의 뭉치를 말이나 글로 표현하지 않으면 독서에 들인 노력은 빛이 바랜다. 밝은 햇살에 아침 안개가 사라지듯 좋은 아이디어나 참신한 감성도 흔적을 감춘다. 순간의 생각을 포착하려면 글로 풀어서 나타내야 한다. 글은 물과 같아서 계속 흐르려는 속성이 있다. 고여있으면 썩는다. 생각이 잘 흐를 수 있도록 자꾸 써주어야 한다. 글을 쓰면 책의 내용을 온전히 향유할 수 있다.

독자는 작가의 생각 속에 푹 담겨서 저자가 차린 밥상을 두루 먹어보아야 한다. 처음 보는 음식도 먹어보고 먹어본 요리도 다르게 즐겨봐야 한다. 다양한 체험 활동에도 적극적으로 뛰어들어 본다. 예전에는 미처 몰랐던 새로운 즐거움을 찾을 수 있다. 자신의 관심 분야가 넓어지면서 삶을 더 풍요롭게 살 수 있다. 책을 오롯이 체화하려면 읽기만으로는 상당히 아쉽다. 책을 읽은 뒤 느낌과 생각을 글로 표현해보아야 한다.

글쓰기는 습관을 들이지 않으면 선뜻 실천하기 쉽지 않다. 매일 조금씩이라도 시간을 내어 글 쓰는 연습을 해봐야 한다. 가장 좋은 방법은 일기를 쓰는 것이다. 일기는 다른 사람에게 제출하거나 평가를 받는 글이 아니라서 편하게 쓸 수 있다. 어릴 적 숙제처럼 날씨와 그날의 모든 일을 글 속에 구구절절 담아낼 필요는 없다. 하루 중 한순간을, 한 생각을 붙잡아서 마음이 가는 대로 끼적여도 된다. 정 쓸거리가 없으면 감탄사라도 하나 적어둔다.

나는 2014년 3월 1일부터 일기를 쓰기 시작했다. 특별한 일이 있든 없든 매일 조금씩이라도 무언가를 썼다. 정 쓸 거리가 없으면 책의 한 문장을 옮겨적기도 하고 작품을 흉내 내어 시나 수필을 쓰기도 했다. 학창 시절 일기를 찾아서 옮겨적기도 하고 미니홈피나 여러 SNS에 흩어진 기록을 모아두기도 했다. 여행이나 봉사를 다녀오면 그에 대한 감상을 적기도 했다. 종종 떠오르는 아이디어를 그림이나 도표와 함께 남겨두기도 했다. 가끔 일기를 못 쓸 때가 있으면 메모장에 키워드만이라도 적어둔다. 그리고 며칠 분량의 글을 몰아서 쓰기도 했다. 지금껏 글을 모으니 그 양이 꽤 된다. 가끔 들춰보면 재미있다. 그럴듯한 글이 아니더라도 이렇게 계속 쓴다는 점이 중요하다.

가방에 4색 펜과 포스트잇, 작은 수첩을 가지고 다니며 틈틈이 메모를 남긴다. 다양한 스마트폰 메모 앱 중에서 에버노트를 자주 쓰고 있다. 이 책에 담은 많은 글도 글쓰기 폴더에 넣어둔 내용을 많이 참고했다. 길을 걷다가, 차편을 기다리다가 기록하기 좋다. 아날로그와 디지털 방식은 각각의 특성이 달라서 두 방법을 같이 쓰는 게 더 효과적인 것 같다.

온라인 글쓰기 매체를 활용하는 것도 좋은 방법이다. 요즘은 다양한 SNS로 자기 생각과 느낌을 실시간으로 표현할 수 있다. 그림과 사진, 효과음과 특수효과 등 각종 기법이 풍부하다. 이 중 글쓰기 연습에는 블로그가 알맞은 도구인 것 같다. 짧지 않은 글을 일목요연하게 다듬어 꾸준히 정리할 수 있어서 편하다. 나는 2012년 블로그를 처음 만들어 글을 조금씩 올려보았다. 요즘은 다양한 효과를 지원해주어서 글쓰기와 다듬기가 더 수월해졌다.

어떤 형태로든 글을 써보자. 글을 잘 쓰지 못해도 괜찮다. 운동하면 근육이 붙는 것처럼 글도 쓰다 보면 글쓰기 근육이 자란다. 글을 쓰기 위해서라도 책을 읽게 된다. 읽기와 쓰기가 하나로 이어진다. 뭐라도 계속 써보자. 분명히 달라진다.

독서를 완성하는 지식인의 기술

초서,
책을 읽고 삶으로
옮기다

비망록은 위대한 책입니다.
★찰스 다윈

| 책의 내면화는 초서 독서법으로 |

초서抄書 독서법은 책에서 중요한 부분을 독서 노트에 써두는 책 읽기다. 초서는 독서법이자 학문의 한 방법이기도 하다. 원전原典을 바탕으로 새로운 저술로 이어진다.

『명심보감』은 다양한 인물과 서적으로부터 글을 가져와 주제별로 잘 정리한 책이다. 유불선儒佛仙의 다양한 내용을 19편에 걸쳐 다듬었다. 간결한 문장 속에 삶의 교훈과 지혜를 가득 담았다. 동양 문헌 최초로 서양어(독일어, 네덜란드어)로 번역되었다. 지금까지 인격 수양과 학문탐구 서적으로 널리 쓰인다. 초서법으로 정리한 대표적인 책으로 볼 수 있다.

『인생독본』은 러시아의 대문호 레프 톨스토이가 여러 서적에서 자료를 추려 엮은 책이다. 여기에 작가의 생각을 덧붙여 365일, 매일 하나의 주제를 중심으로 정리했다. 톨스토이식 '초서집'인 셈이다. 머리말에 담긴 그의 말을 들어보자.

"이 책의 중요한 목적은 저술가들의 작품이나 사상을 정확히 번역하려는 게 아니라, 동서고금 수많은 사상가의 위대하고 풍부한 철학을 이용하여 많은 독자에게 더 좋은 사상과 감정을 일깨워주기 위하여 매일매일의 금언을 제공하는 데 있습니다."

그는 독자들이 이 책을 읽으며 자신이 그 글들을 다시 읽을 때마다 느낀 감정을 느끼기를 바랐다. 1906년에 초판이 발행된 이 책의 365가지 주제 중 1월 1일에 자리한 첫 번째 주제는 뭘까? 바로 '독서'다. 그만큼 그는 책 읽기의 중요성을 알고 있었고 이 책을 통해 그 점을 알리고자 노력했다. 새해 첫날에 담긴 글 중 2가지를 가져와본다.

"그대의 서재 안에 어떤 책들이 있는가를 살펴보세요. 수천 년 동안 온갖 문명을 이끌어온 가장 현명하고 가장 훌륭한 위인들을 만날 수 있을 것을 겁니다. (중략) 그러나 그들이 가장 아끼는 벗에게도 털어놓지 않았던 위대한 사상이 세대를 달리한 낯선 우리를 위하여 낱낱이 기록되어 있다고 생각해봐요. 우리는 책을 통해서 고도의 지적 성과물을 얻게 됩니다."

"좋은 책을 발견하면 만사를 제쳐놓고서라도 꼭 읽으세요. 그렇지 않으면 끝내 읽지 못할지도 몰라요."

전자는 랠프 월도 에머슨, 후자는 헨리 데이비드 소로의 말이다. 독서 습관을 돌아보게 만든다. 이렇듯 초서는 좋은 내용을 바탕으로 더 좋은 저술을 가능하게 한다.

같은 길을 걸어도 어떻게 가느냐에 따라 풍경과 감성은 완전히 달라진다. 주마간산走馬看山처럼 급하게 뛰어가면 주변에 신경 쓰기 어렵다. 천천히 걸을 때 곳곳에 숨은 작은 아름다움을 찾을 수 있다. 들꽃의 향기와 바람의 촉감을 느끼며 둘레길을 걷듯 책을 읽으며 문장에 취醉하고 이를 글로 취取하자.

독서의 힘은 읽은 내용을 해석하고 연관성을 부여하여 새롭게 재구성할 때 생긴다. 텍스트에서 추려서 독자의 경험으로 승화한 글로 내면의 세계를 밖으로 드러내는 일이다. 초서 독서법으로 독서의 수준을 높여보자.

| 선조들의 초서법, 글의 향연 |

우리 선조들에게 초서법은 익숙한 독서 방법이었다. 다산 정약용은 18년의 유배 생활 중 500여 권의 저서를 집필하며 실학을 집대성했다. 조선 후기 학자 혜강 최한기는 과거에 급제했으나 벼슬을 마다하고 평생 독서를 하며 1,000권의 책을 저술했다. 이런 놀라운 업적은 모두 초서법으로 이루었다. 세종대왕이나 퇴계 이황, 율곡 이이도 많은 서적의 내용을 정리하고 독창적인 사고 체계를 더해 다양한 서적을 지었다.

초서는 어떻게 하는 걸까? 정약용은 「두 아들에게 답함答二兒」에서 이렇게 말했다.

"초서의 방법은 먼저 자기 생각을 정리한 후 어느 정도 정리가 되면, 그 후에 그 생각을 기준으로 취할 것은 취하고 버릴 것은 버려야 취사선택이 가능하게 돼. 어느 정도 자신의 견해가 성립된 후 선택하고 싶은 문장과 견해는 뽑아서 따로 필기하여 간추려놓아야 한단다."

필요한 부분은 따로 써서 보관하고 그렇지 않은 부분은 빠르게 넘어간다. 이렇게 하면 수많은 책도 빠르게 읽고 자기 것으로 만들 수 있다고 했다. 그는 이렇게도 말했다. "무릇 초서의 방법은 반드시 먼저 자기의 뜻을 정하고, 내가 쓸 책의 규모와 절목(목차)을 세워야 해. 그런 후에 책에서 뽑아내면 바야흐로 일관되게 꿰는 묘미가 있지."

조선 후기 학자 항해 홍길주는 『수여방필睡餘放筆』에서 이렇게 말했다. "옛사람이나 다른 사람의 글을 뽑을 때는 흠이 있다 해서 좋은 점까지 버려서는 안 돼요. 만약 자기의 원고를 가늠하여 정한다면 오로지 가혹한 관리의 솜씨를 사용해야 하죠."

『김병완의 초의식 독서법』에서 다룬 초서법을 정리해보자.

1. 입지立志 : 책을 읽기 전 주관을 확립하여 독서에 대한 중심을 잡음

  ▶ 독서 준비, 이의역지以意逆志(독자의 생각을 바탕으로 저자의 뜻을 탐지함)

2. 해독解讀 : 독서를 통해 책의 주제와 핵심 내용을 파악

  ▶ 독서 실행, 독서삼매讀書三昧(정신을 집중하여 책 읽기에 몰두함)

3. 판단判斷 : 자기 생각을 토대로 내용 비교분석 및 취사선택

  ▶ 내용 성찰, 사려분별思慮分別(여러 생각을 짜내어 신중하게 판단함)

4. 초서抄書 : 핵심 문장과 견해 추출, 기록 및 정리

  ▶ 핵심 정리, 둔필승총鈍筆勝聰(둔한 기록이 총명한 머리보다 나음)

5. 의식意識 : 일련의 과정을 통한 독자의 변화 내용 기록

▶ 의식 확장, 일취월장日就月將(나날이 다달이 성장함)

독서는 단순한 글자 읽기 연습이 아니라 텍스트 속 의미를 이해, 해석하는 사고 활동이다. 독서에는 삼과三過가 있다고 한다. 목과目過, 구과口過, 그리고 수과手過다. 눈으로만 읽는 것은 입으로 소리를 내어 읽는 것만 못하다. 입으로 읽는 것은 손으로 쓰면서 읽는 것만 못하다.

좋은 책은 베껴 써가면서 읽어야 한다. 잘 살피고 따져 가면서 의문을 만들고 풀어야 한다. 초서는 단순히 문장 베끼기가 아니다. 다른 글에서 장점을 취하고 많은 생각을 통해 새로운 눈과 마음을 기르는 일이다.

초서는 독서로 눈에 묻은 텍스트의 속뜻을 재구성하여 머릿속으로 끌어오는 작업이다. 글의 의미를 파악하기 위해 기존의 경험 및 지식과 비교, 분석하며 체계적 범주화 과정을 거친다. 눈으로 들어온 시각적 자극이 생각을 깨우고, 이 생각은 다시 외부의 텍스트를 훑으면서 새로운 아이디어를 밝힌다.

이 아이디어는 또다시 다른 사고로 이어지며 생각이 꼬리에 꼬리를 무는 선순환 과정에 들어선다. 바로 몰입이다. 쓰기는 자연스레 몰입과 연결된다. TV를 보면서 음악을 듣고, 무언가를 먹거나 이야기를 하며 글을 쓰기는 어렵다. 특히 책에서 중요한 내용을 뽑아 나만의 방식으로 정리할 때는 오직 '초록' 그 자체에만 집중해야 한다.

책을 쓰다

책을 읽은 뒤 초서를 바탕으로 독서 노트를 써보자. 책의 문장을 옮겨 쓰고 자기 생각과 느낌을 정리하면 읽은 내용을 되새겨볼 수 있다. 책을 더 깊이 있게 이해할 수 있고 새로운 관점을 얻어 독자의 생각을 더 명확히 정리할 수 있다. 독서 노트는 이렇게 써보자.

제목			
저자/역자		구분	보유/구매/대출(장소)
출판사		독서일/기록일	(회독)/
내용	●주요 내용 　· 　· ●핵심 문장 　· 　· ●핵심 단어 　· 　·		
감상	●독서 목적(기대사항) 　· 　· ●느낀 점 　· 　· ●아이디어 　· 　· ●아쉬운 점 　· 　·		
요약	한 문장 정리	별점 ☆☆☆☆☆☆☆☆☆☆	

먼저 제목과 지은이를 쓴다. 번역서는 원문 제목과 옮긴이도 적는다. 책은 어떻게 구했는지 표시하고 출판사를 기재한다. 독서일은 책을 읽은 기간이고 기록일은 독서 노트를 쓴 날이다. 몇 번 읽었는지 쓴다. 내용에는 주요 내용, 핵심 문장, 핵심 단어를 각각 3가지씩 기록한다.

주요 내용은 주제를 중심으로 책의 메시지를 정리해본다. 핵심 문장과 단어는 책에서 찾아 초서해본다. 감상에서 독서 목적은 독자가 기대했던 점을 쓴다. 배운 점과 느낀 점도 적어본다. 아이디어는 책을 읽으며 떠오른 새로운 생각을 쓴다. 아쉬운 점은 내용이나 구성에서 좀더 보완했으면 하는 점을 기록한다. 마지막으로 책 전체를 한 문장으로 요약해본다.

책을 다 읽으면 평가를 해본다. 독자의 기준으로 비평을 해보자. 오디션 프로그램의 심사를 맡은 기획사 대표처럼 세밀하고 감각적으로 분석해보자. 좋은 점, 아쉬운 점, 내가 이 주제로 책을 쓴다면 제목과 목차, 내용을 어떻게 구성하고 싶은지 그림을 그려본다. 그리고 별점을 매겨본다. 10점 만점에 자신이 생각하는 점수를 주면 된다.

책을 읽고 독서 노트를 쓰는 일이 쉽지만은 않다. 많은 생각과 고쳐쓰기가 필요하기 때문이다. 내 독서 노트도 처음에는 일정한 틀 없이 그냥 생각나는 대로 뽑아서 쓴 글과 생각 및 느낌을 쓴 글이 섞여 있었다. 여러 시행착오를 겪고 관련 책과 자료를 읽으며 나름대로 독서 노트 정리하는 방법을 다듬어보았다. 내용과 감상, 요약이 핵심이다. 내용에서 핵심 단어는 독자의 생각에 따라 우선순위를 매겨본다. 다른 사항은 비교적 자유롭게 작성해도 좋다.

중국 전국시대 유학자 맹자는 이렇게 말했다. "생각하면 얻고 생각하지 않으면 얻지 못합니다."

밥을 먹으면 칫솔질을 하듯이 독서를 하면 초서에 기초한 독서 노트를 써보자. 쌓이는 페이지만큼 독자의 생각과 지식, 지성이 자란다. 새롭게 거듭난다.

책
서평 쓰기에
도전하자

한 인간의 존재를 결정짓는 것은
그가 읽은 책과 그가 쓴 글입니다.
★표도르 도스토옙스키

| 독후감에서 서평으로, 생각 벼리기 |

학창 시절 독후감 한두 편 정도는 써본 경험이 있을 것이다. 독후감 book report은 책이나 글을 읽고 난 뒤의 느낌, 또는 그 느낌을 적은 글이다. 서평이라는 말도 있다. 서평book review은 책의 내용에 대한 비평이다. 두 개념은 어떻게 다를까?

이화여자대학교에서 펴낸『우리 말·글·생각』에서는 다음과 같이 설명한다. "독후감은 주관적 느낌을 중심으로 서술하는 개인적인 글이고 서평은 이러한 감상을 객관화하여 사회·문화적 맥락에서 공론화하는 글입니다."

독후감은 주관성에 기초한 개별적, 감성적인 글이다. 서평은 객관성에 기반한 사회적, 이성적인 글이다. 독후감은 책에 대한 감상에, 서평은 책에 대한 평가에 중점을 둔다. 서평은 독후감보다 책에 대한 객관적 정보와 주관적 생각이 조화를 이룬다. 물론 그 구분이 확실한 건 아니다. 독자의 성향과 글의 특성에 따라 그 경계가 모호해지기도 한다.

주관적 생각은 지은이가 책에 대해 나름의 주장을 펼치는 것이다. 개인적 경험과 지식, 인용문과 사례를 들어 읽는 이를 설득하는 과정이다. 서평은 독후감과 논설문의 특성을 같이 갖는 글로 볼 수 있다. 독후감보다 글을 더 철저히 읽고 분석해서 자기의 생각을 더해야 한다. 서평은 이를 읽는 사람을 설득해서 해당 책을 읽게끔 만든다. 누군가에게 보여주는 것을 전제로 쓰는 글이기 때문이다. 일종의 판촉과도 같다. 그러려면 상품에 대해 잘 알고 있어야 한다. 책을 면밀하게 읽고 생각할수록 좋은 서평을 쓸 수 있다.

서평은 텍스트 속에 잠들어 있을 나만의 표현과 문장을 하나씩 찾아서 뽑아내는 일이다. 초서의 내용도 일부 포함하면서 글을 전반적으로 정리하는 작업이다. 독서의 날을 예리하게 다듬어서 책을 읽으며 건진 생각과 느낌을 쾌도난마로 처리하는 일이다.

여기서 한 가지 짚고 넘어가자면, 서평이 독후감보다 반드시 더 나은 글은 아니라는 점이다. 개인적인 감성과 감상으로 가득 채운 글이 나쁘다고 할 수는 없다. 오히려 타인을 의식하지 않고 마음껏 쓴 글이 더 좋은 내용을 담을 수 있다. 때론 주관이 객관보다 나을 때도 있다.

서평을 쓰려면 어느 정도 강제성을 갖는 것이 좋다. 다양한 외부 행사에 지원해보면 도움이 된다. 여러 단체에서 주관하는 독후

독서를 완성하는 지식인의 기술

감 대회의 문을 꾸준히 두드려보자. 인터넷 서점에서 진행하는 서평 이벤트에도 응모해보자. 책도 얻고 글도 쓸 수 있다. 대회나 행사에 응모할 때는 결과에 너무 연연戀戀하지 말고 참석에 의의를 두자. 언젠가 연연娟娟한 문장을 쓸 수 있게 된다. 좋은 성과도 맞이할 수 있다.

또는 블로그와 같은 매체를 활용해보자. 비공개로 글을 쓸 수도 있지만 자기가 쓴 서평을 꾸준히 게시하면서 누리꾼들의 의견을 들을 수 있다. 누군가 내 글을 읽는다는 마음에 더 신경 써서 글을 쓰도록 만든다. 글의 수정과 관리도 쉽다. 독후감이든 서평이든 일단 계속 써보자.

| 목차의 재구성, 내용의 재창조 |

서평을 쓰려니 어떻게 해야 할지 막막한가? 그렇다면 '목차의 재구성'을 권한다.

목차는 책의 중심 뼈대다. 작가의 사고 체계를 고스란히 반영한다. 목차를 다시 쓴다는 것은 독자의 시점으로 주제와 소재를 새롭게 재배치하는 창작을 의미한다. 남의 말이 아닌, 나의 언어로 창조하는 일이다. 책 내용과 독자의 생각을 체계적으로 정리하려면 이를 자신의 표현으로 맺어 모으는 '결집'이 필요하다. 목차 새롭게 쓰기는 바로 결집에 해당한다.

2012년 2월부터 내가 운영하고 있는 '친절한 제임스' 블로그에는 책을 읽고 서평을 정리해두는 카테고리가 따로 있다. 서평을 쓸 때는 우선 책 정보와 목차를 쓰고 간단한 감상과 경험을 정리한다. 그리고 나만의 목차에 따라 글을 초서하여 요약·정리하면 좋다. 블로그에 올렸던 서평 중 최윤식의 『2030 대담한 미래』에 대한 서평을 쓰면서 책의 목차를 원문과 다르게 재구성해보았다.

1. 무엇이 문제일까
　　한국의 미래 위기 요인 10가지
　　빈부격차
　　가계부채
　　버블의 탄생
　　외환위기

2. 어떻게 변화할까
　　미래 시나리오의 핵심 결론
　　융복합
　　경제전쟁의 시대

3. 어떤 미래를 선택할까
　　미래 마인드셋
　　변화는 필수
　　시간에 대한 태도
　　리더의 통찰력
　　미래는 곧 선택

독서를 완성하는 지식인의 기술

3개의 대목차와 여러 개의 소목차로 구성했다. 이에 따라 해당 내용을 새롭게 편집하여 배치했다. 내 생각에 따라 책을 새롭게 만들어본 것이다. 목차 재구성은 문학도 가능하다.

영국의 추리 소설가 애거사 크리스티는 '추리 소설의 여왕'으로 불린다. 80여 편의 작품은 영어권에서 10억 부 넘게 팔리고 103개 언어로 번역되었다. 다른 언어판 역시 10억 부 이상 팔려 기네스 기록을 세웠다.

그녀는 한때 어머니의 죽음과 남편의 외도에 큰 충격을 받고 스스로 잠적하는 방황기를 보냈다. 이때의 사유를 바탕으로 1930년부터 1956년까지 6편의 장편 연애심리소설을 '메리 웨스트매콧'이라는 필명으로 발표했다. 이는 그녀의 뜻에 따라 50년 가까이 비밀에 부쳐졌다. 그중 『인생의 양식』 서평을 보자. 이 책의 목록은 이렇다.

1부 애버츠 퓨어슨츠

2부 넬

3부 제인

4부 전쟁

5부 조지 그린

이걸 이렇게 바꿔보았다.

인간을 느껴보다

마음을 더듬어보다

사랑을 들어보다

인생을 들여다보다

초등학생 시절 EBS에서 〈그림을 그립시다〉라는 프로그램을 종종 시청했다. 밥 아저씨가 캔버스에 그림 그리는 과정을 보여주는 내용이었다. 마법 같은 솜씨를 보여주고는 늘 "어때요, 참 쉽죠?"라고 말했다. 뭐가 쉽다는 건지 알 수 없었다. 볼 때는 쉬웠는데 막상 따라 하려고 하니 진퇴양난이었다. 밥 아저씨의 머릿속에는 백지에 없는 그림에 대한 체계, 목차가 이미 들어있었다. 이를 바탕으로 작품을 완성했다. 목차 재구성도 마찬가지다. 책에는 없는 새로운 형태로 글을 다듬어 정리해보자.

'목차 다시 쓰기'를 통한 독서 노트 정리는 쉽지 않은 작업이지만 그 효과가 크다. 생각의 스파크가 두뇌 피질을 가득 채우며 독자를 몰입의 숲길로 안내한다. 싱그러운 바람의 향기가 가득한 텍스트의 둘레길을 거닐며 나만의 콘텐츠를 만든다. 때론 개척자의 정신으로, 때론 순례자의 심정으로 생각과 느낌의 정수를 뽑아내어 이를 풀어놓은 뒤 글로 다듬는다. 책 한 권이 내 마음에 그대로, 또 새롭게 아로새겨진다. 뿌듯하고 포근하다.

독서는 단순히 '읽음'으로 끝나지 않는다. 한 권의 책 속에는 수많은 책이 담겨 있고, 그 책은 또 다른 책들의 출발점이 되기도 한다. 무한한 책의 그물망 속에서 한 부분을 차지하면서 동시에 모든 책과 공명한다. 책에 드러난 내용은 마치 빙산의 일각처럼 저자의 저술 과정 중 일부만을 보여준다.

책에 담긴 콘텐츠들의 이음매를 확인하며 저자의 생각을 거슬러 올라가보자. 사건을 파헤치는 명탐정처럼 책의 근원을 찾아보자. 여기에 독자의 생각을 덧붙여 새로운 목차를 만들어보자. 책이 입체적으로 새롭게 재탄생한다. 책 내용을 정리하고 자료를 수집하며 자신의 체험과 생각, 느낌의 비중을 점차 늘려간다.

한 권의 책을 기반으로 해서 '내' 책을 쓰는 연습을 해보자. 이런 훈련이 쌓이면 저술 활동에 큰 도움이 된다. 월드컵 본선 진출을 위한 지역별 예선이라고 보면 된다. 시간을 머금은 경험이 모이면 우승컵을 들어 올릴 수 있는 날이 찾아온다. 그때까지 열심히 읽고 써보자.

독자에서 작가로,
지식의 소비자에서
생산자로

읽기는 쓰기의 기초이며 쓰기는 읽기의 연장입니다.
읽기와 쓰기는 본래 하나이며 서로 보완하는 개념이죠.
양쪽 모두 균형 있게 공부해야 좋은 성과를 거둘 수 있습니다.
★마크 트웨인

| 하나로 이어지는 책 읽기와 책 쓰기 |

책을 읽는 사람과 쓰는 사람, 지은이와 읽는 이는 어떤 사이일까?
저자와 독자는 다른 방향에서 출발해 서로를 마주 보며 다가가는
인연이다. 연어의 다 자란 고기成魚와 어린 고기稚魚의 관계와 비슷
하다. 치어가 성어보다 부족하다는 의미는 아니고, 더 큰 고기로 성
장할 수 있는 가능성을 품고 있다는 뜻이다.

성어는 때가 되면 알 낳기라는 '목적'을 갖고 강과 폭포라는 '소
재'를 지나 자기가 태어난 곳에서 알이라는 '책'을 만든다. 이 책 속
에는 생명이라는 '주제'가 담겨 있다. 그러고는 죽음을 맞이하는
데, 이는 책이 저자의 손을 떠나 독자에게 다가감을 뜻한다.

책 읽기는 책 쓰기의 역순이다. 독자는 책으로부터 시작해 텍스트를 거쳐 그 속의 주제를 활용하면서 자신을 살찌운다. 언어와 사람은 차이점이 있다. 전자는 그 과정이 일회성으로 끝을 맺는다. 후자는 평생 반복 체험이 가능하다. 나날이 새롭게 거듭날 수 있다. 생각하기에 따라 다생多生을 누리는 기회라고 여길 수도 있다.

독서를 하며 읽은 문장을 머릿속에 넣은 뒤 다시 꺼내 쓰는 작업은 참 중요하다. 자기 손을 써서 정보를 재가공할 때 단순히 읽기만할 때보다 훨씬 깊고 의미 있는 독서 효과를 얻을 수 있다. 글쓰기는 책과 독자의 생각을 이어 구체적인 결과를 맺도록 하는 매개체다. 내 안에 웅크리고 있던 세계를 밖으로 끄집어내 펼치는 일이다. 작가가 만든 세상과는 또 다른 새로운 세계를 창조할 수 있다. 글을쓰는 것은 나를 표현하는 행위다. 자기 생각과 감정을 타인에게 건네는 일이다. 공감의 눈빛을 주고받을 수 있으면 내 삶도, 나와 공감한 타인의 삶도 더 풍족하고 행복해질 것이다.

책을 읽다가 기억하고 싶은 글, 마음에 와닿는 문장은 그때그때짧게 적어두면 좋다. 여기에는 내가 왜 이 글귀를 적었는지 간단히한마디를 추가하면 더 좋다. 나만의 '한 줄 리뷰'를 쓰는 것이다. 이렇게 책을 읽고 글을 남겨두면 나중에 내가 쓴 문장 한두 개만 읽어도 책 전체의 내용이 되살아난다. 압축된 스프링이 뛰어오르듯 책을 읽던 장소, 시간, 행동 등 그때의 느낌과 경험이 머릿속에 새롭게 펼쳐진다. 잊고 있던 기억이 모습을 드러낸다.

삶에서 가장 중요한 행위는 바로 호흡이 아닐까? 들숨이나 날숨하나만 하며 살 수는 없다. 숨을 한 번 들이마셨으면 한 번 내쉬어야 한다. 그렇지 않으면 몸의 균형이 깨지면서 각종 문제가 생긴다.

받으면 주는 것도 알아야 한다. 독서도 마찬가지다. 단순히 읽기만 하는 것이 아니라 읽기와 쓰기를 번갈아가며 책을 읽어나가야 한다. 내가 읽은 내용을 다른 사람에게 말해주고 다양한 피드백을 들어야 한다. 요컨대 독서 활동의 입력과 출력 활동을 골고루 아울러야 한다. 이것이 살아있는 독서다.

스티븐 코비Stephen Covey의 『성공하는 사람들의 7가지 습관』에서 두 번째 원칙은 '끝을 생각하며 시작하라'다. 책 읽기의 끝은 책 쓰기다. 저자로부터 받은 정보와 느낌, 생각을 다시 다른 독자들에게 돌려주는 과정이다. 텍스트란 매체로 이루어지는 주고받음이다.

| 독서의 맥박으로 잇는 인연 |

가수 이선희의 〈인연〉은 서정적 가사와 애절한 음률이 인상 깊은 노래다. 보이지는 않지만 단단하게 이어진 인연의 끈을 생각하게 한다. 책과 독자는 어떤 인연으로 맺어진 걸까?

책은 어머니가 둘이다. 자기를 낳아준 친모(저자)와 길러 준 양모(독자)다. 아이가 아무리 훌륭한 기질과 역량을 타고나도 올바른 교육과 환경이 뒷받침되지 않으면 꽃을 피울 수 없다. 조금 부족한 점이 있더라도 지속적인 관심과 올바른 사랑을 받으면 반듯하게 자랄 수 있다.

우리는 인연因緣이라는 말을 참 많이 쓴다. '인因'은 원인이다. 원인 중에서도 결과를 낳기 위한 내적, 직접적 원인이다. 식물의 씨앗이다. '연緣' 역시 원인인데 '인'을 돕는 외적, 간접적 원인이다. 씨앗이 잘 자라도록 돕는 햇빛과 토양, 물이다. 보통 '원인'이라 하면 인과 연을 합친 말이다. 이 '인'과 '연'이 조화를 이룰 때, 열매라는 결과를 맺는다. 책(인)은 독자(연)를 통해 새로운 의미와 가치를 갖는다. 독자가 없다면 책도 없다. 독자는 책의 어머니다. 따뜻한 모성으로 책을 품자. 그게 독자의 권리이자 의무다. 이런 독서의 경험이 차곡차곡 쌓이면 책을 쓰는 인연으로 이어진다.

독일 작가 헤르만 헤세는 이렇게 말했다. "글이 없다면, 저술은 없을 것이고, 그래서 책이 없다면, 역사도 없을 겁니다. 따라서 '휴머니티'라는 개념조차 없을 거예요." 책을 읽고 책을 써서 인간에 대한 사랑, 따뜻한 인정을 나누자.

| 당신도 이제는 프로슈머 |

미국 미래학자 앨빈 토플러Alvin Toffler는 『제3의 물결』에서 이렇게 말했다. "인생을 살면서 사람은 누구나 한 번쯤 프로슈머가 돼요. 사실 모든 경제에는 프로슈머가 존재하죠. 극히 개인적인 필요나 욕구를 시장에서 모두 충족시켜 줄 수 없고, 또 너무 비쌀 수도 있어요. 혹은 사람들이 프로슈밍 자체를 사실상 즐기고 있고, 때때로 프로슈밍이 절박하게 필요한 상황이 벌어지기 때문입니다."

프로슈머prosumer란 생산자producer와 소비자consumer의 합성어다. 이제 소비자는 더 이상 제품을 수동적으로 기다리지 않는다. 물품 제작에 적극적으로 관여하는 참여형 소비자다.

읽는 독자에서 쓰는 저자로 거듭나자. 받는 소비자에서 주는 생산자로 도약하자. 기다리는 방문자에서 기다려주는 안내자로 태어나자. 책 쓰기로 삶을 '양자 도약quantum jump'하자. 의미 있는 활동으로 내 인생에 빛나는 한 획을 그어보자. 무지개처럼 손에 잡히지 않던 구상들이 눈앞에서 하나하나 구체화되는 기적을 맛보자.

책을 쓸 때 '주제 정하기'만큼이나 어려운, 어쩌면 더 힘든 작업이 '목차(차례) 정하기'다. 목차 없는 자료는 책장 없는 도서관과 같다. 수많은 책이 순서도 없이 바닥 이곳저곳에 널브러져 있다면 보기에도 어수선하고 원하는 책을 찾기도 어렵다.

주제를 담아내는 목차가 확실하다면 책 쓰기는 날개를 단다. 풍부한 경험과 정선된 자료가 갖추어지면 그야말로 '일필휘지一筆揮之'도 가능하다. 자료와 경험을 적재적소에 잘 엮어서 배치하면 된다. 목차가 불분명하다면 아무리 좋은 콘텐츠로 중무장해도 책을 쓰기 어렵다. 가볍고 튼튼한, 양질의 목재가 아무리 많아도 목차라는 하나의 뗏목으로 묶어내지 못하면 책 쓰기라는 거친 바다를 건널 수 없다. 주제 잡기와 목차 정하기가 책 쓰기의 핵심이다. 파레토의 법칙처럼 그 중요성은 거의 80퍼센트다. 두 작업만 확실하다면 글감은 대개 따라온다.

아리스토텔레스는 『형이상학』에서 지식의 3가지 개념을 제시한다. 디아노이아dianoia, 프로네시스phronesis, 테크네techne다. 디아노이아는 지적 탐구 자체에 의미를 두는 지식이다. 이해력이나 깨달음으로 해석할 수 있다. 프로네시스는 지혜로운 행동을 위한 지식이다. 실천적 지知, 실행력이라고 볼 수 있다. 테크네는 삶에 실용적인 것을 구현하기 위한 지식이다. 창작력이라고 여길 수 있다. 이런 지식의 삼각 구도는 테오리아theoria, 프락시스praxis, 포이에시스poiesis

로 다듬어진다. 각각 이성적 지식으로서의 이론, 윤리적 행위로서의 실천, 이루는 행위로서의 제작이다. 그는 '테오리아-프락시스' 이상으로 '프락시스-포이에시스'의 관계를 중요시했다. 이론을 알고 실천하는 것 이상으로 그 실천을 창작으로서 발현해내는 것을 강조한 것이다.

독서도 마찬가지다. 책을 읽고 좋은 점을 배웠다면 실천해야 한다. 습관이나 태도를 바꾸고 관점을 변화시키는 것도 좋다. 하지만 여기에 그치지 않고 책에서 깨달은 내용을 정리해서 표현하는 일은 더 소중하다. 선조들의 초서 독서법과도 결을 함께한다. 그 과정에서 독자는 더 깊이 있는 이해와 실천을 끌어낼 수 있고 자신이 아는 바를 다른 이와 나눌 수 있다. 이는 또 다른 발견과 발표, 그리고 발전으로 이어질 수 있다.

작가가 될 기회는 누구에게나 열려 있으나 그 문을 통과하기는 쉽지 않다. 그러나 그 열매는 참으로 값지고 달다. 글을 읽고 생각하고 쓰는 과정을 통해 자신을 돌아보고 삶을 정리할 수 있다. 지금을 어떻게 살아야 하는지, 앞으로 어떤 인생을 만들어가야 하는지 다짐하게 한다. 어제가 책을 읽기만 한 시간이었다면 이제는 책을 써야 할 시간이다.

글쓰기는 게임이다

스타크래프트와 글쓰기

스타크래프트는 20세기 끝자락과 21세기 벽두를 휩쓸며 한국 게임사에서 큰 획을 그은, 그야말로 혁명적인 게임이다. '프로게이머'라는 새로운 직업이 생겼고 청소년 장래희망 선호도 1위를 차지하기도 했다. 게임 방송들이 시청자의 눈길을 사로잡았고 'e-스포츠'라는 신개념이 생기며 각종 리그를 양산했다. 단순한 게임을 넘어 하나의 산업이자 문화로 자리매김한 시대의 작품이다. 학창 시절 친구들과 함께 상당한 용돈을 PC방에 헌납하도록 이끈 장본인이다.

이 게임에서는 3가지 종족(프로토스, 테란, 저그) 중 하나를 선택할 수 있다. 프로토스는 외계 생명체다. 뛰어난 과학기술을 바탕으로 신비하고 세련된 문명을 갖는다. 그들은 건물을 '소환'한다. 프로브라는 일꾼이 다른 곳에 있는 건물을 시공간의 한계를 뛰어넘어 옮겨 놓는다. 테란은 인간이다. 그들은 건물을 '짓는다.' SCV라는 일꾼이 열심히 용접해서 건물을 차근차근 지어 올린다. 저그는 외계 생명체다. 파충류와 갑각류를 섞어놓은 듯한 그들은 건물을 '잉태'한다. 드론이라는 일꾼이 '변태'하여 건물이 된다. 종족마다 유닛마다 독특한 특성이 조화를 이루는 게임이다.

스타크래프트의 일꾼들처럼 글쓰기를 해보는 건 어떨까? 우선 글의 소재를 정할 때는 프로브처럼 아이디어를 잘 끌어모으자. 번뜩이는 영감은 외부에서 만나는 대상으로부터 전해지기도 하고 내부의 기억으로부터 나오기도 한다. 때로는 내적 경험과 외적 자극이 만날 때 불꽃처럼 생각이 꽃피기도 한다. 그 어떤 순간에도 나에게로 찾아오는 '뮤즈의 미소'를 놓치지 않고 잘 받아들이자. 그리고 나의 노트와 노트북에 소환하자.

글을 쓸 때는 또 SCV처럼 꾸준히 지속하는 것이 중요하다. 그날의 기분과 환경에 따라서 글은 잘 써질 때도 있고, 그렇지 않을 때도 있다. 건물의 구석구석을 누비며 자신의 역할에 최선을 다하는 테란의 일꾼처럼 외부 변화에 흔들리지 않고 펜과 키보드를 움직여보자.

필요할 땐 드론처럼 기존의 생각이나 환경을 바꿔서 글을 써보자. 글을 쓸 때는 이전과는 달리 새로운 관점과 접근 방법이 요구되기도 한다. 글을 쓰는 시간이나 장소를 바꾸어 새로운 자극을 주자. 상황의 변화에 유연하게 대처할 수 있는 열린 태도로 글쓰기를 이어가는 게 좋다.

이렇게 아이디어 모으기, 꾸준한 글쓰기, 적절한 변화 주기 등 이 3가지가 잘 어우러지면 멋진 글을 꽃피울 수 있을 것이다. 프로브처럼 새롭게 가져오고, SCV처럼 새롭게 만들고, 드론처럼 새롭게 태어나자.

스타크래프트 대결을 할 때 패색이 짙은 쪽에서 자신의 패배를 알리는 인사로 'gg'를 쓴다. 'good game'의 약자다. 좋은 게임을 했다는 예의다. 그럼 승기를 잡은 쪽도 'gg'로 답한다.

오늘도 좋은 글을 소환하기 위해 독서라는 미네랄을 열심히 캐자. 내게 언제 오실지 모를 '영감'님을 잘 영접하기 위해 열심히 읽고 생각하고 또 쓰자. 애달프고 단조로운 일상으로부터 삶을 아프고 슬프게 만드는 그 모든 것들로부터 'gg'를 받아내자. 책을 읽고 글을 쓰는 건 게임 같은 삶을 이겨내는 무한 치트키cheat key다.

| 글 쓰는 즐거움 만끽하기 |

글을 잘 쓰기 위한 4가지 원칙을 살펴보자.

1. 일단 쓴다
2. 지금 쓴다
3. 계속 쓴다
4. 다시 쓴다

잘 쓰려는 생각은 잠시 내려두고 일단 짧게라도 글을 써본다. 일기도 좋고 블로그나 브런치를 활용해도 좋다. 주제를 정해서 또는 자유롭게 일단 글을 쓴다.

글은 나중에 써야지 생각하면 못 쓴다. 생각날 때, 여유가 날 때 바로 써야 한다. 그리고 꾸준히 써야 한다. 잠깐 쓰고 멈추면 효과를 보기 어렵다. 그리고 글을 쓰면 꼭 다시 쓴다.

호젓한 새벽에는 감성적인 글을 쓰기 쉽다. 쓸 때는 멋져 보이는데 다음날 다시 읽어보면 엉망인 경우가 많다. 미국 작가 어니스트 헤밍웨이는 "모든 문서의 초안은 끔찍해요"라고 했다. 글은 반드시 수정, 퇴고 과정을 거쳐야 한다.

책을 읽고 글을 쓸 때 가장 중요한 두 활동은 아마도 요약과 퇴고일 것이다. 하나씩 살펴보자.

요약의 핵심은 텍스트의 주제를 파악하고 이를 감싸는 사고와 논리의 흐름을 찾는 것이다. 그리고 나만의 표현으로 군더더기 없이 종합하는 것이다. 주제를 알면 그 책의 구성이 쉽게 드러난다. 구성은 주제를 중심으로 새롭게 재구조화할 수 있다. 내 생각에 따라 재구조화된 글은 쉽게 잊을 수 없는 기억으로 남는다. 내 생각을 거친 글 뭉치를 다듬고 모으면 요약이 된다. 요약이란 책 속에 펼쳐진 수백억 광년의 드넓은 우주를 하나의 중심, 빅뱅 특이점으로 모으는 일이다. 쉽지 않은 과정이지만 그 가치는 실로 엄청나다.

이 요약의 힘을 통해 우리는 수많은 우주를 창조할 수 있다. 생각과 텍스트의 창조주가 될 수 있다. 남의 주제와 소재로 출발한 글이지만 요약이라는 과정으로 그 글은 나의 것처럼 작용한다. 요약은 작가가 글을 쓴 과정을 역으로 거슬러 올라가는 과정이기에 독자를 저자로 발전시키는 가장 좋은 방법이기도 하다.

요약은 책에서 발현한 생각의 선을 따라가는 과정이다. 우선 원문에 충실한 문장으로 축약한다. 원문의 뜻을 살리면서 세부 내용을 새롭게 다듬어본다. 핵심어의 경우에는 책에 담긴 표현을 그대로 가져올 수도 있다. 특별하게 강조할 중요한 부분은 따옴표를 쓸수 있다.

글을 쓸 때는 수정이 필수다. 『샬롯의 거미줄』을 쓴 엘윈 브룩스 화이트Elwyn Brooks White는 이렇게 말했다. "위대한 글쓰기는 존재하지 않아요. 오직 위대한 고쳐 쓰기만 존재할 뿐이죠." 중국 남송 문인 사방득謝枋得은 『문장궤범文章軌範』에서 글쓰기를 이렇게 표현했다. "처음에는 대담하게, 끝은 소심하게, 쓰기는 자유롭게, 퇴고는 꼼꼼히." 글을 다시 다듬을 때는 거시적, 미시적 관점이 모두 필요하다. '큰 그림'에 초점을 두고 문맥에 따라 표현을 바꾼다. '작은 그림'에 주목하여 맞춤법이나 표기법을 고친다.

퇴고는 '창조적 파괴'다. 알을 깨지 않으면 새로운 세계로 나아갈 수 없듯이 초안을 아까워하지 말자. 이 책 역시 초안만 보면 카오스였다. 많은 자료와 문장을 버리고 표현을 바꿨다. 여러 차례의 수정을 거듭한 끝에 겨우 책의 꼴을 갖추었다.

우리가 살면서 평생 겪어내는 숱한 평범함, 이 중 오랫동안 기억에 남는 일은 얼마나 될까? 나날이 무언가를 얻기보다는 매일 조금씩 잊고 잃고 떠나며 사는 것 같다. 망각의 내리막길 위에서 사는 인생, 그리고 그 가운데서 이루어지는 것이 책 읽기다.

생각과 정보라는 독서의 산출물을 잘 붙잡아두려면 책에서 길어올린 나의 감상을 글로 남기자. 일정량을 채워야 한다는 부담은 내려놓자. 과제로 제출해야 할 보고서도 아니고 누군가에게 보여주어 자랑할 것도 아니다. 다른 사람도 아닌, 내가 나를 위해 남기는 글이다. 틀에 얽매이지 않고 편하게 손이 가는 대로 끄적여도 괜찮다. 장문의 기록도 물론 좋지만 때로는 단 한 줄의 문장으로도 충분하다.

사실 글의 내용을 늘리기는 쉽지만 줄이기는 어렵다. 책의 내용을 한마디로 달여내지 못하면 텍스트를 머금었던 기억은 세월의 바람에 흩날려 사라진다. 잔가지를 손질하고 알찬 고갱이만 남겨서 기억의 노트 책장 사이에 잘 꽂아두자. 사고력 및 독서력 향상에 큰 도움이 된다. 여유가 있다면 시간을 들여서 세계적으로 저명한 평론가처럼 한껏 멋을 부려봐도 좋다. 같은 내용을 더 알맞고 세련된 표현으로 압축해서 표현하는 연습을 해보자. 광고의 글귀를 만드는 카피라이터처럼 가슴에 새길 멋진 문장을 궁리해보자.

포털 사이트 사전 서비스에서 동의어와 유의어, 반의어와 상대어를 찾아보면 많은 도움을 얻을 수 있다. 속담이나 숙어, 고사성어도 찾아 써보자. 영어에만 숙어가 있는 건 아니다. 우리말에도 재미있고 산뜻한 관용어가 많다.

이렇게 나를 담은 한마디의 글, 짧지만 다 있는 문장이 모여 글맛 나는 나만의 소중한 비망록이 된다. 시간 날 때마다 읽고 고쳐 써보자. 그리고 입으로 말하면서 한번 외워보자. 좋은 문장을 외워서 익히면 그 기세가 독자에게 스며든다. 그 기운은 글을 쓸 때 자신도 모르게 펜 끝에 모여 글 속에 배어난다. 여러모로 점점 나아지는 자신을 발견할 수 있다. 독서가 주는 또 하나의 선물이다.

책 읽기의 종점인 글쓰기로 유종의 미를 거두자. 나만의 글쓰기로 응축되지 않는 독서는 그 힘이 약하다. '춘래불사춘春來不似春', 봄은 왔건만 봄 같지가 않듯 책을 아무리 많이 읽어도 생각만큼 효과가 나타나지 않는다. 하나의 의미로 모이는 '수렴 독서'가 아니라 여러 낱개의 글로 흩어지는 '발산 독서'에 그치기 때문이다. 그 차이는 내 생각과 표현을 담은 글쓰기 여부다.

중국 송나라 문인 구양수는 '삼다론三多論'을 말했다. 많이 읽는 다독多讀, 많이 생각하는 다상량多商量, 많이 쓰는 다작多作이다. 구양수의 삼다론에 따라 좋은 책을 읽고 좋은 생각을 하여 좋은 책을 쓰자. 독자와 저자, 읽는 이와 쓰는 이의 선순환이자 공진화다. 즐겁고 유익한 '읽고 쓰기'의 궤도에 올라보자. 지구를 도는 인공위성처럼 세상을 바라보고 글을 써보자. 멈추지 않는 별빛처럼 자신과 세계를 밝게 비춰보자.

독서를 완성하는 지식인의 기술

책을 넘다

제4장

독서가
삶에 주는 것들

독서는
인생의
터닝 포인트다

책은 이 세상의 가장 위대한 기적 중 하나입니다.
그것은 무형의 것, 정신을 담기 위한 실질적인 그릇이죠.
책은 인간과 같은 것입니다.
★게르하르트 하웁트만

| 10대에 만난 책 이야기 |

초등학생 때 부모님께서 예쁜 그림이 인상적인 세계명작전집을 마련해주셨다. 손에 쥐기 편한 문고판 크기의 요약본이었다. 지금 생각해보니 이 시리즈와의 만남이 책 읽는 즐거움을 알게 된 계기였던 것 같다. 낙서 수준이었지만 책 여백에는 그림도 그리고 생각도 끄적이면서 읽은 책을 읽고 또 읽었다. 학교를 마치고 돌아오면 이 책부터 읽었다.

중학생 때는 계몽사에서 펴낸 '우리 시대의 한국문학' 세트를 장만해주셨다. 국내 최초로 한국문학 전 장르를 수록한 전집물이다. 알록달록 연둣빛, 분홍빛 책등이 방 한편을 가득 채운 모습이 좋았다.

그림 없는 책을 한 권씩 읽으며 '나도 이런 책을 쓸 수 있을까, 쓰고 싶다'라고 생각했다. 그림 대신 상상을 여백 가득 풀어놓았다. 책에 줄 긋고 글 쓰고 낙서해도 부모님은 크게 나무라지 않으셨다. 오히려 중요한 부분은 잘 표시할 수 있도록 여러 방법을 알려주셨다.

넉넉한 형편은 아니었지만 부모님께서 책에 대한 투자는 아끼지 않으셨다. 백과사전과 역사책도 많이 사주셨다. 이 역시 소설책처럼 즐겁게 읽었다. 지금껏 1,000여 권의 책을 읽고 이 책까지 출간할 수 있었던 저력도 부모님 덕분이라고 생각한다.

학교 과학실에서 『뉴턴』과 『과학동아』를 빌려보며 과학자의 꿈을 키웠다. 다채로운 그림과 그래픽이 참 인상적이었다. 새롭고 신기한 지식이 생각을 자극했다. 과월호를 얼른 읽고 다음 책을 기다리는 시간이 좋았고, 책 읽기가 즐거웠다.

고등학생 시절에도 꾸준한 독서 습관을 이어왔다. 인문학 서적도 조금씩 봤는데 소설을 주로 읽었다. 주로 한국문학과 로빈 쿡, 스티븐 킹의 작품들을 섭렵했다. '내가 주인공이라면 여기서 어떻게 행동했을까, 작가는 왜 이렇게 표현했지?'같은 상상을 하며 책과 함께 등하굣길을 걸었다.

쉬는 시간이나 자습시간에도 종종 공상에 잠기곤 했다. 독서 그리고 상상과 공상은 뜻밖에 공부에도 도움이 되었다. 한번은 모의고사에 한 달쯤 전에 읽은 작품이 그대로 나왔다. 지문을 읽지 않고도 문제를 다 맞게 풀 수 있었다. 독서 습관 덕분에 제일 재미있게 공부한 과목이 언어영역이었다.

질풍노도의 시기를 지나 대학생이 되었다. 처음엔 실용서를 주로 읽었다. 재테크 책도 들춰보고 자기계발서도 한 번씩 읽었다. 이때도 소설과의 인연은 놓지 않았다.

조기 제대를 하고 복학한 뒤 운동과 독서는 내 일상에서 가장 큰 부분이었다. 수많은 메달리스트가 구슬땀을 흘린 곳에서 나 자신과의 경쟁에 몰두했다. 운동장 트랙을 오가며 하루 2시간씩 운동했다. 때로는 흘린 땀방울보다 떨군 눈물이 더 많았다. 하지만 다시 마음을 다잡고 운동 프로그램을 이어갔다. 운동을 할 때도 『몸 만들기 30분』과 『코어 프로그램』 같은 책들이 큰 도움이 되었다. 이름 모를 운동 전공자들도 친절하게 운동을 알려주고 도와주었다. 묵묵히 하루를 채우다 보니 어느덧 시간은 내 편이 되어주었다.

프랑스 철학가 미셸 몽테뉴는 38세에 스스로 법관직을 그만두고 고향의 영지領地로 돌아왔다. 그는 대부분 '치타델레Zitadelle'에서 시간을 보냈다. 이는 '요새 안의 독립적인 작은 보루, 내성內城'이라는 뜻의 독일어다. 몽테뉴는 창고로 쓰던 3층 성탑에 1,000여 권 책을 갖춘 서재를 짓고 이곳을 '치타델레'라고 불렀다. 여기에서 10년 동안 독서와 명상, 글쓰기에 잠겨 자신만의 사상을 키워나갔다. 그 결과는 『수상록』이라는 걸작으로 이어졌다.

나는 학교 도서관을 나의 치타델레로 삼고자 했다. 수업이 있든 없든 방학이든 학교 버스 첫차를 타고 도서관으로 향했다. 공강 때는 빈 강의실에서 책을 읽었다. 푸드 파이터처럼 게걸스럽게 책을 먹어치웠다. 처음에는 이것저것 잡식하다가 맛집을 찾아다니듯 도서관 서가를 거닐며 주제별, 장르별로 책을 골라보았다. 때로는 미처 소화하지 못한 텍스트에 체하기도 하고 익숙하지 않은 콘텐츠에 헤매기도 했다. 어쨌든 그냥 우직하게 책장을 넘겼다.

단기간에 엄청난 변화를 느낄 수는 없었다. 하지만 기운 달이 차서 둥근 달이 되듯 일주일, 한 달 시간이 쌓이면서 책 읽기가 조금씩 익숙해졌다. 복권을 긁어 행운의 숫자를 발견하듯 책 속에서 새로운 즐거움을 찾는 것이 좋았다. 손에 책을 쥐고 읽는 것 자체가 기쁨이었기에 꽝이든 당첨이든 중요하지 않았다. 웬만한 책은 모두 '당첨'이었다.

졸업 후 공무원 시험을 준비할 땐 이시형의 『공부하는 독종이 살아남는다』에서 힘을 얻었다. 살랑이는 희망은 가족이 보듬어준 따뜻한 배려, 꼭 이루어내겠다는 의지와 만났다. 때맞춰 다가온 '기회'라는 파도를 타고 단권화 기본서는 합격이라는 보물섬으로 나를 이끌었다. 공무원 첫 출근부터 첫차를 타고 사무실에 도착해 운동과 독서를 한 뒤 근무 준비를 했다.

서초구 어린이병원에서 일할 때는 주로 집에 있는 책을 읽었다. 신분당선이 개통되고 지하철에서도 책을 읽을 수 있었다. 은평구 보건소를 다닐 때는 구내식당에서 점심을 먹고 구청 내 작은 도서관에 들렀다. 이때부터 읽은 책을 블로그에 정리하기 시작했다. 직원이 운영한 다산책방도 활용했다. 은평구 보건분소에 있을 때는 고개 하나 건너 구립도서관이 있었다. 퇴근 후 운동 삼아 들러 저녁을 먹고 책을 읽었다. 식욕과 책욕을 동시에 해결했다.

집에서 은평까지는 왕복 4시간이 걸렸다. 처음에는 힘들었는데 생각의 패러다임을 바꿨다. 직장에서 독서 시간을 하루 4시간씩 마런해준 거라고 여겼다. 첫차를 타고 다니다 보니 깜빡 졸 때는 고양시까지 갔다. 이때부터 자리가 있든 없든 지하철에서 서서 책 읽는 습관을 들였다. 적당한 각성과 리듬, 백색 소음이 움직이는 독서실을 만들어주었다. 하루에 한강을 두 번씩 건너며 독서 시간도 점차 깊어갔다.

서울시 사가독서賜暇讀書 휴가는 피정이자 템플스테이다. 업무에서 벗어나 고요한 텍스트의 보금자리에서 책이라는 '종이거울'에 자신을 밝게 비추어 나를 살피는 일이다. 매년 소중하게 잘 활용하고 있다.

| 30대와 함께한 책 이야기 |

종로구 보건소 동부진료소에 근무할 때는 지하철역 한 정거장 거리의 동대문도서관, 그리고 사직공원 근처의 종로도서관을 주로 다녔다. 서울도서관과 구청 삼봉서랑도 종종 들렀다. 한무숙문학관 독후감 대회에 참여한 것도 이때였다. 서울시립대 대학원을 다니며 100만여 권의 장서를 자랑하는 학교 도서관에서 주로 책을 빌려보았다. 학생 1인당 100권까지 새 책을 신청할 수 있어서 내 몫을 다 쓰고 동기에게도 부탁해 책을 마련했다. 한때는 발을 다쳐 2주 병가를 쓰기도 했다. 이때는 제러미 리프킨의 『공감의 시대』를 완독하며 밤의 호젓함을 달랬다.

2018년부터는 송파구 보건지소에서 근무했다. 작년 송파구 공문서 홍보 문안은 '책 든 손 귀하고 읽는 눈 빛난다. 책 읽는 송파'

였다. 민선 7기 슬로건은 '서울을 이끄는 송파'다. 책을 열심히 읽어서 서울을 이끌 역량을 갖춘 것은 아닐까 생각해봤다.

올해 4월, 전국 최초 공립 '송파 책박물관'이 문을 열었다. 독서와 휴식은 물론 책 만들기도 체험할 수 있다. 계단형 독서 공간인 어울림홀은 서울도서관의 독서 사랑방인 벽면서가와 생각마루를 아기자기하게 꾸며놓은 듯한 모습이다.

'서울책보고'도 인상 깊었다. 국내 최초 공공 헌책방이자 서울 유일의 독립출판물 도서관이다. 서가의 모습에서 고래 등뼈를 떠올렸다. 사랑하는 이를 찾아 고래 뱃속을 헤매는 피노키오처럼 곳곳을 거닐며 책을 찾고 읽고 샀다. 앞으로 신설될 서울시립도서관 5곳 중 동남권 시설 또한 송파에 건립된다고 한다.

인생의 모퉁이와 갈림길마다 내 곁에는 책이 있었고, 책으로부터 참 많은 도움을 받았다. 그 무엇 하나 소중하지 않은 책이 없었다. 언제나 큰 감사함을 느낀다. 그래서 지금도 손에서 책을 놓을 수가 없다. 별을 보려면 어둠이 필요하다고 한다. 혹시 지금의 삶이 어렵고 어둡다면 책을 읽어보자. 책이라는 별이 비추는 한 가닥 빛을 따라가보자. 비록 쉽지 않고 짧지 않은 시간이지만 그 길의 끝에서, 전과 다른 나를 만날 수 있을 것이다. 밝게 웃으며 지친 나의 손을 잡아줄 또 다른 나를 말이다.

책이
이어준
인연

| 책을 통해 만난 사람들 |

우리가 살면서 겪는 만남을 인연이라고 한다. 사람과 사람, 사람과 사물, 사람과 생명, 이 모든 만남이 인연이다. 사람과 책의 인연, 책으로 맺은 인연을 '서연書緣'으로 이름 붙일 수 있지 않을까? 책장을 넘기며 닿은 만남의 이야기를 해보려 한다.

학생에서 사회인으로

2013년 어느 날이었다. 평소처럼 퇴근 후 어학원 수업을 마치고 집으로 돌아오는 지하철에 몸을 실었다. 지하철을 타면 빠른 환승을 위해 보통 일정한 출입문으로 타고 내린다. 3호선에서 신분당선으로 갈아탈 때는 6-1번 플랫폼이 제일 편하다. 그러나 이날은 사람이 워낙 많아서 상대적으로 덜 붐비는 차량으로 옮겼다. 문 근처에 자리를 마련해 책을 읽으려다가 맞은편에 앉아 있는 한 사람을 보았다. 한 손에는 책을, 다른 한 손에는 펜을 들고 독서에 열중하고 있는 한 남자였다. 알 듯 말 듯 떠오르지 않는 이름이 고민 끝에 생각났다. '아, 맞다. 최인호 선생님.'

고등학생 때에는 인터넷 강의를 들었고, 대학생 때에도 논술이나 독서에 대한 강의를 종종 들었다. 인사를 드리고 싶었는데 어느새 차량은 승객들로 가득 차버렸다. 그러고는 어느덧 환승역까지 와버렸다. 아쉬운 마음을 갖고 내리는데 마침 함께 하차했다. 이때다 싶어 환승 게이트에서 용기를 내어 인사를 드렸다. 다행히 같은 방향이라 지하철을 함께 갈아탔다.

학생이 아닌 사회인으로서 독서와 공부, 그리고 인생 이야기를 나누었다. 특히 독서에 대한 여러 조언과 함께 『지독재독』을 소개해주셨고, 살면서 자신이 공부한 내용은 책으로 정리해서 세상과 함께 나누어 보라고 하셨다. 긴 시간은 아니었지만 많은 것을 느끼고 돌아볼 수 있는 순간이었다. 이 책의 출발점도 아마 이날의 만남이 아니었을까 생각해본다.

온라인에서 오프라인으로

책을 읽으며 글쓰기에 관심을 가졌다. 글 쓰는 연습을 하기 위해 블로그도 시작했다. 여러 글쓰기 서적 중 『대통령의 글쓰기』를 인상 깊게 읽었다. 관련 자료를 찾아보던 중 서울시 대표 소통 채널 '내 손안에 서울'의 강원국의 글쓰기 필살기 시리즈를 만났다. 연재 내용을 블로그에 갈무리하여 틈틈이 읽고 적용해보았다.

2017년에 대통령 보궐선거가 있었다. 이때 나는 창신 제2동 주민센터에서 투표사무원 업무를 했다. 새벽 투표 준비부터 저녁 투표함 이송까지 모든 일을 마치고 퇴근했다. 환승역에 사람이 많아서 평소 타는 출입문과 다른 곳에서 지하철을 기다렸다. 주위를 둘러보다가 익숙한 얼굴을 보았다. 강원국 작가였다.

다가가 인사를 드리고 명함을 나눈 뒤 책 읽기와 글쓰기에 관한 이야기를 나누었다. 짧은 시간이었지만 책과 인터넷으로만 알던 작가를 실제로 만나는 건 신기한 경험이었다. 읽기 · 쓰기에 대한 조언을 얻고 독서의 즐거움 · 중요함을 다시금 느낄 수 있는 시간이었다.

독자에서 저자로

오정희 작가는 2003년 『새』라는 작품으로 한국인으로는 최초로 해외 문학상(독일 리베라투르상)을 받았다. 내가 처음 접했던 작품은 『중국인 거리』였다. 생명과 죽음이 공존하는 전후 세계를 읽으며 '알지 못할 슬픔'이 무얼까 고민했다. 차이나타운을 지날 때마다 떠오르는 소설이다.

제7회 한무숙 소설 독후감 대회에 응모한 뒤 결과 발표와 함께 대회 심사평이 나왔다. 심사위원이 오정희 작가였다. 신기했다. 부족한 글이었지만 뽑아주셔서 감사했다.

수상을 위해 한무숙 문학관에서 열린 시상식에 참여했는데, 예정 시간보다 일찍 도착하여 문학관 관계자 및 오정희 작가와 여러 이야기를 나누었다. 소설 읽기와 글쓰기를 독려해주시고 유익한 조언도 해주셨다.

다른 수상자들과도 책 이야기를 이어갔다. 수상작을 함께 소리 내어 읽으며 새로운 의미와 생각을 나누었다. 상장과 수상 작품을 엮은 책자, 문학관에서 출간한 대표 작품집을 선물로 받았다. 즐겁고 뿌듯한 경험이었다. 비록 간이 책자였지만 내 이름이 적힌 작은 수상 작품집이 신기했다. 독자에서 저자가 되고 싶다는 꿈을 다시 한 번 생각한 때였다.

책에서 길어 올린 추억

책을 쓴 저자에게 직접 듣는 강연은 특별한 경험이 된다. 직장인이 된 뒤 다양한 교육을 찾아다니며 들었다. 특히 공공기관이나 출판사, 인터넷 서점에서 마련한 작가와의 대담 시간이 흥미로웠다. 퇴근 후 처음 가보는 길로 새로운 이야기를 들으러 가는 길이 낯설지만은 않았다. 그때는 잘 몰랐지만 지금 돌이켜보면 그런 시간이 알게 모르게 많은 도움이 된 것 같다.

서울시청에서 서울시 직원을 대상으로 한 작가 강연이 몇 차례 있었다. 행정 공지에서 글을 보고 바로 신청했다. 조정래 작가는 독서와 사회 읽기를 연계하여 날카로우면서도 깊이 있는 이야기를 들려주셨다. 강연을 마친 뒤 작가가 현장에서 사인한 『허수아비춤』을 한 권씩 받았다. 작가의 내공이란 이런 걸까? 아직 읽지 못한 대하소설들을 다시 읽어야지 생각했다. 이동우 작가의 강연도 인상 깊었다. 책 읽기에 담긴 힘과 책 읽는 방법을 배울 수 있었다. 강연

후 받은 『밸런스 독서법』에서는 조화와 균형을 갖춘 책 읽기의 중요성을 재확인했다.

저자의 사인이 담긴 책은 특별한 의미를 갖는다. 모 대기업에서 청년들을 대상으로 한 누리집을 만들며 저자 사인본 증정 이벤트를 했다. 당첨되어서 받은 책은 곽정은 작가의 『내 사람이다』였다. 책을 읽으며 언젠가 이런 에세이집을 써보고 싶다고 생각했다. 방송에서 작가를 보면 아는 사람을 만난 듯 반갑다.

책을 읽다 보면 본의 아니게 홍보대사 역할을 할 때도 있다. 한때 종교에 많은 관심이 생겨 '기적수업' 관련 책과 '티베트' 시리즈를 집중적으로 읽었다. 『티베트 사자의 서』를 읽고 『티베트 해탈의 서』를 읽는 중이었다. 인파로 가득한 지하철에서 경로석 앞 차량 연결문 옆에 서서 책을 읽고 있었다. 한창 책을 읽던 중 앞에 앉아 있던 어르신이 말을 걸었다. 그거 혹시 '사자의 서'가 아니냐고 했다. 그래서 이건 '해탈의 서'이고 관련 책이 여러 권 있다고 알려드렸다. 어르신은 몰랐던 점이라고 하시며 도서관에서 책을 찾아봐야겠다고, 얘기해줘서 고맙다고 했다.

이런 일도 있었다. 야근하고 늦게 귀가하는 날이었다. 지하철에 자리도 많아서 쉴 겸 앉아서 책을 읽고 있었다. 어디에선가 한 어르신이 옆에 앉더니 대뜸 말을 걸었다. 지금 읽고 있는 책은 어떤 내용인지, 왜 책을 읽고 있는지 영어로 말해보라는 주문이었다. '음, 이건 무슨 상황이지?'

어찌어찌해서 말을 하긴 했다. 어르신은 유창한 영어로 이런저런 이야기를 했다. 그러고는 스마트폰이 아닌 책을 손에 들고 있어서 어떤 책인지, 어떤 사람인지 궁금했다고 했다. 앞으로 직장생활

하면서 전문분야와 외국어 공부를 열심히 하라고 당부했다.

『살아 있는 것은 다 행복하라』의 「단 한 번 만나는 인연」에는 이런 글이 있다. "차茶의 세계에 일기일회—期—會라는 말이 있다. 일생에 단 한 번 만나는 인연이라는 뜻이다. 개인의 생애로 볼 때도 이 사람과 이 한때를 갖는 이것이 생애에서 단 한 번의 기회라고 여긴다면 순간순간을 뜻깊게 보내지 않을 수 없다."

책과의 만남은 또 다른 인연으로 이어진다. 언제 어떻게 고리를 맺을지 모른다. 하지만 그렇기에 더 기대되고 의미가 있는 건 아닐까? 나른한 일상을 새롭게 꾸며줄 독서를 하자. 그리고 나에게 다가오는 '시절인연時節因緣'을 소중하게 맞이하자.

독서는
평생 공부의
등뼈다

가세요! 당신의 눈짓을 따르세요.
당신의 젊은 날을 이용하고 배움의 때를 놓치지 마세요.
거대한 행운의 저울 위에 지침이 평형을 이루는 순간은 드물어요.
당신은 올라가든가 아니면 내려가야 합니다.
당신은 이기고 지배하든가 아니면 지고 나서 굴종해야 하죠.
이겨 의기양양하든가 쓴맛을 삼키든가
망치가 되든가 모루가 돼야 합니다.
★요한 볼프강 폰 괴테

| 　 졸업 후 공부 시작하기 　 |

21세기는 '답이 없는 변화무쌍한 시대'다. 어제의 새로운 지식은
오늘의 낡은 정보가 된다. 의무교육과정으로 배우는 내용은 USB
하나에 담길 수 있다. 평생직장의 개념은 날이 갈수록 희미해진다.
변화가 일상인 세상에서 새롭게 거듭나려면 끊임없이 배워야 한다.

　사회 초년생으로서 대인 관계와 이미지 메이킹에 관심이 많을
때였다. 지하철 스크린 도어 광고 하나가 눈에 띄었다. 원광디지털
대학교 얼굴경영학과 홍보였다.

　얼굴경영이라니? 호기심에 검색을 해보고 흥미가 생겼다. 주선
희 교수님의 『얼굴경영』을 찾아 읽어본 뒤 입학 절차를 밟았다. 새

로운 배움과 인연을 마주했다. 인상은 의지에 따라 얼마든지 바뀔 수 있고, 좋은 인상은 개인과 가정은 물론 사회를 밝게 할 수 있음을 배웠다.

업무에 도움을 얻고자 한방건강학과를 복수 전공했다. 인체와 건강에 대한 또 다른 관점을 배울 수 있었다. 시선의 차이는 이해의 차이와 접근의 차이로 이어진다. 우리 몸은 참 신비한 존재임을 다시금 느낄 수 있었다.

졸업 후 외국어 공부를 해보고자 사이버 한국외국어대학교 영어학부에 입학했다. 체계적인 교육과정이 좋았다. 재학 중에 좀더 특성화된 공부를 하려고 지방행정·의회학과로 전과했다. 지방자치와 의정에 대한 이해를 넓힐 수 있었다.

이정현, 박성기 부부가 쓴 『한자 신동 남매의 공부 비밀』을 읽은 뒤에는 한자에 관심이 생겼다. 박한신 선생님의 인터넷 강의를 들으며 대한검정회 시험을 준비했다. 준2급부터 시작해 1급까지 마무리했다. 독서에 큰 도움이 된다. 아름다운 한글을 더 깊고 넉넉하게 쓸 수 있는 디딤돌이 되었다.

평생학습에 꼭 학비가 들지는 않는다. 서울특별시 평생학습포털이 대표적이다. 그중 서울자유시민대학 과정이 인상적이었다. 자신이 원하는 강의를 시간과 대학에 맞춰 신청하면 된다. 제한 없이 누구나 지원할 수 있는 열린 배움터다.

학교로 향하는 발걸음에는 신입생의 설렘이 묻어났다. 다시 학생의 기분으로 캠퍼스를 거닐고 강의를 들었다. 학생 때는 잘 느끼지 못했던 배움의 즐거움은 오히려 사회인이 되어서 더 커졌다. 담당 교수님 한마디 한마디가 신선하게 다가왔다. 학교 가는 날이 기다려졌다.

강제성이 없는 자발적인 학습이었기 때문일까? 수업내용과 일정도 좋았고 성적이나 시험 걱정이 없는 점도 한몫한 것 같다. 무엇보다 의지만 있다면 누구나 무료로 참여할 수 있어서 좋은 것 같다. 대학이 학생은 물론 시민의 공간으로 그 영역을 넓혔다. 앞으로 이런 경향은 더 커질 것이다. 넓어진 배움의 장은 더 많은 생각과 즐거움을 품었다.

시간이 지날수록 더 많은 대학에서 다양한 강연을 제공했다. 일반인도 누구나 원하는 곳에서 원하는 수업을 들을 수 있다. 이제는 더 늘어난 각 거점 지역의 학습장에서도 수업을 들을 수 있다. 시민청 수업도 좋고 학점은행제도 지원한다.

직접 방문할 시간이 없어도 괜찮다. 평생학습포털에서 다양한 주제의 온라인 강의도 제공하기 때문이다. 지금껏 100여 개가 넘는 강의를 듣고 내용을 조금씩 정리해보았다. 다른 공부는 물론 독서를 할 때도 큰 도움이 되었다.

경기도에서도 평생학습 누리집을 운영한다. 바로 'GSEEK(지식)'이다. 분야별로 다양한 온라인 강의를 무료로 지원한다. 마이플랫폼으로 지식을 공유하고 강사 활동도 할 수 있다. 평생학습포털의 희망나눔제처럼 GSEEK에서는 배움기부제를 운영한다. 공부한 만큼 일정 금액을 적립해 도움이 필요한 이웃에게 기부할 수 있다. 다양한 이벤트도 많이 열린다. 2가지 누리집을 활용하면서 많은 배움을 얻었다.

독서가 삶에 주는 것들

학생은 대학에서 다양한 수업을 듣는다. 독서가 그렇게 중요하다면 책 읽기 과정을 중점적으로 운영하는 곳은 없을까? 있다. 바로 미국 세인트존스대학교다. 이곳은 전문가들이 지성적인 학교로 손꼽는 곳이다. 인문고전 100권 읽기가 4년 교육과정이다. 책을 읽고 토론하며 에세이를 쓴다. 과연 이것만으로 충분할까?

입학생이 학교를 제때 졸업하려면 하루에 책 한 권 분량의 관련 자료를 읽어야 한다. 이를 전제로 에세이와 논문을 쓴다. 인류 고금의 지혜가 농축된 책을 읽고 쓰고 말한다. 이 대학은 지식 습득을 전제로 하지 않는다. 아는 능력보다 알아내는 힘, 자기 생각을 기르고 이를 잘 표현함에 중점을 둔다. 답 없는 문제를 집중적으로 다루며 사고력을 날카롭게 다듬는다. 전공도 교양과목도 없지만 다른 학교와 차별화된 수업으로 유명 대학원이나 장학생 비율이 그 어떤 아이비리그 학교보다 더 높다.

평범한 시카고대학교를 세계적 수준으로 끌어올린 것도 고전 읽기 수업이다. 제5대 총장 로버트 허친스Robert Hutchins는 '시카고 플랜Chicago Plan'이라는 고전 읽기 프로그램을 도입했다. 100권의 인문고전을 반복해서 읽도록 하는 것이다. 학생들의 생각하는 힘이 자라고 대외적 성과도 커졌다. 지금껏 학교 학생이나 교수 중 노벨상 수상자가 91명(2018년 기준)으로 세계 4위 수준이다. 그 근원은 바로 독서다.

독서로 이어지는 공부는 새로운 삶을 이끄는 빛이 된다. 클레멘트 코스Clemente Course는 미국 언론인 얼 쇼리스Earl Shorris가 1995년부터 노숙자, 빈민, 마약중독자, 죄수 등을 대상으로 진행한 인문학 수업이다. 고전을 읽고 토론하며 자기 생각을 만들어간다. 이를 통해 가난하고 소외된 이들이 진학과 취업은 물론 각 분야의 전문가로 거듭나 새로운 삶을 살아간다.

우리나라에서는 임영인 신부님이 2005년부터 성프란시스대학에서 노숙자를 위한 클레멘트 코스를 시작했다. 대상자들은 문학·철학·역사·예술·글쓰기 다섯 과목을 통해 책을 읽고 글을 쓰고 토론을 한다. 졸업자들은 자존감과 실력을 가슴에 담고 각자의 삶을 다시 새롭게 가꾸어간다.

독서는 젊음을 유지하는 비결

배움은 몸과 마음의 젊음을 유지하는 좋은 방법이다. 독서는 배움의 가장 큰 수단이자 핵심이다. 96세의 나이로 세상을 떠난 세계적 경영학자 피터 드러커는 20대에 직장생활을 시작했다. 그는 3년 주기로 특정 주제를 정해 해당 책을 읽으며 공부했다. 이 과정을 평생 이어가며 다양한 주제의 책 30여 권을 썼다. 그는 자기실현의 정수를 담은 『프로페셔널의 조건』에서 이렇게 말했다. "이 학습법은 나에게 상당한 지식을 쌓을 수 있도록 해주었을 뿐만 아니라, 나로 하여금 새로운 주제와 새로운 시각, 그리고 새로운 방법에 대해 개방적인 자세를 취할 수 있도록 해주었습니다."

그는 타계 직전까지 집필과 강연을 멈추지 않았다. 아직도 공부하냐는 사람들의 질문에 "인간은 호기심을 잃는 순간 늙어요"라고 말했다. 스페인의 세계적 성악가 플라시도 도밍고도 이와 비슷한 말을 했다. 언제쯤 쉴 것이냐는 기자의 질문에 "쉬면 녹습니다If I rest, I rust"라고 대답했다.

생물학적인 노화는 억지로 막을 수 없다. 하지만 사회적인 노화는 사람의 힘으로 늦출 수 있다. 사람은 인생의 4분의 1은 성장하면서, 나머지 4분의 3은 늙어가면서 보낸다고 한다. 늘어난 인생을 어떻게 하면 행복하게 살 것인지 고민하고 실천해야 할 시간이다. 외적인 안티 에이징anti-aging만이 아닌, 내적인 원더풀 에이징wonderful aging도 함께 만들어나가야 할 때다. 삶에서 부끄럽고 숨기고 싶은 순간이 많다면 행복한 인생을 살기 어렵다. 나이가 자신을 아프게 하지 않고 안아줄 수 있는 삶을 살자. 자신을 채우고 키우는 길은 배움에 있다.

요즘은 놀 거리, 즐길 거리가 너무나도 많다. 이 모든 것을 잠시 놓아두고 책을 선택하는 것부터가 큰 결심이다. 이왕 마음먹은 거 제대로 해보자. 1년 뒤 혹은 10년 뒤 독자의 마음속에 뿌리내린 텍스트의 씨앗이 꽃을 피우고 열매를 맺을 수 있도록, 그리고 그 혜택을 온전히 누릴 수 있도록 말이다.

독서란 손에 책을 들고자 하는 마음만 먹는다면 언제든 어디서든 누구나 할 수 있는 배움과 자기발전의 '끝판왕'이다. 비싼 수업료나 부담스러운 과제도 없다. 폐강 걱정할 필요도 없고 깜빡해서 수강 신청을 놓칠 일도 없다. 내가 있는 곳이 곧 학교가 되고 책을 읽는 때가 곧 수업시간이다. 내가 읽는 책이 곧 명강의가 되고 독서하는 내가 곧 애제자가 된다.

알베르트 아인슈타인의 말을 들어보자. "사람이 사실을 배우는 것은 그리 중요하지 않죠. 이를 위해 사실상 대학이라는 것도 필요 없어요. 책에서 배울 수 있기 때문입니다."

책은 나이에 상관없이 사람을 키우고 미래를 밝힌다. 평생학습 시대의 든든한 동반자다. 언제나 곁에서 독자를 도와주는 듬직한 후원자다. 책과 함께 길어진 인생을 아름답게 수놓아보자. 그리고 자신만의 멋진 인생 작품을 세상에 펼쳐보자.

독서가 삶에 주는 것들

나를 나누고
세상을 얻다

삶의 의미는 발견하는 것이 아니라
만들어가는 것입니다.
★앙투안 드 생텍쥐페리

| 책에서 꽃피운 봉사활동 |

하루는 EBS에서 한 방송을 보았다. 〈지식채널e〉에서 남미 쿠바의 의료제도를 소개하는 내용이었다. 깊은 여운이 방송이 끝난 뒤에도 계속 맴돌았다. 가슴을 치는 무언가가 있었다. 채널을 돌리다가 중간부터 보아서 제목을 알 수 없었다. 교육 방송 누리집을 방문하여 해당 영상을 찾아보았다. 제목은 '어떤 의사들'이었다.

좀더 자세히 알고 싶어서 영상의 참고 서적이었던 요시다 타로吉田太郎의 『의료천국, 쿠바를 가다』를 찾아 읽어보았다. 새로운 세상이 말을 걸어왔다. 책을 읽고 의료봉사에 참여해보고 싶어서 여러 자료를 검색했다. 그래서 만난 것이 열린의사회다.

열린의사회에서는 국내외 의료봉사, 청소년 지원사업, 복지사업을 진행하고 있다. 정치·종교적 이념을 떠나 순수한 봉사 목적으로 세워진 민간 의료봉사 단체다. 처음에는 정기후원만 하다가 용기 내어 국내 봉사에 참여해보기로 했다. 2013년 첫 봉사 장소는 전남 함평이었다. 걱정을 많이 했는데 관계자와 봉사자들이 세심하게 잘 배려해주어서 봉사를 무사히 끝냈다.

이때부터 한 달에 한 번 정도 봉사에 참여했다. 전국 방방곡곡을 다니며 사람을 만나고 봉사하는 즐거움이 있었다. 내가 가진 걸 조금이라도 함께 나누며 얻는 보람이 있었다. 차로 갈 수 있는 육지와 더불어 배를 타고 가는 섬 봉사도 매력적이었다. 별 헤는 밤 봉사자들과 이야기꽃을 피우며 삶의 경험을 나누는 시간도 아름다웠다. 한창 봉사에 빠져 있을 때는 힘든 줄 모르고 일주일에 한 번씩 참여하기도 했다.

봉사를 꾸준히 다니다 보니 활발히 참여하는 봉사자들과 자주 만났다. 서로 도움도 주고 친분을 쌓으며 즐거운 추억을 만들었다. 국내는 물론 해외 봉사에도 참여하는 계기가 되었다.

매년 12월이 되면 지난 1년의 봉사를 돌아보며 그동안의 노력을 축하하고 격려하는 우수봉사자 시상식을 한다. 지금껏 최우수 봉사자에 1번, 우수봉사자에 2번 뽑혔다. 내어드린 것보다 받은 것이 더 많은 것 같은데 수상까지 하게 되어 감사하고 기뻤다. 삶을 소모적으로 낭비하고 있지는 않은 것 같아 다행이라고 느꼈다.

열린의사회에서는 반기별로 『열린마음』이라는 회보를 발행한다. 회원들에게 다양한 소식과 봉사 정보를 제공한다. 2014년 시상식 때는 특별한 행사가 있었다. 최우수 봉사자들을 대상으로 회보

표지에 담을 사진을 촬영한 것이다. 남산 근처의 한 스튜디오에서 전문가의 손길에 따라 사진을 찍어보는 시간을 가졌다.

봉사를 다니며 참 많은 사람을 만났다. 대한민국 구석구석 삶의 애환 속에서 건져 올린 다양한 지혜를 들을 수 있었다. 서로 다른 시간을 살아가며 얻은 생각을 공유하고 사람과 세상을 바라보는 시선을 가다듬었다. 다양성과 고유성이 어우러지며 인생의 교훈을 일깨워주었다. 앞으로 어떤 삶을 살 것인지 가치관을 되돌아보는 계기가 되었다.

함께 봉사하는 분들과도 좋은 인연을 이어갔다. 봉사를 통해 자주 만나는 분들과는 야외 나들이나 여행도 같이 떠났다. 봉사를 통해 알게 된 승민이와는 국내 여행은 물론 2주간의 유럽 여행도 함께 다녀왔다. 봉사활동이 이어준 또 다른 선물이다.

| 봉사로 맺은 나눔의 여정 |

2017년 생애 첫 해외 봉사를 떠났다. 몽골 아르항가이에서 일주일 동안 진행한 의료봉사였다. 2017년은 열린의사회 창단 20주년이 되는 해였고, 몽골은 열린의사회가 꾸려지고 첫 해외 봉사를 한 곳이다. 상당한 경쟁률을 뚫고 상징적인 봉사에 참여할 수 있었다.

지평선 가득 드넓은 초원을 지나 목적지에 도착했다. 눈코 뜰 새 없이 바쁜 일정 가운데에도 모든 봉사자가 한마음으로 열심히 봉사활동을 했다. 국내 봉사보다 훨씬 큰 규모만큼 많은 것을 생각하고 느낄 수 있었다. 박찬호 선수가 함께해서 그 의미를 더했다. 봉사 일정을 마치고 울란바토르에서 열린 20주년 기념식 및 만찬 행사도 인상적이었다. 모닥불 놀이(캠프파이어)와 쏟아지는 별빛에 취해 밤을 새웠다. 집에 돌아와 감명 깊은 경험을 글로 정리해 블로그와 누리집에 올려보았다.

2019년에는 카자흐스탄 의료봉사에 참여했다. 3·1운동 및 임시정부 수립 100주년의 의미를 살려 중앙아시아의 고려인을 대상으로 한 활동이었다. 카자흐스탄은 열린의사회에서 이번에 처음 개척한 봉사지였다. 몽골 봉사에 함께한 분들과 대화하다 동참하기로 마음먹었다.

6시간을 날아서 도착한 풍경은 몽골과는 또 다른 모습이었다. 다양한 인종이 함께 생활하는 모습이 인상적이었다. 숙소가 있던 도심지에서 차를 타고 다른 도시로 출퇴근하며 봉사활동을 했다. 초반에는 여러 어려움이 있었는데 모두의 노련한 대처로 잘 해결했다. 몽골에서처럼 한국어를 전공한 학생들이 통역 업무를 원활하게 해주었다. 참여자 모두 최선을 다해 후회 없는 활동을 잘 마무리했다.

누군가 이렇게 물어보았다. 직장에서 하던 일을 일부러 돈과 시간을 들여 또 하느냐고, 여름휴가를 봉사활동으로 보내도 괜찮냐고 말이다. 함께 봉사하는 분들은 이구동성으로 봉사에 중독성이 있는 것 같다고 말한다. 카자흐스탄에 봉사 갔을 때 어떤 분은 이제 봉사는 안 하면 뭔가 자연스럽지 않게 느껴질 정도로 습관이 된 것 같다고 말했다.

'탁월함'이란 '남보다 두드러지게 뛰어나다'는 뜻이다. 아리스토텔레스는 탁월함과 습관에 대해 다음과 같이 말했다. "탁월함은 훈련과 습관으로 얻을 수 있어요. 인간은 탁월하기에 올바로 행동하는 것이 아닙니다. 오히려 인간은 올바르게 행동하기에 탁월함을 얻은 것이죠. 인간은 반복적으로 행동하는 존재 그대로예요. 탁월함은 행동이 아니라 습관이랍니다."

습관이 곧 탁월함으로 이어질 수 있기에 우리는 좋은 습관을 들여야 할 필요가 있다. 독서라는 습관도 좋고 봉사라는 활동도 좋다. 의미 있는 실천으로 내 삶의 탁월함을 갈고 닦자.

『죽음의 수용소에서』를 쓴 빅터 프랭클Viktor Frankl은 이렇게 말한다. "당신의 인생을 두 번째로 사는 것처럼 사세요. 당신은 첫 번째 인생을 형편없이 행동함으로써 망쳐버렸는데, 이제 두 번째 인생을 살며 지난 허물을 지금 막, 또 되풀이하려 하고 있다는 위기의식을 가지고 행동하세요."

행복이란 원하는 무언가를 손에 쥐면 생기는 것이라기보다는 지금 무엇을 하고 있는가에 달린 건 아닐까 싶다. 원하는 그 무언가는 자연스레 따라오는 것 같다.

레프 톨스토이의 『살아갈 날들을 위한 공부』의 「인간이라는 존재」에 이런 내용이 있다. "행복은 사랑하는 사람과 이웃에게 봉사함으로써 얻어집니다. 봉사할 때 우리 내면에 있는 영혼이 하나로 합쳐지기 때문이죠. (중략) 우리는 내게도 타인에게도 동일한 영혼이 존재한다는 점을 이해하지 못해요. 이것을 이해하지 못한다면 인생을 이해하기란 불가능합니다."

우리 주변엔 다양한 형태의 도움이 필요한 곳이 아주 많다. 자신의 업무와 재능을 살려서 봉사활동에 참여해보자. 꼭 거창한 것이 아니라도 좋다. 나의 시간과 노력이 누군가에게 소중한 의미로 마음에 남을 수 있다면 그걸로 충분할 것이다. 봉사는 항상 주는 것보다 받는 점이 더 많은 '플러스' 활동이기 때문이다. 별빛 가득한 은하수의 반짝임이 가슴 속에서 황홀함으로 피어나는 나눔을 시작해 보자.

독서가 삶에 주는 것들

선진국 대한민국,
그 비결은
독서다

눈 쌓인 벌판을 걸어갈 때 모름지기
그릇되게 가지 않기를 바라요.
오늘 내가 걷는 이 발자국이
뒤에 오는 사람들의 길이 되기 때문입니다.
★서산대사

| 잘 사는 삶이란 |

여행을 다니면 여러 나라의 모습을 마주한다. TV를 비롯한 다양한 매체에서도 수많은 나라를 만날 수 있다. 흔히 말하는 선진국도 있고 개발도상국도 있다. 비교적 자유로운 나라도 있고 그렇지 못한 나라도 있다. 오늘날 다양한 미디어에서 선진국을 이야기한다. 선진국의 특성과 사례를 들고 한국의 상황과 비교한다.

2018년 기준 대한민국은 세계 11위 경제 규모를 갖추고 있다. 1년 동안 국내에서 만들어진 재화와 용역의 시장 가치 총합인 국내총생산GDP은 1조 6,194억 달러에 달한다. 1인당 GDP는 3만 1,346달러에 이른다. 경제협력개발기구OECD의 회원국이기도 하다. 이렇듯 외적인 모습은 선진국의 틀을 갖췄다. 하지만 우리가 스스로 평가할 때는 아직 온전한 선진국으로 여기기 쉽지 않은 듯하다. 무엇 때문일까?

한국에서 중산층의 기준은 자산資産이다. 일정 크기 이상의 부동산과 차, 일정 금액 이상의 화폐를 가져야 한다. 예금이나 외환, 펀드 같은 자본 투자나 주식, 채권과 같은 자본증권, 또는 부동산 투자 등으로 자산을 늘린다. 외환위기와 금융위기 이후, '성공＝경제적 안정'이라는 공식이 더 확고해졌다. 부富의 단기적 획득으로는 로또로 대표되는 일확천금법이, 부의 중장기적 획득으로는 교육을 통한 고학력, 고소득 직업군으로의 편입법이 있다.

이 기준에 따라 나이별로 해야 할 목록이 있다. 좋은 학교를 나와 좋은 직장을 다녀야 한다. 경제 지식에 밝고 재테크를 잘해야 한다. 명품도 갖고 외식과 해외여행도 종종 다녀야 한다. 그렇지 못하면 중산층이라는 범주에 들지 못한다. 그런데 과연 이런 조건들만 갖추면 충분한 걸까?

영국 옥스퍼드대학교에서는 중산층을 다음과 같이 정의한다.

1. 독선獨善하지 않는 자기 신념을 갖고 '페어플레이'하는 사람
2. 약자를 보살피고 강자에 강한 사람
3. 3불(불의·불평·불법)에 의연히 대처하는 사람

조르주 퐁피두 프랑스 전 대통령은 중산층의 기준을 공약집 「삶의 질」에 이렇게 명시했다.

1. 외국어 하나 이상 구사하기

2. 스포츠 하나 이상 즐기기

3. 악기 하나 이상 다루기

4. 남들과 다른 맛을 내는 요리 만들어 대접하기

5. 약자를 돕고 봉사활동 꾸준히 하기

삶의 질을 높이기 위해 기본적인 경제 조건은 꼭 필요하다. 하지만 여기에 더해 문화적 향유 능력과 사회적 활동에 더 많은 비중을 둘 때 진정한 중산층으로 거듭날 수 있다고 생각한다.

자본주의 사회에서 돈을 완전히 배제할 수는 없다. 하지만 돈만을 좇는 삶이 만연한 사회를 지속 가능한 공동체라고 볼 수는 없을 것이다. 그런 나라를 선진국이라고 하기 어려울 것이다. 앙투안 드 생텍쥐페리의 『어린 왕자』에서 화자가 어린 시절 집을 설명할 때 꽃과 새와 벽돌을 말하면 어른들은 잘 이해하지 못한다. 대신 가격과 크기를 말하면 그제야 알아듣는다. 모든 것을 숫자만으로 이해하는 삶이 행복할지 의문이다. 숫자 너머의 생각과 행동이 인정받고 존중받을 때 잘 사는 삶이 열리기 시작한다.

| 우리가 걸어온 길, 나아갈 길 |

2019년은 특별한 해였다. 일제강점기 때 한국인의 독립 의지를 세계만방에 알린 3·1운동과 우리나라의 정통성이자 정체성인 대한민국 임시 정부 수립 100주년이 되는 해였기 때문이다. 지금의 우리

가 있을 수 있는 건 희미한 희망 속에서도 포기하지 않고 끝까지 나라를 지키고 만들어온 선인先人이 있었기 때문이다. 현재를 살아가는 우리는 100년 전 선조들의 후예이자 100년 뒤 후손들의 조상이다. 숨 가쁘게 달려온 지난 100년을 돌아보고 앞으로 나아갈 100년을 그려봐야 할 중요한 시기다. 과거와 미래를 잇는 현재의 주인공으로서 우리가 할 수 있고 또 해야 하는 일은 무엇일까?

동대문디자인플라자DDP에서 열린 〈키스 해링〉 전시회를 보고 나오는 길이었다. 한 광고가 눈에 띄었다. 3·1운동 100주년 간송특별展 〈대한콜렉숀〉이었다. 사실 부끄럽게도 이전까지는 간송 전형필에 대해 잘 알지 못했다. 집에 돌아와 여러 자료를 찾아보고 〈지식채널e〉의 '바보같은 남자'를 시청했다. 5분여의 짧은 영상이 끝나고 긴 여운이 남았다. 전시 마감이 얼마 남지 않아 얼른 시간을 정했다. 하루 휴가를 내어 DDP를 다시 방문했다.

첫 도슨트 일정이 오전 11시였다. 10시에 도착하여 전시장을 미리 한번 둘러보았다. 더 주의 깊게 살펴볼 부분과 궁금한 점을 기억해두었다. 책을 한 번 읽는 것과 두 번 읽는 것이 다르듯이 전시도 마찬가지다. 미리 예습을 해두면 더 알찬 시간을 보낼 수 있다.

전문가의 설명을 곁들인 시선은 같은 대상이라도 다르게 바라보도록 했다. 간송의 수집품을 빼면 제대로 된 한국 미술사를 논할 수 없다고 한다. 그의 예리한 심미안과 넉넉한 마음은 국보 12점, 보물 10점, 서울시 지정문화재 4점을 나라에 돌려주었다. 청자상감운학문매병과 백자청화철채동채초충난국문병에 담긴 이야기는 말 그대로 감동이었다. 작은 물건 하나에도 깃들어 있는 간송의 나라 사랑하는 마음이 느껴졌다. 어떻게 그런 마음을 내어 실천할 수 있었는지 진정한 노블레스 오블리주의 본보기가 아닐 수 없다.

임시정부의 수립 주체 일원이자 제18·19·20대 주석을 지낸 백범 김구는 『백범일지』의 「나의 소원」에서 다음과 같이 말한다. "나는 우리나라가 세계에서 가장 아름다운 나라가 되기를 원합니다. (중략) 오직 한없이 가지고 싶은 것은 높은 문화의 힘입니다. 문화의 힘은 우리 자신을 행복하게 하고, 나아가서 남에게 행복을 주기 때문입니다. (중략) 나는 우리나라가 남의 것을 모방하는 나라가 되지 말고 높고 새로운 문화의 근원이 되고 목표가 되고 모범이 되기를 원합니다. 그래서 진정한 세계의 평화가 우리나라에서, 우리나라로 말미암아 세계에 실현되기를 원합니다. 홍익인간이라는 우리 국조 단군의 이상이 이것이라고 믿습니다."

한때 잠시 주춤한 듯했던 한류는 EXO와 BTS, SuperM을 비롯한 여러 뮤지션들의 활약으로 그 위용을 세계 곳곳에 널리 떨치고 있다. 열정과 애정이 넘치는 글로벌 팬덤 문화는 상상을 초월한다. 예술혁명을 넘어 팬과 아티스트가 함께 '예술의 신화'를 만들어가고 있다. 지난 5월에는 봉준호 감독의 영화 〈기생충〉이 제72회 칸 영화제에서 황금종려상을 받았다. 세계 3대 영화제(칸·베를린·베니스) 중에서도 가장 권위 있는 행사에서 최고의 영화로 선정된 것이다. 한국 뮤지컬도 탄탄한 연기력과 창작력을 바탕으로 세계 속에 그 무대를 넓혀나가고 있다.

이런 우리나라 문화예술계의 약진을 바라보며 큰 기쁨과 뿌듯함을 느낀다. 점점 더 많은 사람이 한글을 배우고 한국을 찾는다. 그에 따라 세계 속 한국의 위상도 날로 높아지고 있다. '문화강국'을 향한 20세기 한 독립운동가의 간절한 바람이 21세기 대한민국과 전 세계에서 이루어지고 있다. 이 시기에 우리는 무엇을 할 수 있을까?

김형석 교수는 '한국 철학의 대부'로 불린다. 그는 『백년을 살아보니』에서 이렇게 말한다. "왜 영국, 프랑스, 독일, 미국, 일본이 선진국이 되고 세계를 영도해가고 있나요. 그 나라의 국민 80퍼센트 이상은 100년 이상에 걸쳐 독서를 한 나라들이죠. (중략) 나는 우리 어른들이 독서를 즐기는 모습을 후대에 보여주는 일이 무엇보다 중요하며 시급하다고 믿어요. 그것이 우리 자신의 행복이자 우리나라를 선진국으로 진입, 유지하는 애국의 길이라고 확신합니다."

1920년에 태어나서 평생을 교육자로 살아온 그가 현시대의 사람들에게, 그리고 우리 자녀 세대에게 남기는 메시지는 바로 '독서하는 삶'이다. 나 자신의 행복은 물론이고 사회를 키우고 나라를 튼튼하게 하는 밑바탕이 바로 독서다. "남을 행복하게 할 수 있는 자만이 또한 행복을 얻지요"라고 한 소크라테스의 말처럼, 읽어서 남 주는, 배워서 남 주는 삶을 살아보자. 남 줘도 내 것이 없어지지 않는다. 오히려 더 커지고 단단해진다. 단기적 목표를 위한 수단으로서의 독서로만 그치지 않고, 평생의 놀이이자 즐거움으로서의 독서 습관을 만들어보자.

대한민국 국민 모두가 가수나 배우가 될 수는 없다. 하지만 문화 발전에 관심을 가지고 그 흐름에 동참한다면 훌륭한 지원자가 될 수 있다. 자신의 위치에서 최선을 다하며 꾸준히 독서를 한다면 교양을 갖추고 생각하는 힘을 기를 수 있다. 이는 문화인으로 거듭나는 가장 쉽고 효과적인 방법이다. 국민 한 사람 한 사람이 문화력을 갖추고 수준 높은 문화를 만들어 나눌 때 진정한 '문화 대국'의 시대가 열린다.

〈대한콜랙숀〉 전시장 도입부에 간송의 어린 시절에 대한 기록이 있다. "독서를 좋아하는 것은 물론이오. 책을 모으는 취미도 이미 그때부터 있었지요."

토머스 에디슨은 책에 대해 이렇게 말했다. "책은 위대한 천재가 인류에게 남겨주는 유산이죠. 이는 아직 태어나지 않은 자손들에게 주는 선물로 한 세대에서 다른 세대로 전해집니다." 독서가 하나의 문화로 자리 잡은 사회를 꿈꿔보자. 길거리를 꾸미는 다양한 카페만큼 서점과 도서관을 만날 수 있는 마을을 만들어보자. 공원에서도 대중교통에서도 많은 사람이 책을 읽고 책에 대해 이야기하는 분위기를 이끌어보자. 책과 함께 아름다운 문화가 가득한 세상을 그려나가자. 그 주인공은 바로 우리다.

독서는
나를 넘어 사회를
바꾼다

모든 위대한 책은 그 자체가 하나의 행동이며,
모든 위대한 행동은 그 자체가 한 권의 책입니다.
★ 마르틴 루터

| 기회를 이끄는 독서의 힘 |

우리는 살면서 기회를 잘 잡아야 한다는 말을 자주 듣는다. 인생에
는 큰 기회가 3번 찾아온다고 말하기도 한다. 사람이 곧 기회이니
좋은 사람을 만나야 한다고도 한다.

기회는 '어떤 일을 하는데 적절한 시기나 경우'다. 기회란 언제
나 쉽게 얻을 수 있지 않다. 독립운동가 도산 안창호의 말을 들어보
자. "흔히 사람들은 기회를 기다리고 있지만, 기회는 기다리는 사
람에게는 잡히지 않는 법입니다. 우리는 기회를 기다리는 사람이
되기 전에 기회를 얻을 수 있는 실력을 갖춰야 합니다."

실력은 배움을 통해 얻을 수 있고 배움의 기본은 독서다. 독서의

기본은 책이다. 책은 종이를 묶은 물건일 뿐 아니라 인생 경험에서 자라난 지혜와 진심 어린 조언, 기회도 포함한다.

기회는 안전, 안정과는 거리가 있다. 때로는 위험을 감수해야 한다. 위험은 '해로움이나 손실이 생길 우려가 있음 또는 그런 상태'다. 영어로는 'danger', 'risk'로 표현한다. 그런데 이 두 단어는 뉘앙스 즉 어감이 조금 다르다. 둘 다 불확실한 상황이다. 하지만 'danger'에 비해 'risk'는 관리가 가능하다는 특징이 있다.

'risk'는 '뱃심 좋게 용기를 내어 도전하다'라는 라틴어 'risicare'에서 유래했다. 이를 감수하는 사람은 위험을 수동적으로만 받아들이지 않는다. 능동적인 응수로 리스크를 관리한다. 리스크 없는 삶은 없다. 중요한 것은 내 삶에서 언제 어떻게 닥칠지 모를 위험을 올바로 인식하고 알맞게 대처하는 태도다. 몰아치는 파도를 막을 수는 없으나 파도에 휩쓸릴지 파도를 타고 더 멀리 나아갈지는 자신의 선택에 달렸다. '위기危機'라는 말은 위험危險과 기회機會 2가지를 모두 포함한다. 내 앞에 닥친 위험을 전화위복轉禍爲福의 기회로 삼아야 한다.

대학을 졸업하면서 공무원 시험 준비를 시작했다. 두 달여 후 경기도에서 시험 공고가 났다. 마침 지역도 용인이었다. 필기시험을 보고 왔는데 예감이 좋았다. 이때 서울시 시험 공고가 있었지만 크게 마음에 두지 않았다. 집과 가까운 데 갈 거라는 근거 없는 자신감에 차 있었다. 부모님께서는 혹시 모르니 서울시 시험도 신청을 해보자고 하셨다. 처음에는 별생각이 없었는데 뭐 나쁘지 않겠거니 하여 접수를 하고 면접 준비에 집중했다.

경기도 필기시험은 보기 좋게 떨어졌다. 서울시와 미리 인연이

닿지 않았더라면 시험도 못 치를 상황이었다. 그전에 접수해둔 덕분에 시험을 볼 수 있었고 직장을 얻을 수 있었다. 부모님의 조언이 없었더라면 지금의 이 글도 없었을 것이다.

독서는 위험을 제대로 바라볼 수 있는 힘을 길러준다. 비확률적인 위험danger을 확률적인 위험risk으로 여기고 대응할 수 있게끔 만든다. 다양한 분야의 전문가들이 정리한 지혜의 안내도를 미리 읽고 앞으로 나아갈 수 있다. 현실이라는 어두운 동굴 속에서 책이라는 등불을 들고 앞을 비추며 걸어갈 수 있다. 모든 위험을 방지할 수 없지만, 그 위험도를 낮춰준다. 예측 가능한 위험을 대비할 수 있도록 만들어준다. 그리고 해결에 대한 시행착오를 줄여준다.

삶에서 맞이하는 3개의 기회란 첫째는 이 세상에 태어난 기회, 둘째는 앞서 산 이들이 물려준 기회일 것 같다. 그리고 마지막 기회는 자신에게 주어진 '지금 이 순간'을 자기 의지와 선택으로 만드는 기회다. 내가 만들어나갈 이 세상에 단 하나뿐인 인생이라는 작품을 책과 함께해보자. 책이라는 서핑 보드를 타고 위험이라는 파도를 즐겨보자. 한없이 두렵기만 한 파도는 어느덧 신나는 기회의 장이 된다. 책을 통해 미래를 여는 시간을 만들자. 불확실한 미래를 빛나는 기회로 만드는 '체인지 메이커change maker'로 거듭나보자.

독서, 나를 찾아 돌아오는 길

〈십우도十牛圖〉라는 그림이 있다. 본성을 찾아 깨달음을 얻는 과정을 소를 잃고, 찾고, 돌아오는 과정에 비유했다. 총 10가지 단계가 각각 한시와 그림이 만나 한 편의 작품을 이룬다. 이 가운데 마지막 열 번째가 '입전수수入廛垂手'다. '저잣거리에 들어가 손을 드리운다'라는 뜻이다. 그 내용을 한번 살펴보자.

"가슴을 풀어헤치고 맨발로 시장바닥에 오니
흙먼지 묻은 얼굴에 웃음이 가득하고
신선의 비결을 쓰지 않아도
마른 나무에 꽃을 피우네"

맨발에 용모도 제대로 다듬지 않고 저잣거리를 돌아다니다니, 그것도 웃으면서 말이다. 정신없는 사람이라 생각할 법도 하지만 이 사람은 미친 사람이 아니라 깨달음을 얻은 선각자다.

노자는 『도덕경』에서 도를 얻은 자는 어린아이처럼 순수하다고 했다. 아이는 자연스럽고 잘 웃는다. 그 모습이 세상의 시각에서는 어리숙하고 모자라 보이기도 한다. 하지만 내면에는 무엇보다도 큰 행복과 평온이 깃들어 있다. 그리고 그 깨우침을 자기 혼자만 간직하는 것이 아니라 다른 사람과 나누기 위해 길을 나선다. 비록 남루한 옷차림이지만 그 속은 누구보다 아름답고 빛난다. 인간의 본성을 이해하고 인생의 진리를 통달하여 사사로움에 걸림 없이 '무소의 뿔처럼' 홀로, 또 같이 길을 나선다.

독서란 텍스트 속으로 뛰어들어 지금까지 익히고 알게 된 온 능력을 발휘하여 텍스트를 탐색하고 탐미하는 일이다. 문장을 깊이 맛본 뒤 이를 잘 소화해서 내 것으로 불러오는 작업이다. 독자란 깊고 넓은 텍스트의 바다에서 재미와 의미라는 해산물을 채취하는 제주도의 해녀와 비슷하다. 같은 해물이라도 그 크기와 모양이 다르듯, 동일한 텍스트에서도 독자마다 가져가는 수확물은 다르다. 잠수부의 역량에 따라 소득의 양과 질이 달라지기 때문이다. 요컨대 독서란 텍스트의 탐구와 재창조, 그리고 획득이란 3단계 과정의 연속이다. 각자의 얻음은 달라도 여기에 나눔이 더해지면 독서는 그 가치를 더욱 빛낸다.

독서는 독자를 고칠 수 있다. 이는 개인의 치유와 변화에만 그치지 않는다. 내적 성찰로만 끝나지 않는다. 책에 담긴 에너지는 한 개인을 넘어 주변 사람에게 번져나간다. 그리고 사회를 품고 국가와 세계로도 이어진다. 한 사람의 정신 건강에만 영향을 미치지 않고 공공의 선을 실현할 수 있다. 독서의 힘은 한 사람의 인생과 운명을 바꾸고 인류애로 이어질 수 있다. 그런 엄청난 잠재력을 지닌 책들이 독자를 기다리고 있다.

| 변화를 부르는 실천의 힘 |

변화는 '기존과 다름'이다. 다른 것을 보려면 다른 눈길과 마음이 필요하다. 〈대한콜랙슌〉에서 전형적인 고려청자 매병이자 국보 제68호인 청자상감운학문매병을 만났다. 상승하고 하강하는 학의 역동성이 체계적인 원과 자유로운 구름 속에서 노닌다. 정형성과 비정형성의 조화와 균형이 참 아름답다. 규칙성과 자유로움이 멋지게 어우러진다.

우리 선조는 이 청자를 45도 기울인 뒤 양 끝부분을 잡고 돌려가며 그 무늬와 빛깔을 감상했다고 한다. 그러면 마치 학이 살아서 비취색 하늘을 오르내리는 듯한 모습이 우아하고 생생하게 펼쳐진다고 한다. 간송 전형필은 이 청자를 당시 서울 시내 기와집 20채 가격인 2만 원을 주고 샀다. 한 일본인이 2배의 가격을 제시하며 판매를 요구하자 그는 이를 거절하며 이렇게 말했다. "이 청자보다 더 훌륭한 도자기를 가져오신다면 바꿔드리지요." 도슨트의 설명을 들으니 청자의 단정한 품격 속에서 꿈틀거리는 생명력이 느껴졌다.

우리도 책을 읽을 때 내용을 45도 정도 기울여 바라보는 습관을 들여보자. 책을 교조화하여 덮어놓고 맹신하지 말자. 마찬가지로 무조건 배척하지도 말자. 책을 가까이 두고, 멀리 두고 읽자. 마음을 다해 읽고 잘 다듬어서 그 속에 담긴 지식과 지혜를 나누어 보자.

니코스 카잔차키스Nikos Kazantzakis의 『그리스인 조르바』에 이런 말이 있다. "우린 포도가 포도즙이 되는 건 물리적 변화고 포도즙이 포도주가 되는 것은 화학적 변화고 포도주가 성체로 쓰이는 것은 최후의 변화라고 얘기해요. 우리의 목표는 성화聖化 즉 '메토이소노'입니다."

프란츠 카프카는 『변신』에서 벌레로 변한 주인공 이야기를 다루었다. '진짜 나'를 깨우치기 위한 슬픈 변신이다. 수많은 신화에서도 변신은 빠지지 않는 소재다. 그리스 로마 신화는 물론 단군 신화의 웅녀도 마찬가지다.

독서도 이와 비슷하다. 글을 읽으며 독자는 주인공이나 작가가 된다. 모습을 계속 바꿀 수 있다. 책 속의 세계에 빠져들었다가 책장을 덮으면 다시 현실로 돌아온다. 하지만 이전과는 다른 생각과 모습으로 거듭날 수 있다. 다른 삶을 살 수 있다. 무의식적으로 반복되던 일상에 의식적인 감성을 불어넣는 것, 유무형의 낡음을 벗어나 그 빈자리에 새로움을 담아내는 것, 이런 게 바로 '변신'이 아닐까? 사람은 책을 읽으면서 변신을 거듭할 수 있는, 나날이 새롭게 태어날 수 있는 존재다.

책을 읽으면 그 내용을 실천하자. 좋은 내용이 있다면 내가 먼저 실천하고 주변에도 알려주자. 나를 위한, 나만 좋은 독서에서 우리를 위한, 함께 좋은 독서로 나아가기를 권한다. 독서의 힘을 통해 더 큰 세상으로 사고의 영토를 넓히고 더 아름다운 세상을 만들어보자.

독
서
가
삶
에
주
는
것
들

이제,
다시
책이다

책은 책 이상이죠.
차라리 그것은 삶 그 자체입니다.
★에이미 로웰

| 책 읽기, 깨어난 포스 |

국가의 기본 원칙인 헌법에 따르면 대한민국은 민주공화국民主共和國, democratic republic이다. 한국의 정치제도는 민주주의다. 국민이 권력을 갖고 그 권력을 스스로 행한다. 민주주의는 3가지 차원으로 설명할 수 있다. jtbc〈차이나는 클라스〉1편에서 다룬 내용을 인용해본다.

민주주의는 기성품이 아니다. 완성작으로 누군가로부터 주어지는 선물도 아니다. 사회구성원이 스스로 참여해 만들어나가야 할 미래지향적 과제다.

책도 마찬가지다. 종이책은 하나의 사물로 존재한다. 전자책 역시 일정 용량을 가진 파일로 존재한다. 하지만 독자가 텍스트를 읽고, 생각하며, 활용하는 참여 과정이 없으면 책은 하나의 개체에 불과하다. '책의 주인은 독자'라는 주인의식을 갖고 책을 읽어야 한다(주권재민). 제멋대로 읽지 않고 일정한 방법에 따라 독서를 한다(법치주의). 그리고 원하는 주제와 관점으로 마음껏 책을 읽는다(자유주의). 독자의 적극적 참여가 독서를 완성한다. 책 속의 힘을 깨우는 것은 바로 독자다.

민주주의의 세 차원		
구분	내용	
원칙	주권재민	법치주의	자유주의
제도	보통선거	권력 제한, 상호견제	기본권의 불가침
의식	시민	참여	상호존중

독서가 삶에 주는 것들

아르헨티나 혁명가 체 게바라는 이렇게 말했다. "우리 모두 리얼리스트가 됩시다. 그러나 가슴 속에는 불가능한 꿈을 가집시다." 윌리엄 셰익스피어는 이런 말을 남겼다. "'지금이 최악이야'라고 말할 수 있는 한 지금이 최악은 아니죠." 아직 희망이 있다. 알베르트 아인슈타인의 말도 들어보자. "나약한 태도는 그 사람 자체도 나약하게 만듭니다."

책 속에는 나를 바꾸고 가정을 바꾸고 사회와 나라, 더 나아가 세상을 변화시킬 기회가 있다. 책장을 넘기는 작은 손길 하나하나가 모여 세상을 밝힐 등불이 될 수 있다.

책과 함께 '영원히 살 것처럼 꿈꾸고 내일 죽을 것처럼' 열심히 살아보자. 책을 읽고 '절대 고개를 떨구지 말고, 고개를 꼿꼿이 치켜들고 두 눈으로' 똑똑히 세상을 바라보자. "변화는 우리가 누군가나 무엇 혹은 후일을 기다린다고 찾아오지 않아요. 우리 자신이 우리가 기다리던 사람이고 우리가 바로 추구하는 변화입니다." 전 미국 대통령 버락 오바마의 말처럼, 나부터 먼저 변화의 주인공이 되자. 모든 변화는 나로부터 시작한다. 그 변화에 책은 오랜 동반자로 독자의 곁을 지킬 것이다.

| 세상을 넘는 엔드 게임 |

"모든 국민은 법 앞에서 평등하다." 헌법 제11조 제1항의 첫 문장이다. 여기서 평등은 절대적 평등이 아닌 '상대적 평등'이다. 배려와 보호가 필요한 대상에 대한 차이를 허용한다. 모든 사람에게 같은 기회가 부여되어야 한다는 '형식적 기회 평등'과 개인의 상황을 고려한 '실질적 기회 평등'을 포함한다.

옆의 그림을 살펴보자. 평등equality의 개념으로만 접근하면 키가 작은 아이는 야구경기를 볼 수 없다. 공평하게 발판을 지원해도 그 효과는 같지 않다. 형평성equity을 적용하면 이를 해결할 수 있다. 하지만 이는 자칫 역차별을 낳을 수도 있다. 가장 좋은 건 해방liberation이 다. 발전을 가로막는 가림막을 없애 누구나 참여할 수 있도록 기회의 장을 열어놓는 것이다.

책은 부족함을 뒷받침하는 힘이 있다. 부당함을 깨닫고 열린사회로 나아가도록 만드는 가능성이 있다. 양즈량의 『잊지 못할 책읽

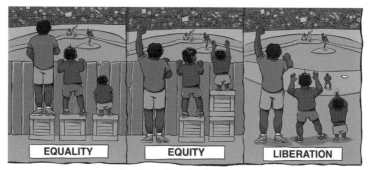

EQUALITY EQUITY LIBERATION

출처 : Angus Maguire, Interaction Institute for Social Change

기 수업』에 이런 말이 있다. "중산층이 몰락한 'M자형 사회'에서 사회적 격차를 줄이는 가장 중요하고도 쉬운 방법이 독서입니다."

타이완의 한 시골 중학교 국어 선생님으로 발령받은 양즈랑楊志朗은 독창적인 책 읽기 수업을 시작한다. 이를 통해 도농 간 문화 및 소득 격차나 학부모의 무관심을 모두 이겨내고 아이들과 학부모를 변화시켰다. 작은 시골 학교를 일약 타이완 명문교로 바꿔놓았다. 신선한 충격과 감동을 주는 그의 이야기는 다큐멘터리로도 만들어졌다. 그는 타이완 전국 순회강연을 통해 독서교육을 널리 전하고 있다.

책은 사회적 약자로 여겨진 아이들에게 희망을 불어넣었다. 그들 앞의 편견을 없애고 놀라운 변화를 이끌어냈다. 이는 소수에게만 허락된 특혜가 아니다. 책을 읽는 사람에게는 누구에게나 열린 '기울어지지 않은 운동장'이다. 독서는 개천에서 솟아오르려는 용에게 꼭 필요한 여의주가 될 것이다.

277
독서가 삶에 주는 것들

'아바타avatar'는 '인도 신화와 힌두 사상에서 신이 세상에 내려올 때 나타나는 여러 가지 모습을 이르는 말'이라고 한다. 10년 전 동명의 제목으로 개봉한 영화는 지금껏 역대 세계 흥행 1위 자리를 지키고 있다. 아바타는 분신分身, 화신化身이다. 나와 같은 '자신'이면서 또 다른 '나'이다. 책을 읽는 독자, 독자가 읽는 책은 서로에게 아바타가 될 수 있다.

'우분투Ubuntu'는 아프리카 반투어의 인사말이다. '당신이 있으니 제가 있습니다'라는 뜻이다. 책과 독자는 서로가 있기에 존재할 수 있는 관계다.

"1분 1초마다 인생을 바꿀 수 있는 기회가 옵니다." 영화 〈바닐라 스카이〉의 대사다. 그 기회는 종종 책장 속에 숨어 있다. 이를 발견하는 건 독자에게 달렸다.

자메이카 음악가 밥 말리는 레게의 전설이다. 그는 이렇게 말했다. "음악으로 혁명을 일으킬 수는 없죠. 그렇지만 사람들을 깨우치고 미래에 대해 듣게 할 수는 있어요." 책은 어떨까? 책으로도 혁명을 일으킬 수 있지 않을까?

독일의 종교개혁가 마르틴 루터의 「95개조 반박문」은 종교개혁의 출발점이 되었다. 찰스 다윈의 『종의 기원』은 진화론의 발화점이 되었다. 레이철 카슨Rachel Louise Carson의 『침묵의 봄』은 환경운동의 시작점이 되었다.

사람은 누구나 성공을 꿈꾼다. 기존의 삶을 바꿔줄 혁명적인 변화를 간절히 바란다. 그래서 다양한 자기계발서를 읽고 강연도 찾아다닌다. 성공한 사람들의 말에 귀를 기울이고 그들의 이야기에 열광한다. 성공을 정의하는 사례와 법칙, 견해는 참 다양하다. 작가, 강연자에 따라 '몇 가지 법칙' 등으로 자신의 의견을 표현한다. 핵심은 뭘까?

그 가운데 가장 중요한 건 '카르마'와 '다르마'다. '심은 대로 거둔다'라는 '원인과 결과karma(절대적 숙명)', '인생의 중심을 세운다'라는 '삶의 목적dharma(상대적 운명)', 이 2가지가 조화를 이룰 때 자신의 삶을 성공으로 가꿀 수 있다. 성공은 카르마에 충실하고 다르마를 실천하는 삶이다. 이를 통해 어제보다 더 나은 내가 된다.

책은 사람들을 깨우치고 미래를 미리 보고, 읽고, 느낄 수 있도록 한다. 책은 세상을 움직이고 세계를 만드는 힘을 갖고 있다. 전류가 전구를 흐르면 전구는 빛을 내듯, 책이 사람을 적시면 사람의 행동을 이끈다. 우연처럼 보이는 텍스트와 사람의 낯선 만남이 필연으로 이어지는 인간의 변화를 불러낸다. 인간의 변화는 관계의 변화로 이어지고, 관계의 변화는 세상의 변화, 역사의 변화로 흘러간다. 누구나 책과 함께 그 주인공이 될 수 있다.

자신을 바꾸고 세상을 지키는 일은 슈퍼히어로가 아니어도 가능하다. 아이언맨의 슈트나 토르의 망치, 슈퍼맨의 망토가 없어도 된다. 배트맨이나 블랙 팬서의 재력財力이 없더라도 괜찮다. 스파이더맨처럼 유전자 변이를 겪지 않아도 된다. 우리에게는 책이 있기 때문이다.

"자기가 태어나기 전보다 세상을 조금이라도 더 살기 좋은 곳으로 만들어 놓고 떠나는 것, 자신이 한때 이곳에 살았던 덕분에 단 한 사람의 인생이라도 행복해지는 것, 이것이 진정한 성공입니다."

랠프 월도 에머슨의 「무엇이 진정한 성공인가」 중 한 문장이다. 독서로 나를 일깨우자. 그리고 독서로 우리가 사는 사회를 좀더 밝고 맑게, 향기롭게 만드는 일에 동참해보자. 그래서 진정한 성공을 만들어보자.

트로이 전쟁의 영웅 오디세우스는 수많은 위협과 유혹을 이겨내며 10년간에 걸친 귀향 모험을 마무리한다. 그가 배를 타고 지중해를 건너서 집으로 돌아갈 수 있었던 것처럼 책이라는 반야용선般若龍船을 타고 세상을 건너자. 난파될 위험도 없고 연료 걱정도 없다.

왜군의 활동을 효과적으로 차단하며 임진왜란과 정유재란으로부터 조선을 지켜낸 거북선처럼 우리에게는 책이라는 철갑선이 있다. 서점과 도서관에는 나의 명령에 따라 출격을 기다리는 수많은 전투함이 대기 중이다. 이제 그대라는 장수가 나설 차례다. 전쟁 같은 삶, 책으로 이겨내자. 책의 향기로 삶을 채우자. 그리고 더 많은 빛을 널리 나누어보자.

책을 넘다

빛나는 순간을 만들어줄 책

생애 첫 책을 쓰는 일은 참으로 특별한 경험이었다. 수많은 분들의 도움과 응원 덕분에 결심을 마무리할 수 있었다. 책 한 권을 만들기까지 수십, 수백 권의 책이 필요하듯 우리의 삶도 수많은 인연과 선택이 모여 이루어진 것은 아닐까 생각해본다.

 '인연'이라는 말은 사람 사이에만 한정되지 않는다. 사람과 동식물, 사람과 사물 사이에도 인연이 있다. 끌리는 관계가 있고 힘이 되는 만남이 있다. 만남은 누군가로부터 주어지는 것이 아니라서 적극적으로 공을 들여야 한다. 누군가 연결의 고리를 건네더라도 최종 선택은 스스로 내려야 한다. 누군가 기가 막힐 만큼 아름다운 둘레길을 알려주어도 내가 그 길을 직접 걷지 않으면 아무 소용이 없다. 인연이란 운명과 자유의지의 합작품이다. 책과 만나는 순간도 마찬가지 아닐까? 내 인생에 아름다운 그림을 선사할, 향기로운 여유를 안겨줄 책은 저절로 찾아오지 않는다. 적극적으로 찾아나서야 한다.

평범한 사람도 특별한 순간에 특별한 선택으로 특별한 존재가 될 수 있다. 특별한 존재란 지위가 높거나 재산이 많은 사람이 아니다. 겉으로는 잘 드러나지 않지만, 내면의 변화를 통해 일취월장하는 사람, 마음의 긍정적 '화학변화'를 다른 이에게 나누어줄 수 있는 사람이 특별한 존재가 아닐까? 평범한 삶도 책을 만나는 특별한 순간, 책을 읽는 특별한 선택으로 책을 쓰고 나누는 특별한 존재가 될 수 있다. 여러분도 그 특별한 '실크로드'보다 반짝이는 '독서로드' 순례길에 함께하길 바란다. 드넓은 초원의 밤을 수놓는 수려한 별빛의 축제보다 더 아름다운 문자의 향연이 우리의 앞길을 밝게 비출 것이다.

영화 〈말모이〉에 이런 대사가 있다. "말은 우리의 정신이요, 글은 우리의 생명이다." 글에는 힘이 있다. 글이 모인 책 속에는 더 큰 힘이 있다. 독서는 개인과 사회, 그리고 나라의 힘을 키울 수 있는 많은 방법 가운데 하나다. 백범 김구가 말한 "높은 문화의 힘을 가진 세상에서 가장 아름다운 나라"가 되는 길에 독서는 든든한 동반자가 될 수 있다. 세상에서 가장 아름다운 언어인 한글로 책을 읽고 쓰는 일은 참으로 소중한 경험이었다.

독서가 우리 삶에서 아픔과 슬픔을 없애줄 수는 없다. 하지만 그곳으로부터 독자를 끌어올려줄 수는 있다. 전래동화『해와 달이 된 오누이』에서 호랑이에게 쫓기던 오누이는 하늘에서 내려준 동아줄을 타고 올라가 해님과 달님이 된다. 호랑이처럼 무서운 현실이 삶을 엄습할 때 책이라는 동아줄을 잡아보자. 책을 읽고 삶을 다시 바라보자. 그리고 자신과 주변을 밝혀 줄 빛이 되어보자.

책을 읽을 기회는 누구에게나 열려 있지만 막상 책을 읽으려면 상당한 노력이 필요하다. 당장 그 효과가 나타나지 않는 것 같기도 하다. 하지만 시간이 지나면 빼앗긴 들에도 봄은 오고 먼 곳의 님도 다시 만날 수 있듯 독서의 힘이 드러나는 때가 반드시 온다. 그날을 기리며 오늘도 책 한 장을 넘겨본다. 그리고 곧 다가올 빛나는 순간을 그려본다. 삶을 꿈꾸기보다 꿈을 살아내는 인생을 만들어 보자. 가슴에 담은 꿈을 이루기 위한 여정, 그 길에 책이 함께하기를 바란다. 책의 향기가 불어오는 곳, 그곳으로 함께 떠나보자.

빛나는 순간을 만들어줄 책

참고문헌

가토 슈이치, 『가토 슈이치의 독서만능』, 이규원 옮김, 사월의책(2014).

강규형, 『독서 천재가 된 홍 팀장』, 다산라이프(2017).

고미숙, 『공부의 달인 호모 쿵푸스』, 북드라망(2012).

고미야 가즈요시, 『업무 스킬을 키우는 독서법』, 정윤아 옮김, 비전코리아(2019).

고봉진, 『사서재』, 푸른영토(2018).

고영성, 『어떻게 읽을 것인가』, 스마트북스(2015).

고전연구회 사암 · 한정주 · 엄윤숙, 『조선 지식인의 독서 노트』, 포럼(2008).

공병호, 『핵심만 골라 읽는 실용독서의 기술』, 21세기북스(2004).

곽아람, 『모든 기다림의 순간, 나는 책을 읽는다』, 아트북스(2009).

구본형 · 박미옥 · 정재엽, 『구본형의 마지막 수업』, 생각정원(2014).

김경집, 『책탐』, 나무수(2009).

김범준, 『나는 매일 책을 읽기로 했다』, 비즈니스북스(2018).

김봉진, 『책 잘 읽는 방법』, 북스톤(2018).

김선욱, 『틈새독서』, 북포스(2008).

김성희 · 김혜숙, 「매체 생태학의 관점으로 본 독서교육의 방향」, 『독서연구』 30호, 한국독서학회
(2013), pp.41~66.

김애리, 『책에 미친 청춘』, 미다스북스(2010).

김열규, 『독서』, 비아북(2008).

김혜경, 『하브루타 질문 독서법』, 경향BP(2018).

나애정, 『하루 한 권 독서법』, 미다스북스(2018).

나카지마 다카시, 『독서달인이 말하는 업무달인 되는 법』, 김주영 옮김, 교보문고(2008).

노병성, 「18세기 조선지식인의 독서방법에 관한 고찰」, 『한국출판학연구』 52호, 한국출판학회
(2007), pp.117~158.

니시무라 아키라, 『직장인의 6가지 독서 습관』, 김은하 옮김, 더난출판사(2004).

니콜라스 카, 『유리감옥』, 이진원 옮김, 한국경제신문사(2014).

니콜라스 카, 『생각하지 않는 사람들』, 최지향 옮김, 청림출판(2011).

다치바나 다카시, 『나는 이런 책을 읽어왔다』, 이언숙 옮김, 청어람미디어(2001).

데이비드 미킥스, 『느리게 읽기』, 이영아 옮김, 위즈덤하우스(2014).

독서와토론 교재편찬위원회, 『독서와 토론』, 한올출판사(2013).

로버트 단턴, 『책의 미래』, 성동규·고은주·김승완 옮김, 교보문고(2011).

류수열, 「매체 환경의 변화와 독서, 그리고 독서 교육」, 『독서연구』 30호, 한국독서학회 (2013), pp.67~90.

마쓰오카 세이고, 『독서의 신』, 김경균 옮김, 추수밭(2013).

매리언 울프, 『다시, 책으로』, 전병근 옮김, 어크로스(2019).

멜빈 브래그, 『세상을 바꾼 12권의 책』, 이원경 옮김, 랜덤하우스코리아(2007).

모티머 J. 애들러·찰스 반 도렌, 『생각을 넓혀주는 독서법』, 독고 앤 옮김, 멘토(2012).

모티머 J. 애들러·찰스 반 도렌, 『독서의 기술』, 민병덕 옮김, 범우사(1986).

문학의숲 편집부, 『법정 스님의 내가 사랑한 책들』, 문학의숲(2010).

박경남, 『조선 왕의 독서법』, 북씽크(2014).

박경철, 『시골의사 박경철의 자기혁명』, 리더스북(2011).

박상배, 『인생의 차이를 만드는 독서법 본깨적』, 예담(2013).

박연식, 「전방향 독서치료모형 〈전방향 독서법(Omnidirectional Reading Art)으로 바라본 4가지 접근법〉」, 『한국독서치료학회 학술대회지』, 15호, 한국독서치료학회 (2017), pp. 45~55.

박총, 『읽기의 말들』, 유유(2017).

박희준·김용출·황현택, 『독서경영』, 위즈덤하우스(2006).

사사키 도시나오, 『전자책의 충격』, 한석주 옮김, 커뮤니케이션북스(2010).

사이토 다카시, 『독서는 절대 나를 배신하지 않는다』, 김효진 옮김, 걷는나무(2015).

사이토 에이지, 『최강속독법』, 박선영 옮김, 폴라북스(2008).

살만 칸, 『나는 공짜로 공부한다』, 김희경·김현경 옮김, 알에이치코리아(2013).

샤를 단치, 『왜 책을 읽는가』, 임명주 옮김, 이루(2013).

서울대학교, 『권장도서 해제집』, 서울대학교출판부(2005).

서혜란, 「한국과 일본의 독서정책 분석」, 『독서연구』 31호, 한국독서학회(2014), pp. 97~126.

선주원, 「독서 환경의 한계와 극복 : 정의적 독서 실천」, 『독서연구』 17호, 한국독서학회 (2007), pp.207~227.

송조은, 『독서쇼크』, 좋은시대(2010).

신성석, 『읽어야 이긴다』, 교보문고(2009).

신우성, 『미국 글쓰기 교육, 일본 책읽기 교육』, 어문학사(2014).

안상헌, 『어느 독서광의 생산적 책읽기 50』, 북포스(2005).

안소영, 『책만 보는 바보』, 보림출판사(2005).

알베르토 망겔, 『독서일기』, 강수정 옮김, 생각의나무(2006).

앤 패디먼, 『서재 결혼 시키기』, 정영목 옮김, 지호(2002).

야마무라 오사무, 『천천히 읽기를 권함』, 송태욱 옮김, 산티(2003).

양동일·김정완, 『질문하고 대화하는 하브루타 독서법』, 예문출판사(2016).

우치누마 신타로, 『책의 역습』, 문희언 옮김, 하루(2016).

윌리엄 앨런 닐슨, 『열린 인문학 강의』, 김영범 옮김, 유유(2012).

유근용, 『일독일행 독서법』, 북로그컴퍼니(2015).

유시민, 『청춘의 독서』, 웅진지식하우스(2009).

윤성근, 『나는 이렇게 읽습니다』, 텍스트(2016).

이남호, 「우리 시대의 독자는 누구인가」, 『독서연구』 16호, 한국독서학회(2006), pp.7~18.

이동진, 『이동진 독서법』, 위즈덤하우스(2017).

이만수, 「연암 박지원의 독서론」, 『독서문화연구』 8권, 대진대학교 독서문화연구소 (2008), pp. 13~30.

이상민, 『독서 자본』, 서울문화사(2016).

이진우 외, 『대통령의 책 읽기』, 휴머니스트(2017).

이현우, 『책에 빠져 죽지 않기』, 교유서가(2018).

이현주, 『읽는 삶 만드는 삶』, 유유(2017).

인나미 아쓰시, 『1만 권 독서법』, 장은주 옮김, 위즈덤하우스(2017).

임재성, 『질문하는 독서법』, 평단(2018).

장 지오노, 『나무를 심은 사람』, 김경온 옮김, 두레(2018).

장대은 · 임재성, 『십진분류 독서법』, 청림출판(2018).

장석주, 『강철로 된 책들』, 바움(2003).

정민, 『정민 선생님이 들려주는 고전 독서법』, 보림(2012).

정민, 『다산선생 지식경영법』, 김영사(2006).

정민, 『오직 독서뿐』, 김영사(2013).

정병기, 「연구독서의 유형과 과정 및 방법」, 『제8회 정기학술대회』, 한국사고와표현학회(2009), pp.40~55.

정현모, 『공부하는 인간』, 예담(2013).

조미상, 『인공지능시대 최고의 교육은 독서다』, 더메이커(2018).

최소연, 이상복, 「아침 10분 독서가 독서능력 신장에 미치는 영향」, 『독서문화연구』, Vol.9 No.-, 대진대학교 독서문화연구소(2010), pp.69~102.

최승필, 『공부머리 독서법』, 책구루(2018).

최인호, 『지독재독』, 프라하(2013).

칼 비테, 『칼 비테의 자녀교육 불변의 법칙』, 베스트트랜스 옮김, 미르에듀(2011).

켄 베인, 『최고의 공부』, 이영아 옮김, 와이즈베리(2013).

크리스토퍼 베하, 『하버드 인문학 서재』, 이현 옮김, 21세기북스(2010).

탕누어, 『마르케스의 서재에서』, 김태성 · 김영화 옮김, 글항아리(2017).

톰 버틀러 보던, 『내 인생의 탐나는 영혼의 책 50』, 오강남 옮김, 흐름출판(2009).

하시모토 다케시, 『슬로 리딩』, 장민주 옮김, 조선북스(2012).

하토야마 레히토, 『하버드 비즈니스 독서법』, 이자영 옮김, 가나출판사(2018).

한기호, 『인공지능 시대의 삶』, 어른의시간(2016).

한명환, 「현대 독서법의 출판 동향과 독서이론 연구의 가능성」, 『한국출판학연구』 72호, 한국출판학회(2015), pp.81~101.

해럴드 블룸, 『교양인의 책읽기』, 최용훈 옮김, 해바라기(2004).

헤르만 헤세, 『헤르만 헤세의 독서의 기술』, 김지선 옮김, 뜨인돌(2006).

홍길주, 『19세기 조선 지식인의 생각 창고』, 정민 외 옮김, 돌베개(2006).

아래 추천도서 목록 중 하나를 골라 정주행해보자.
책을 읽은 뒤에는 잊지 말고 나만의 한 줄 요약을 써보자.

서울대학교 권장도서
100권

서울시립대학교
시대가 읽는 책 100선

KAIST
추천도서

네이버
지서재

교보문고
추천도서

친절한 제임스의
편집 목록

독서
희열

ⓒ 이형우, 2020

초판 1쇄 2019년 12월 30일 찍음
초판 1쇄 2020년 1월 6일 펴냄

지은이 | 이형우
펴낸이 | 이태준

기획·편집 | 박상문, 김소현, 박효주, 김환표
디자인 | 최진영, 홍성권
관리 | 최수향
인쇄·제본 | (주)삼신문화

펴낸곳 | 북카라반
출판등록 | 제17-332호 2002년 10월 18일
주소 | (04037) 서울시 마포구 양화로 7길 4(서교동) 삼양E&R빌딩 2층
전화 | 02-325-6364
팩스 | 02-474-1413
www.inmul.co.kr | cntbooks@gmail.com
ISBN 979-11-6005-076-9 03320
값 15,000원